W0207640

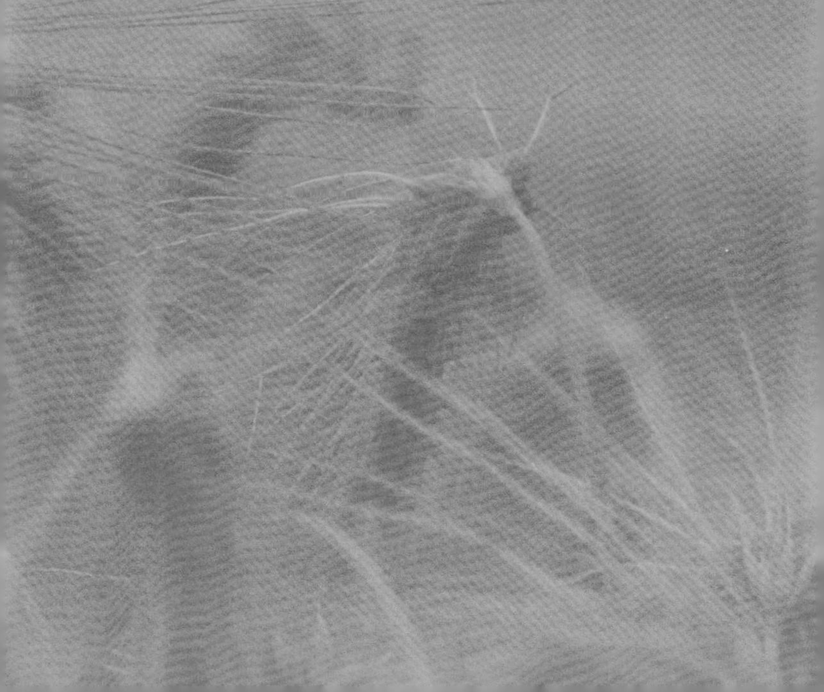

tägliches Manna

tägliches Manna

Mit der Bibel durch das Jahr **2017**

Die Bibelzitate sind der überarbeiteten Elberfelder-Übersetzung (Edition CSV-Hückeswagen) entnommen.

Bilder:
© Fotolia.com – sommai, gueroloco28, Volodymyr Shevchuk, Chekunov Alexandr

Karte:
© Stefan Drüeke

Verantwortlich für den Inhalt: Marcel Graf / Matthias Billeter

© Beröa-Verlag Zürich 2016 *www.beroea.ch*
Druck: BasseDruck, Hagen 341
ISBN 978-3-03811-041-5

«Deine Worte waren vorhanden, und ich habe sie gegessen, und deine Worte waren mir zur Wonne und zur Freude meines Herzens» (Jeremia 15,16).

Die Bibel gibt uns Christen die notwendige geistliche Nahrung für das neue Leben. Diese Nahrungsaufnahme beschränkt sich nicht auf den Sonntag, wenn wir der Verkündigung des Wortes Gottes zuhören. Auch das persönliche Bibellesen soll einen festen Platz in unserem Leben haben.

Durch das regelmässige Lesen des Wortes Gottes werden wir im Glauben weitergeführt, bekommen Trost für unser Herz und Unterweisung für unseren Alltag. Nicht alles, was wir lesen, können wir über Jahre im Gedächtnis behalten. Aber es dient uns zur momentanen Stärkung des Glaubens. Wir verstehen deshalb die Aufforderung des Apostels Paulus: «Lasst das Wort des Christus reichlich in euch wohnen» (Kolosser 3,16).

Das «tägliche Manna» möchte unser regelmässiges Bibellesen unterstützen. Es gibt jeden Tag einen Abschnitt aus der Bibel an und erklärt ihn kurz.

Das «tägliche Manna» führt nach und nach durch alle Bücher der Bibel, wechselt aber im Lauf eines Jahres zwischen Büchern aus dem Alten und dem Neuen Testament ab.

Diese Bibellesehilfe existiert seit 1982. Die früheren Jahrgänge sind unter *www.beroea.ch* erhältlich.

Anlass des Briefs

Der Apostel Paulus war im Gefängnis in Rom und konnte die Philipper nicht mehr durch einen Besuch im Glauben unterstützen. Darum schrieb er ihnen einen Brief, um sie zu geistlicher Selbstständigkeit anzuspornen.

Einen weiteren Grund für diesen Brief finden wir in Kapitel 4: Paulus bedankt sich dort für die materielle Unterstützung, die er von den Glaubenden in Philippi bekommen hatte.

Thema des Briefs

Paulus behandelt das christliche Leben, wie es mit Jesus Christus und in der Kraft des Heiligen Geistes mühevolle Umstände überwindet. Er zeigt uns, wie wir uns trotz Schwierigkeiten jederzeit im Herrn freuen können.

Anhand seines eigenen Beispiels beschreibt er die christliche Erfahrung im Leben auf der Erde: Da dreht sich alles um Jesus Christus, der der Lebensinhalt jedes Erlösten sein möchte (Kapitel 1,21).

Inhalt des Briefs

Wir erkennen in diesem Brief, der keine ausführlichen Belehrungen über die christliche Wahrheit enthält, zwei Schwerpunkte:

- In Kapitel 2 wird uns der Herr Jesus vorgestellt, wie Er auf der Erde gelebt hat. Darin ist Er das *Vorbild* des christlichen Lebens.
- In Kapitel 3 werden unsere Blicke zum Himmel gelenkt, wo Jesus Christus jetzt die *Kraft* des christlichen Lebens ist.

Paulus stellt sich am Anfang dieses Briefs nicht als Apostel vor, sondern mit Timotheus zusammen als Knechte Christi Jesu. Das hat einen doppelten Grund:

- Zum einen legt er nicht mit apostolischer Autorität die biblische Lehre aus, sondern beschreibt das christliche Leben in schwierigen Situationen.
- Zum anderen nimmt er als Knecht des Herrn bewusst einen niedrigen Platz ein, um die Philipper besser zur Demut ermahnen zu können (Kapitel 2,3).

SONNTAG 1. JANUAR

Der Brief richtet sich an «alle Heiligen in Christus Jesus, die in Philippi sind». Jeder ist persönlich angesprochen, im Alltag Erfahrungen mit dem Herrn Jesus zu machen.

In den Versen 3-8 *dankt* Paulus seinem Gott für die Glaubenden in Philippi. In den Versen 9-11 *bittet* er für sie. Diese Reihenfolge wollen auch wir beachten, wenn wir für andere Christen beten

Das Dankgebet stellt die gute Beziehung zwischen Paulus und den Philippern ins Licht. Er hatte sie in guter Erinnerung und betete gern für sie. Der Grund dafür war ihr guter geistlicher Zustand. Vom ersten Tag ihres Glaubenslebens an bis zum Zeitpunkt der Abfassung des Briefs bewiesen sie eine echte Teilnahme an der Verkündigung und Verbreitung des Evangeliums. Sie beteten für den Apostel und unterstützten ihn materiell (Kapitel 1,19; 4,14).

Diese ausdauernde Teilnahme am Evangelium war ein Ergebnis des Wirkens Gottes (Vers 6). Er hatte in den Philippern ein gutes Werk angefangen, das Er auch vollenden würde.

Vers 7 beschreibt die Liebe der Philipper zu Paulus. In ihren Herzen hatte er einen festen Platz. Deshalb pflegten sie Gemeinschaft mit ihm in seiner besonderen Aufgabe als Diener des Evangeliums. Ob er diese gute Botschaft verkündete oder vor Angriffen verteidigte – die Glaubenden in Philippi standen zu ihm. Auch schämten sie sich seiner nicht, als er für das Evangelium ins Gefängnis kam.

MONTAG
2. JANUAR

Vers 8 zeigt im Gegenzug die Liebe des gefangenen Apostels zu den Philippern. Er sehnte sich nach ihnen allen, konnte sie jedoch nicht besuchen.

Die Fürbitte von Paulus ab Vers 9 enthält zwei Schwerpunkte:

a) *Dass die Liebe noch mehr und mehr überströme.* Unsere Liebe soll zunehmen und die Triebfeder all unserer Tätigkeit werden.
b) *Dass die Liebe von Erkenntnis und Einsicht flankiert werde.* Unsere tätige Liebe soll mit Gottes Wort übereinstimmen und sich in Abhängigkeit vom Herrn entfalten.

Als Christen prüfen wir das Vorzüglichere, indem wir zwischen dem Guten und dem Besseren entscheiden. Eine Hilfe dazu gibt uns die Frage: Was würde der Herr Jesus in diesem Fall tun?

Die «Frucht der Gerechtigkeit» in Vers 11 ist eine praktische Übereinstimmung mit Gott, indem wir das tun, was vor Ihm recht ist. Jesus Christus bringt diese Frucht in unserem Leben zur Ehre Gottes hervor, wenn wir Ihm den ersten Platz geben und wie Paulus sagen können: «Das Leben ist für mich Christus» (Vers 21).

In den Versen 12-26 spricht Paulus über seine persönliche Situation, um uns zu zeigen, wie Gott im Leben des Glaubenden alles in seiner Hand hat und sogar ungünstige Umstände zum Guten benutzen kann.

DIENSTAG
3. JANUAR

Mit der Verhaftung von Paulus wollte der Satan den Dienst des Apostels stoppen. Dabei verfolgte er eine doppelte Absicht:

1) Die Verkündigung der guten Botschaft sollte verhindert werden. Doch genau das Gegenteil geschah: Die Umstände des Apostels dienten der Förderung des Evangeliums (Vers 13). Einerseits konnte er als Gefangener den Soldaten vom Herrn Jesus erzählen – eine Möglichkeit, die sich sonst nicht ergeben hätte. Anderseits übernahmen andere Brüder die Verkündigung des Evangeliums (Vers 14).
2) Durch die Verhaftung des Apostels sollte den Erlösten die geistliche Stütze genommen werden, damit sie im Glauben einknickten. Auch dieses Ziel des Feindes wurde nicht erreicht. Die meisten Brüder lernten, ihr Vertrauen mehr auf den Herrn zu setzen, anstatt sich auf den Apostel zu stützen (Vers 14).

So wurde die böse Absicht des Teufels vereitelt und das Werk Gottes gefördert.

In den Versen 15-17 werden zwei Gruppen von Mitarbeitern erwähnt. Beide verkündeten das Evangelium. Doch sie taten es aus unterschiedlichen Beweggründen: Die einen predigten Christus aus Neid und Streitsucht, die anderen aus gutem Willen und aus Liebe. Da fragen wir uns: Welche Motive leiten uns im Dienst für den Herrn?

In diesem Abschnitt gibt uns Paulus ein Beispiel, wie der Glaubende mit Christus über schwierige Umstände triumphieren kann:

- Anstatt sich über die schlechten Motive einiger Verkündiger zu ärgern, freute sich der Apostel darüber, dass Christus gepredigt wurde (Vers 18).
- Trotz Schwierigkeiten verlor Paulus das Ziel nicht aus den Augen. Weil der Siegeszug der guten Botschaft weiterging, würde er als Diener des Evangeliums vor dem Richterstuhl des Christus nicht zuschanden werden (Verse 19.20).

MITTWOCH
4. JANUAR

- Obwohl seine persönliche Situation mühevoll war, wünschte sich der Apostel nur eins: dass Jesus Christus in seinem Leben verherrlicht würde (Vers 20).

Paulus hatte wie kein anderer mit Hingabe für seinen Herrn gearbeitet. Dennoch war nicht der Dienst, sondern Christus sein Lebensinhalt (Vers 21). Aus diesem Grund war das Sterben für ihn ein Gewinn, weil er dann bei seinem Heiland sein würde.

Der Apostel war ganz von Christus erfüllt. Darum wusste er nicht, was er wählen sollte:

- Er freute sich auf den Moment, an dem er die Erde verlassen würde, um *bei Jesus Christus zu sein.* Das war um vieles besser.
- Wenn er jedoch hier blieb, würde er *dem Herrn Jesus dienen.* Das war nützlicher für die Glaubenden.

Der Apostel dachte nicht an sich, sondern an Christus und seine Versammlung. Darum kam er in Gemeinschaft mit Gott zum Schluss, dass er zur Förderung der Erlösten noch eine Zeit lang auf der Erde bleiben würde.

Damit das Evangelium für die Mitmenschen glaubwürdig ist, muss unser Lebenswandel mit dieser guten Botschaft übereinstimmen. Ein gnädiges und wahres Verhalten im Alltag passt zur Gnade und Wahrheit, die sich im Evangelium von Jesus Christus offenbaren.

In der Verbreitung und Verkündigung der guten Botschaft sind zwei Punkte unerlässlich:

DONNERSTAG
5. JANUAR

1) Wir sollen in *einem* Geist feststehen und mit *einer* Seele mitkämpfen. Diese Einmütigkeit, die der Heilige Geist auf der Grundlage des Wortes Gottes bewirkt, gibt Kraft für den Kampf im Evangelium.
2) Wir sollen uns von den Widersachern in nichts erschrecken lassen. Der Geist Gottes schenkt uns diese Kühnheit, damit wir uns trotz Widerstand voll für die Verbreitung der Botschaft vom Kreuz einsetzen.

Diese Unerschrockenheit, die der Herr uns verleiht, ist für die Feinde des Evangeliums ein Beweis, dass sie gegen Gott kämpfen und sich auf dem Weg ins ewige Verderben befinden. Gleichzeitig gibt uns die göttliche Unterstützung im Kampf des Evangeliums die Sicherheit, dass wir die endgültige Errettung am Ende unseres Glaubensweges erreichen werden.

In Vers 29 zählt der Apostel zwei Geschenke auf: der *Glaube* an Jesus Christus und die *Leiden* für Ihn. Beides gehört zusammen, wie uns 2. Timotheus 3,12 bestätigt: «Alle aber auch, die gottselig leben wollen in Christus Jesus, werden verfolgt werden.» Ein eindrucksvolles Beispiel dafür ist Paulus selbst (Vers 30). Wie viel hat er für den Namen des Herrn Jesus gelitten!

Obwohl die Philipper den Apostel von Herzen liebten, waren sie untereinander uneins. Dieses Problem greift Paulus nun mit grossem Taktgefühl und viel Weisheit auf:

- Zuerst lobt er die Glaubenden in Philippi für die Liebe, die sie ihm durch ihre materielle Unterstützung erwiesen haben (Vers 1).
- Dann ermahnt er sie zur Demut und Einmütigkeit (Verse 2-4).
- Schliesslich stellt er ihnen die demütige Gesinnung von Jesus Christus zur Nachahmung vor (Verse 5-8).

FREITAG 6. JANUAR

In Vers 1 drückt Paulus mit verschiedenen Begriffen seine Wertschätzung für die Gabe aus, die die Philipper ihm durch Epaphroditus gesandt hatten (Vers 25). Durch diesen Beweis ihrer Liebe war er ermuntert und getröstet worden. Zudem war die materielle Unterstützung ein Ausdruck ihrer Gemeinschaft mit dem Apostel und ihrer Empfindungen für seine Notlage im Gefängnis.

Die Philipper konnten nun die Freude von Paulus zum Vollmass bringen, wenn sie miteinander im Einklang lebten. Gott gewollte Einmütigkeit unter Christen ist nicht Uniformität, sondern eine gleiche innere Ausrichtung auf den Herrn und ein harmonisches Handeln. Diese Einmütigkeit im Volk Gottes kann nur zustande kommen und erhalten bleiben, wenn wir in der Demut einer den anderen höher achten als uns selbst. Solange wir uns selbst als die wichtigste Person anschauen und nur an unseren Vorteil denken, werden wir nichts zur Eintracht unter den Glaubenden beitragen.

Jesus Christus ist das grösste Vorbild für eine demütige und gehorsame Herzenseinstellung. Auf seinem Weg, der uns in den Versen 5-8 beschrieben wird, offenbarte Er diese nachahmenswerte Gesinnung:

- Den Ausgangspunkt seiner Erniedrigung finden wir in Vers 6: Er ist der ewige Gott, der über allem steht. Diese Stellung hat Er weder geraubt noch erworben. Er ist Gott in seiner ureigenen Person.
- In Vers 7 wird uns der erste Schritt seines Hinabsteigens beschrieben: Der Sohn Gottes ist Mensch geworden. Mit seiner Menschwerdung machte Er sich selbst zu nichts und nahm eine untergeordnete Stellung ein, in der Er als Knecht von Gott Befehle entgegennahm.
- In Vers 8 wird uns der zweite Schritt seiner Erniedrigung vorgestellt: Jesus Christus nahm hier als Mensch den letzten Platz ein und gehorchte seinem Gott bis in den Tod. So war der schmachvolle Tod am Kreuz der Schlusspunkt seines demütigen und gehorsamen Weges.

SAMSTAG 7. JANUAR

Gott liess dieses vollkommene Verhalten des Herrn Jesus nicht ohne Antwort (V. 9-11). Nach der Auferweckung und Himmelfahrt gab Er Christus den höchsten Platz zu seiner Rechten und zeichnete Ihn dort mit der höchsten Ehre aus. In der Zukunft wird Gott dafür sorgen, dass

- sich *jedes Knie* vor Jesus beugen wird und
- Ihn *jede Zunge* als Herrn anerkennen wird.

Das beinhaltet eine globale Unterwerfung unter seine Autorität und eine universelle Anerkennung seiner Macht.

Wir möchten uns jetzt schon vor dem Herrn Jesus beugen und seine demütige Gesinnung nachahmen.

Vers 12 stellt *unsere Verantwortung* und Vers 13 *Gottes Hilfe* auf dem Glaubensweg vor.

Weil Paulus nicht mehr bei den Philippern sein konnte, fordert er sie auf, ihr *eigenes Heil zu bewirken.* Was meint er damit? Sie sollten ohne die Hilfe des Apostels auf dem Weg des Gehorsams zur endgültigen Errettung vorangehen. Es geht nicht darum, etwas zur eigenen Erlösung beizutragen, sondern geistlich selbstständig dem himmlischen Ziel entgegenzugehen.

SONNTAG 8. JANUAR

Dazu haben wir die Hilfe Gottes nötig, der sowohl den Entschluss als auch die Kraft für ein Leben zu seiner Ehre bewirkt.

Murren offenbart eine innere Auflehnung gegen die Wege, die Gott uns führt. *Zweifelnde Überlegungen* zeugen von einem mangelnden Vertrauen in Gott, der es immer gut mit uns meint.

Mitten in einer bösen und gottlosen Welt haben wir den Auftrag, durch ein untadeliges Verhalten Wegweiser zum Himmel zu sein. Wir scheinen dann wie Himmelslichter in einer dunklen Nacht und stellen Jesus Christus dar, der das Wort des Lebens ist (1. Johannes 1,1.2).

In den Versen 17 und 18 spricht Paulus von sich und offenbart dabei die Gesinnung des Herrn Jesus. Er betrachtet seinen Märtyrertod als Trankopfer, d. h. als Zugabe zum Hauptopfer, das die Philipper durch ihren Dienst Gott darbrachten. Demütig schätzt er sie höher ein als sich selbst und freut sich darüber, den unteren Platz einzunehmen. Welch ein Vorbild für uns!

In den Versen 12 und 13 hatte der Apostel die Christen in Philippi der göttlichen Fürsorge übergeben. Dennoch hörte seine Sorge für sie nicht auf. Da er nicht selbst zu ihnen kommen konnte, hoffte er, Timotheus zu ihnen zu senden. Dabei wollte er nicht eigenmächtig, sondern nur im Auftrag des Herrn handeln.

MONTAG 9. JANUAR

In den Versen 20 und 21 werden zwei Herzenseinstellungen einander gegenübergestellt:

- Die Gesinnung, die der alten Natur entspringt, ist egoistisch. Man denkt dann nur an sich selbst und sucht seinen eigenen Vorteil.
- Die Gesinnung Jesu Christi zeigt sich darin, dass man die Interessen des Herrn und das Wohl der Glaubenden im Auge hat. In dieser positiven Einstellung stimmten Paulus und Timotheus völlig überein.

Als der Apostel auf der zweiten Missionsreise nach Lystra kam, traf er dort den jungen Timotheus, der ein Jünger des Herrn Jesus war und ein gutes Zeugnis von den Brüdern hatte. Aufgrund dieser Voraussetzungen wurde er ein Mitarbeiter von Paulus (Apostelgeschichte 16,1-3). Darauf diente Timotheus viele Jahre, wie ein Kind dem Vater, mit dem Apostel im Evangelium. Er bewährte sich im Dienst, so dass der Herr ihm eine neue Aufgabe anvertrauen konnte. Sobald Paulus wusste, wie es mit seiner Inhaftierung weitergehen würde, sollte Timotheus in seinem Auftrag die Philipper besuchen. Durch seine vorbildliche Einstellung war er in der Lage, ihnen im Glauben behilflich zu sein. Gleichzeitig konnte er ihnen mitteilen, wie es um den Apostel stand.

Nach Paulus und Timotheus wird uns mit Epaphroditus ein drittes Beispiel eines Christen vorgestellt, der in seinem Verhalten die Gesinnung des Herrn Jesus offenbarte.

DIENSTAG 10. JANUAR

In Vers 25 benutzt der Apostel fünf Bezeichnungen für Epaphroditus:

- *Mein Bruder.* Er gehörte wie Paulus zur Familie Gottes und war durch den Glauben mit ihm verbunden.
- *Mein Mitarbeiter.* Epaphroditus arbeitete mit Paulus im Werk des Herrn.
- *Mein Mitstreiter.* Er war bereit, mit dem Apostel für die Sache des Herrn zu kämpfen.
- *Euer Abgesandter.* Als Vertreter der Philipper besuchte Epaphroditus den Apostel im Gefängnis.
- *Euer Diener meines Bedarfs.* Er überbrachte Paulus die materielle Gabe der Glaubenden in Philippi.

In der Erfüllung dieser Aufgabe wurde Epaphroditus schwer krank. Dennoch war er nicht mit sich selbst beschäftigt. In seiner *Bruderliebe* dachte er vielmehr an die Philipper, die gehört hatten, dass es ihm gesundheitlich schlecht ging.

Als Epaphroditus wieder gesund wurde, sandte ihn Paulus sofort nach Philippi. In seiner *Bruderliebe* verzichtete der Apostel auf diesen treuen Mitarbeiter, damit die Philipper durch den Besuch von Epaphroditus wieder froh würden. Wie selbstlos verhielten sich doch diese beiden Christen!

Das Beispiel von Epaphroditus zeigt uns zudem, wie der Herr jeden hingebungsvollen Dienst an den Glaubenden wertschätzt.

Dieses Kapitel stellt uns die Kraftquelle für ein Leben in Demut, Gehorsam und Hingabe vor: Es ist Jesus Christus im Himmel. Wenn wir im Glauben zu Ihm blicken, bekommen wir Kraft, auf der Erde ein himmlisches Christentum zu verwirklichen.

Die Freude am Herrn, der ewig derselbe bleibt, verbindet uns innerlich mit Ihm und schützt uns vor der religiösen Verführung, die in Vers 2 angedeutet wird. Dort warnt uns der Apostel vor Menschen, die den christlichen Glauben mit jüdischen Elementen vermischen wollen. Wenn wir ihnen das Ohr leihen, wird unser Herz von Christus im Himmel abgezogen und unser Glaubensleben bekommt eine irdische Ausrichtung.

In Vers 3 stellt Paulus den christlichen Glauben vor. Die «Beschneidung» weist darauf hin, dass das Fleisch, d. h. die Entfaltung des natürlichen Menschen, im Christentum verurteilt und auf die Seite gestellt wird. Der christliche Gottesdienst ist keine äussere Zeremonie, sondern eine geistliche Anbetung unter der Leitung des Heiligen Geistes. Schliesslich kommt im christlichen Glauben Jesus Christus alle Ehre zu.

Wenn jemand Grund hat, auf sich selbst, auf seine religiöse Bildung und seine Frömmigkeit zu vertrauen, so ist es Paulus. Seine menschlichen Vorzüge, die in den Versen 4-6 aufgezählt werden, versprachen ihm eine glänzende religiöse Laufbahn. Aber sie waren ein Hindernis für das Leben eines Christen, der seinen Lebensinhalt in Jesus Christus gefunden hat und ein Himmelsbürger geworden ist.

DONNERSTAG
12. JANUAR

In Vers 7 bezieht sich Paulus auf die Begebenheit vor den Toren von Damaskus, als er den verherrlichten Herrn im Himmel sah. Da gingen ihm die Augen auf. Er verglich seine eigenen Vorzüge mit der Vortrefflichkeit des himmlischen Christus und kam zum Schluss: «Was irgend mir Gewinn war, das habe ich um Christi willen für Verlust geachtet.» Als Folge davon fand eine tiefgreifende Veränderung in Paulus statt: Er hörte auf, sich selbst als den Mittelpunkt seines Lebens zu betrachten und fand in Christus eine Person, auf die er sein ganzes Leben ausrichtete.

Von diesem Zeitpunkt an achtete er alles, was dem Menschen Ehre gibt, für Dreck und Verlust. Für ihn gab es nur noch eins, was zählte: ein Glaubensleben in Gemeinschaft mit Christus im Himmel und in praktischer Übereinstimmung mit Gott (Vers 9). In Vers 10 bringt Paulus dreierlei zum Ausdruck:

- Er wollte Jesus Christus auf dem Glaubensweg immer besser kennen lernen.
- Er verlangte danach, die göttliche Auferstehungsmacht zu erfahren. Das war dann der Fall, wenn Gott in seinem Leben geistliche Früchte hervorbringen konnte, die nicht dem natürlichen Menschen entspringen.
- Er war bereit, auf dem Weg zur himmlischen Herrlichkeit wie Christus zu leiden und durch den Tod zu gehen.

Paulus wusste nicht, wie er das himmlische Ziel erreichen würde – durch den Märtyrertod oder anders. Aber er sehnte sich danach, in die himmlische Herrlichkeit zu gehen, wo der Tod die Glaubenden nicht mehr antasten kann.

FREITAG
13. JANUAR

Paulus war noch nicht bei Christus im Himmel. Doch er jagte wie ein Kurzstreckenläufer auf dieses Ziel zu. Was gab ihm die Energie dazu? Der unvergessliche Eindruck, den der verherrlichte Herr auf ihn gemacht hatte, als Er ihm auf dem Weg nach Damaskus erschienen war.

In seinem Lauf zum Himmel blickte Paulus nicht zurück. Er vergass alle seine menschlichen Vorzüge, alle seine geistlichen Fortschritte und streckte sich nach dem Ziel aus. So wurde er von Christus wie von einem Magneten angezogen. Sein Glaubenslauf war keine verkrampfte Sache, sondern eine glückliche Folge davon, dass sein Herz mit Jesus Christus erfüllt war. Sein Auge war unentwegt auf den Herrn gerichtet. So lief er mit Ausdauer und Energie dem Kampfpreis, d. h. der Belohnung, entgegen. Bald würde er bei Christus in der Herrlichkeit sein!

Die Vollkommenen in Vers 15 sind Gläubige, die den verherrlichten Christus im Himmel kennen, erfahren und geniessen. Sie verwirklichen ein himmlisches Christentum. Glaubende, die anders gesinnt sind, haben den Herrn Jesus in der Herrlichkeit noch nicht zu ihrem Lebensziel gemacht. Sie sind errettet, haben aber die himmlische Berufung noch nicht im Glauben erfasst. Gott wird in seiner Gnade dafür sorgen, dass ihnen – wie einst Paulus auf dem Weg nach Damaskus – im Herzen dafür das Licht aufgeht.

Obwohl die praktische Lebensausrichtung nicht bei allen gleich ist, sollen wir den Glaubensweg gemeinsam in einer demütigen und gehorsamen Einstellung weitergehen (Vers 16).

In Vers 17 werden wir aufgefordert, das Beispiel von Paulus nachzuahmen, der auf der Erde wie viele andere Gläubige als himmlischer Christ gelebt hat.

In den Versen 18 und 19 werden wir vor Menschen gewarnt, die sich zwar Christen nennen, aber nur auf das Irdische sinnen. Diese religiösen Menschen, die sich auf dem Weg ins ewige Verderben befinden, sind Feinde des Kreuzes des Christus:

SAMSTAG
14. JANUAR

- Sie anerkennen den Tod des Herrn Jesus nicht als Grundlage der Erlösung.
- Sie weichen der Schmach aus, die sein Kreuz für alle mit sich bringt, die Ihm nachfolgen.

«Unser Bürgertum ist in den Himmeln.» Diese Aussage beinhaltet zweierlei:

a) Unser Herz ist *jetzt* im Himmel, so dass wir auf der Erde als Fremde leben.

b) Unsere ewige Heimat wird im Himmel sein. Auf diese herrliche *Zukunft* richten wir unseren Glaubensblick.

Bei der Entrückung wird der Heiland unsere Errettung zum Abschluss bringen. Er wird uns einerseits aus den irdischen Umständen, aus den Leiden und Kämpfen herausnehmen. Anderseits wird Er uns vom schwachen, sterblichen Körper befreien, indem Er ihn umgestalten wird.

Wir werden im Himmel einen Körper haben, der dem herrlichen Körper des Herrn Jesus entspricht, damit wir Ihm gleich sind (1. Johannes 3,2). Für die Verwandlung unseres Körpers wird die gleiche göttliche Kraft wirksam sein, die der Herr anwenden wird, um sich die ganze Schöpfung zu unterwerfen.

Dieser Abschnitt enthält sieben Ermahnungen oder Aufforderungen:

SONNTAG 15. JANUAR

- «Steht fest im Herrn.» In der Brandung der Probleme, des Widerstands und der allgemeinen Gleichgültigkeit sollen wir uns an den Herrn halten und dadurch im Glauben feststehen.
- Evodia und Syntyche – zwei Glaubensschwestern von Philippi – werden ermahnt, miteinander im gleichen Sinn und Geist voranzugehen. Das ist nur möglich, wenn beide auf den Herrn blicken.
- Epaphroditus – der treue Mitknecht von Paulus – wird aufgefordert, diesen beiden Schwestern beizustehen, damit das Problem ihrer Uneinigkeit Gott gemäss gelöst werden kann.
- «Freut euch in dem Herrn allezeit!» Wenn Jesus Christus die Quelle unserer Freude ist, vergeht sie auch in schwierigen Situationen nicht. Wir fühlen zwar den Schmerz, wenn wir Schweres erleben, aber die stille Freude an unserem Herrn bleibt.
- «Lasst eure Milde kundwerden allen Menschen.» Weil der Herr bald kommt, sollen wir nicht auf unsere Rechte pochen, sondern zu allen Menschen milde sein.
- «Seid um nichts besorgt.» Immer wieder steigen in unserem Herzen Sorgen auf. Weil sie uns die Freude am Herrn nehmen, sollen wir aktiv gegen sie angehen. Wie das möglich ist, zeigt uns der nächste Punkt.
- «Lasst eure Anliegen vor Gott kundwerden.» Alles, was uns beschäftigt, was uns Sorgen oder Freude bereitet, dürfen wir vertrauensvoll unserem Gott sagen. Dann schenkt Er uns seinen Frieden.

Wenn der Friede Gottes unser Herz bewahrt (Vers 7), sind wir in der Lage, uns mit dem Guten zu beschäftigen (Vers 8). Die hier aufgezählten positiven Eigenschaften können in zwei Punkten zusammengefasst werden:

- Wir befassen uns mit dem, was Gott entspringt, denn jede gute Gabe und jedes vollkommene Geschenk kommt von Ihm (Jakobus 1,17).
- Wir beschäftigen uns mit Jesus Christus, der alle diese Merkmale vollkommen in sich vereinigt hat.

MONTAG 16. JANUAR

Im Weiteren sollen wir die Belehrungen des Apostels – d. h. die neutestamentlichen Anweisungen – im Alltag verwirklichen (Vers 9). Was ist die Folge, wenn wir das Gute erwägen und dem Wort Gottes gehorchen? Der Gott des Friedens wird mit uns sein! Das ist nichts anderes als Gemeinschaft mit Ihm.

In den Versen 10-19 verdankt Paulus die materielle Gabe, die er von den Philippern bekommen hat. Gleichzeitig spricht er von seinen Erfahrungen mit dem Herrn in den unterschiedlichsten Umständen.

Zuerst bringt der Apostel seine Freude zum Ausdruck, dass die Glaubenden in Philippi wieder eine Gelegenheit gefunden haben, ihm durch finanzielle Unterstützung ihre Liebe zu beweisen.

In seinem Leben erhielt Paulus vom Herrn ganz praktische Unterweisungen. Er lernte, sowohl mit materiellem Mangel als auch mit Überfluss umzugehen. Durch seine Erfahrungen kam er zum Schluss: «Alles vermag ich in dem, der mich kräftigt.» Er wusste, dass ihn Jesus Christus in den Wechselfällen des Lebens nie enttäuschen würde.

Paulus nahm die Gabe der Philipper dankbar in Empfang. Weil sie ihn von Anfang an mit einer guten Gesinnung unterstützt hatten, hatte er schon früher etwas von ihnen angenommen. Doch niemals wollte der Apostel den Eindruck erwecken, er sei auf das Geld der Glaubenden erpicht. Darum spricht er ab Vers 17 vom geistlichen Wert des Gebens:

DIENSTAG 17. JANUAR

- Die materielle Freigebigkeit der Philipper war eine Frucht, die Gott in ihnen gewirkt hatte und in der Zukunft vom Herrn belohnt werden wird.
- Die Gabe der Philipper war für Gott ein duftender Wohlgeruch und ein angenehmes Opfer. Er freut sich nicht nur über die Lobopfer, sondern auch über die materiellen Opfer der Erlösten (Hebräer 13,15.16).

In Vers 19 gibt Paulus den Philippern sozusagen ein Geschenk zurück. Sein Gott, mit dem er viele Erfahrungen gemacht hat, wird ihnen alles geben, was sie für ihr Glaubensleben brauchen. Das gilt auch für uns. Nie werden wir zu kurz kommen, wenn wir alles von Gott erwarten. Was Er gibt, entspricht nicht unseren Bedürfnissen, sondern seinem unerschöpflichen Reichtum.

Die Grüsse in den Versen 21 und 22 drücken die Verbundenheit der Erlösten aus. Sie bilden gemeinsam den Leib des Christus. Darum gehören sie zusammen, auch wenn sie über die ganze Erde zerstreut leben.

Der Brief endet mit der Gnade des Herrn Jesus Christus. Sie hilft uns in allen Umständen, seine demütige und gehorsame Gesinnung zu offenbaren.

Entstehungszeit

Die beiden Bücher der Chronika stehen im hebräischen Alten Testament an letzter Stelle. Ursprünglich bildeten sie ein einziges Buch. Die Zweiteilung erfolgte wohl bei der Übersetzung ins Griechische.

Durch verschiedene Angaben und Aussagen in den Büchern der Chronika ist man zum Schluss gekommen, dass sie erst nach dem babylonischen Exil geschrieben oder vollendet worden sind (1. Chronika 3,19; 9,1.2; 2. Chronika 36,22.23).

Verfasser

Wie in den meisten Schriften des Alten Testaments wird der Name des Verfassers nicht erwähnt. Doch die Tatsache, dass die Schlussverse von 2. Chronika und die ersten Verse des Buches Esra bis auf einzelne Worte gleich lauten, lässt den Schluss zu, dass Esra das erste und zweite Buch der Chronika geschrieben hat. Auch der priesterliche Charakter dieser Bücher passt gut zu Esra, der selbst ein Priester war (Esra 7,1-5.11).

Zweck

Obwohl die zwei Bücher der Chronika geschichtlich die gleiche Zeit wie das zweite Buch Samuel und die beiden Bücher der Könige abdecken, sind sie keine Wiederholung. Sie erzählen die Geschichte Israels aus dem Blickwinkel Gottes und zeigen, wie seine Gnade trotz des menschlichen Versagens die göttlichen Pläne zur Ausführung bringt.

Die ersten neun Kapitel enthalten Geschlechtsregister. Für das Volk Israel waren sie aus mehreren Gründen von grosser Bedeutung:

- Gott hatte den Nachkommen Abrahams das Land Kanaan verheissen (1. Mose 12,7). Damit sie dieses Erbteil antreten konnten, mussten sie ihre Abstammung von Abraham nachweisen können.
- Nachdem das Volk in Kanaan angekommen war, benötigte es seine Geschlechtsregister, um das Land unter die einzelnen Stämme und Familien aufzuteilen.
- Die Geschlechtsverzeichnisse waren auch dazu da, um eine Vermengung der umliegenden Nationen mit dem auserwählten Volk Gottes zu verhindern.
- Nach dem babylonischen Exil konnten einige Priester ihre Herkunft nicht angeben, weil ihr Abstammungsnachweis verloren gegangen war. Aus diesem Grund wurden sie vom Priestertum als unrein ausgeschlossen (Esra 2,59-63).

Die Geschlechtsregister beginnen bei Adam, dem ersten Menschen, und führen im ersten Kapitel bis zu Jakob, dem Vater der zwölf Stammesväter des Volkes Israel.

In Vers 4 wird Sem zuerst genannt, obwohl er nicht der Erstgeborene Noahs war. Doch dann werden die Nachkommen von Japhet und Ham vor ihm aufgelistet. Erst am Schluss folgt das Geschlechtsregister Sems. Warum ist das so? Weil Gott Sem ausgewählt hatte, um mit dessen Nachkommen seine Pläne der Gnade zu verwirklichen. Darum nahm Sem aus göttlicher Sicht unter seinen Brüdern eine Vorrangstellung ein.

In den Versen 28-33 werden die Nachkommen Abrahams angeführt. Isaak, der Sohn der Verheissung, wird zuerst genannt, obwohl Ismael älter war als er. Von diesen beiden Söhnen lernen wir zwei wichtige Lektionen:

- Abraham konnte nicht auf Gottes Handeln warten. Er handelte eigenwillig und zeugte mit Hagar einen Sohn – Ismael. Doch der HERR anerkannte ihn nicht als rechtmässigen Erben. Genauso wenig kann Gott bei uns das gebrauchen, was unserem Eigenwillen entspringt.

DONNERSTAG
19. JANUAR

- Isaak wurde erst geboren, als es aus menschlicher Sicht unmöglich war, dass Abraham und Sara noch Kinder bekommen konnten. Auch in unserem Leben kann Gott erst Frucht hervorbringen, wenn wir mit uns selbst zu Ende gekommen sind.

In Vers 34 werden die Söhne Isaaks erwähnt: Esau und Jakob. Dann folgt eine Beschreibung der Ausbreitung und Entwicklung der Nachkommen Esaus. Dieser Sohn Isaaks war ein Ungöttlicher (Heb 12,16), d. h. er hatte keine Glaubensbeziehung zu Gott. Deshalb können wir in seinen Nachkommen klare Merkmale der Welt erkennen:

- Ein besonderes Kennzeichen Edoms war seine Feindschaft gegen das Volk Israel. Genauso hasst die Welt die Glaubenden (Joh 15,19).
- Wir lesen hier auch von den Königen, die im Land Edom regierten. Es fällt auf, dass nie der Sohn eines Königs sein Nachfolger wurde. Daraus schliessen wir, dass sie die Regierungsmacht jeweils mit Gewalt an sich rissen. In der Welt ist Gewalttat auch heute weit verbreitet.

In diesem Kapitel werden zuerst die zwölf Söhne Jakobs angegeben. Dann folgen die Nachkommen Judas. Er steht an erster Stelle, weil er der königliche Stamm war und der Messias von ihm abstammen sollte (1. Mose 49,10).

FREITAG
20. JANUAR

Gott kann hier einige Sünden, die in diesem bevorzugten Stamm vorkamen, nicht mit Stillschweigen übergehen:

- Juda selbst sündigte mit Tamar, seiner Schwiegertochter, indem er Geschlechtsverkehr mit ihr hatte (1. Mose 38).
- Achan nahm vom Verbannten für sich: Gold, Silber und einen schönen Mantel. Damit versündigte er sich gegen das göttliche Gebot und brachte Israel in Trübsal (Josua 7).

Hurerei bei Juda und Habsucht bei Achan sind zwei schwerwiegende Sünden, vor denen wir im Neuen Testament mehrfach gewarnt werden (Epheser 5,3; Kolosser 3,5).

Das Geschlechtsverzeichnis Judas wird in den Versen 9-17 bis David fortgesetzt. Ab Vers 18 folgen detaillierte Angaben über die Nachkommen Hezrons.

Wir erkennen hier deutlich die enge verwandtschaftliche Beziehung zwischen David und Joab. War das vielleicht ein Grund, warum König David zu wenig konsequent gegen das böse und gewalttätige Handeln seines Generals Joab vorging?

In Vers 20 wird Bezaleel erwähnt, den Gott berufen hatte, zusammen mit Oholiab das Zelt der Zusammenkunft und seine Geräte zu machen (2. Mose 31,1-11).

Die Geschlechtsregister im ersten Buch der Chronika sind nicht vollständig. Sie wurden vermutlich nach dem babylonischen Exil aus den Bruchstücken, die noch vorhanden waren, zusammengetragen.

SAMSTAG 21. JANUAR

Muss man daraus schliessen, dass der Text der Chronika lediglich eine menschliche und legendäre Zusammenstellung ist? Nein! Gott hat diese bruchstückhaften Dokumente mit dem Siegel seiner Anerkennung ausgezeichnet. Aus dem unvollständigen Abstammungsnachweis wird einerseits deutlich, dass nach der menschlichen Verantwortung alles verloren war. Anderseits gab dieses Versagen Israels der göttlichen Gnade die Gelegenheit, sich zugunsten des Volkes zu entfalten. Gerade der Rückblick auf die Gnade Gottes ist das Thema der Bücher Chronika. So bilden die unvollkommenen Geschlechtsregister eine geeignete Einleitung dazu.

In unserem Kapitel stellt der Name Kaleb einige Schwierigkeiten dar. Bis auf eine Ausnahme geht es bei der Erwähnung dieses Namens immer um den *Sohn Hezrons.* Doch in Vers 49 wird Aksa genannt, die eine Tochter Kalebs, *des Sohnes Jephunnes* war (Jos 15,16). Es gibt also zwei Personen mit dem gleichen Namen:

- Kaleb, der Sohn Hezrons, stammte von Juda ab und hatte eine zahlreiche Nachkommenschaft, die in unserem Kapitel erwähnt wird.
- Kaleb, der Sohn Jephunnes, war ein Kenisiter, also kein Israelit von Geburt. Aber wegen seines Glaubens und seiner entschiedenen Nachfolge wurde er ins Volk Gottes eingegliedert und bekam ein Erbteil im Stamm Juda.

Im ersten Teil des Kapitels wird uns die königliche Familie Davids vorgestellt. Seine Regierungszeit wird in zwei Teile gegliedert:

- Sieben Jahre und sechs Monate regierte er in Hebron. Dort wurden ihm sechs Söhne geboren.
- Anschliessend richtete er seinen Regierungssitz in Jerusalem ein und herrschte dort 33 Jahre. In dieser Zeit erweiterte sich seine Familie um neun weitere Söhne und eine Tochter.

SONNTAG 22. JANUAR

Keiner der Söhne Davids, die in Hebron geboren wurden, kam als sein Nachfolger für das Königtum infrage. Es ist Salomo, der Sohn Bathsebas, der die königliche Linie weiterführte. Mit Bathseba hatte David schwer gesündigt. Dennoch sollte ein Sohn von ihr auf den Thron gesetzt werden. Diese Tatsache unterstreicht einmal mehr die göttliche Gnade, die in diesem Buch so deutlich zum Ausdruck kommt.

Ab Vers 10 geht es um die Nachkommen von König David. Viele von ihnen regierten in Jerusalem. Doch wegen ihrer Untreue zerstörte Nebukadnezar diese Stadt und setzte den letzten König ab. Gleichzeitig sorgte Gott dafür, dass die Linie der Nachkommen Davids weiterging. In den Versen 15-24 wird sie sogar über das babylonische Exil hinaus fortgesetzt. Nach Serubbabel, dem ersten Statthalter von Juda nach der Rückkehr von Babel, werden noch fünf weitere Generationen erwähnt. Die Lücke bis zu Jesus Christus, dem verheissenen Messias, wird in Matthäus 1 geschlossen.

Unser Abschnitt führt zum zweiten Mal die Nachkommenschaft Judas auf. In die Aufzählung der Namen werden einige interessante Bemerkungen eingeflochten:

MONTAG
23. JANUAR

- Eine Frau gab ihrem Sohn den Namen Jabez (= er macht Schmerzen), weil sie ihn mit Schmerzen geboren hatte. Damit stellte sie sich im Glauben unter die Folgen des Sündenfalls. Einst hatte Gott zu Eva gesagt: «Ich werde die Mühsal deiner Schwangerschaft sehr mehren, mit Schmerzen sollst du Kinder gebären» (1. Mo 3,16). Daraus lernen wir: Wenn wir die allgemeinen Folgen der Sünde – unter denen alle Menschen zu leiden haben – akzeptieren, werden wir sie leichter ertragen können.
- Jabez betete im Glauben zu Gott und erfuhr seine Erhörung. Die Bitten, die er vorbrachte, können wir nicht eins zu eins auf uns übertragen. Jabez besass eine irdische Hoffnung, wir Christen haben eine himmlische Berufung. Aber von seinem Gottvertrauen, das sich in seinem Gebet zeigt, können wir viel lernen. Im gleichen Sinn fordert uns Jakobus auf: «Er bitte aber im Glauben, ohne irgend zu zweifeln.»
- Unter den Söhnen Schelas gab es Byssusarbeiter, Töpfer und Gärtner (Verse 21-23). Das waren keine hervorragenden Beschäftigungen, aber sie gewannen eine besondere Bedeutung durch die Tatsache, dass diese Männer beim König in seinem Dienst standen. Sie taten ihre einfache Arbeit in der Nähe des Königs und für den König. Genauso wollen auch wir unsere täglichen Pflichten erfüllen: in Gemeinschaft mit dem Herrn Jesus und für Ihn (Kol 3,23).

Auf den Stamm Juda folgt der Stamm Simeon, der ein Erbteil hatte, das mitten im Gebiet von Juda lag. Den Grund dafür finden wir im ersten Buch Mose. Mit Hinterlist und Gewalttat brachten Simeon und Levi alle Männer von Sichem um (1. Mose 34,25). Als Jakob am Ende seines Lebens den Segen über seine Söhne aussprach, kam er auf diese Sünde von Simeon und Levi zurück und erklärte: «Ich werde sie verteilen in Jakob und sie zerstreuen in Israel» (1. Mose 49,7).

DIENSTAG
24. JANUAR

Trotz dieser schwerwiegenden Folgen für den Stamm Simeon, der zahlenmässig klein war (Vers 27), gab es einzelne Menschen, die sich durch einen persönlichen Glauben auszeichneten. In den Versen 38-41 lesen wir von Nachkommen Simeons, die sich sehr ausbreiteten. Deshalb brauchten sie neue Weideplätze für ihr Vieh. In Gedor fanden sie eine fette, gute Weide und ein weites, ruhiges Land. Bevor sie dort wohnen konnten, mussten sie diesen Ort erobern.

Erstaunlich ist der Zeitpunkt, wann die Nachkommen Simeons ihr Wohngebiet erweiterten: Es war zur Zeit, als König Hiskia in Jerusalem regierte. Während seiner Regierung kam das Zehnstämme-Reich ins assyrische Exil. Zudem stand damals das göttliche Gericht über das Reich Juda nahe bevor. Dennoch offenbarten diese Menschen eine Glaubensenergie und erfuhren die Gnade Gottes.

Wir leben in der letzten Zeit des christlichen Zeugnisses, wo vieles im Argen liegt. Weil viele Christen nicht mehr nach Gottes Willen fragen, braucht es einen persönlichen Glauben, um ein Leben nach Gottes Wort zu führen.

Nun kommen die Stämme an die Reihe, die auf der Ostseite des Jordan wohnten: Ruben, Gad und der halbe Stamm Manasse.

MITTWOCH
25. JANUAR

Ruben war der Erstgeborene Jakobs. Doch er hatte durch eine schwerwiegende Sünde alle drei Vorrechte eines Erstgeborenen, die im Alten Testament erwähnt werden, verloren:

a) Der Erstgeborene gehört dem HERRN (4. Mose 3,13). Diesen Vorzug bekam der Stamm Levi.
b) Der Erstgeborene soll das doppelte Erbe bekommen (5. Mose 21,17). Diesen Segen bekam Joseph, der mit seinen Söhnen Manasse und Ephraim, die Jakob als seine Söhne «adoptierte», ein zweifaches Erbe besass.
c) Der Erstgeborene ist Herr über seine Brüder (1. Mose 27,29). Dieses Privileg wurde dem Stamm Juda zugesprochen. Er hatte die Oberhand über seine Brüder, weil der Fürst (= Christus) aus ihm kommen sollte.

Tatkräftig setzten sich die Nachkommen Rubens für die Erweiterung ihres Wohngebiets ein. Doch es war nicht der Glaube wie bei Kaleb, der sie dazu anspornte, denn sie wohnten ausserhalb des verheissenen Landes. Ihre eifrige Tätigkeit hatte einen rein menschlichen und irdischen Grund: «Ihre Herden waren zahlreich im Land Gilead» (Vers 9).

Vers 17 enthält eine positive Bemerkung über die Nachkommen Gads. Sie sorgten dafür, dass sie im Geschlechtsregister verzeichnet wurden. Damit konnten sie ihre Zugehörigkeit zum Volk Gottes nachweisen, auch wenn sie östlich vom Jordan wohnten.

Die Verse 18-22 berichten von den Kriegen, die die zweieinhalb Stämme jenseits des Jordan führten. Angesichts der feindlichen Armeen schrien sie im Kampf zu Gott, weil ihnen bewusst wurde, wie nötig sie seine Hilfe hatten. Er hörte auf ihr Rufen und gab ihnen den Sieg über die Feinde, «weil sie auf ihn vertraut hatten».

Genauso erfahren wir in Notsituationen Gottes Hilfe, wenn wir vertrauensvoll zu Ihm rufen und alles von Ihm erwarten. David sagt dazu: «Der HERR ist meine Stärke und mein Schild; auf ihn hat mein Herz vertraut, und mir ist geholfen worden» (Psalm 28,7).

DONNERSTAG
26. JANUAR

Der halbe Stamm Manasse wohnte ebenfalls auf der Ostseite des Jordan. Weil seine Nachkommen zahlreich waren, bewohnten sie ein grosses Gebiet – von Basan bis zum Berg Hermon.

Die Hilfe Gottes im Kampf gegen die Hageriter war ein Beweis seiner *Gnade.* Trotz des falschen Standorts der zweieinhalb Stämme – sie lebten nicht im verheissenen Land – schenkte der HERR ihnen den Sieg über ihre Feinde.

In den Versen 25 und 26 finden wir die andere Seite des Handelns Gottes mit seinem Volk. Weil die zweieinhalb Stämme treulos gegen Ihn waren und fremden Göttern dienten, gab Gott sie in die Hand der Könige von Assyrien, die sie bedrängten und schliesslich ins Exil brachten. Das war ein Beweis seiner *Gerechtigkeit.*

Auch für uns gilt: Einerseits ist Gott gnädig mit uns und antwortet auf unseren Hilferuf. Anderseits handelt Er gerecht mit uns, indem Er uns das ernten lässt, was wir gesät haben.

Freitag
27. Januar

Bei den Nachkommen Levis, die bis zum Ende von Kapitel 6 erwähnt werden, geht es zuerst um die priesterliche Familie, die von Kehat, dem zweiten Sohn Levis, abstammte.

In Vers 29 werden alle drei Kinder von Amram aufgezählt:

- zuerst Aaron, der das *Priestertum* repräsentiert,
- dann Mose, der Vertreter des *Gesetzes,* und
- schliesslich Mirjam, die die *Prophetie* darstellt.

Weil es sich im Buch der Chronika um die Pläne der göttlichen Gnade mit dem Königtum Israels handelt, lässt das Gesetz (= Mose) dem Priestertum (= Aaron), das unter David eng mit dem Königtum verbunden war, den Vortritt.

Ab Vers 29 folgt das Geschlechtsregister der Hohenpriester in Israel. Im Gegensatz zum königlichen Verzeichnis, das in Kapitel 3 über die Zeit des babylonischen Exils hinausreicht und in Matthäus 1 bis zu Christus weiter geht, endet das priesterliche Verzeichnis mit der Wegführung.

Darin erkennen wir vielleicht einen Hinweis auf die Tatsache, dass das Priestertum Aarons zu Ende gehen und dem König-Priestertum des Herrn Jesus Platz machen wird (Sacharja 6,13).

In den Versen 1-15 von Kapitel 6 werden die Nachkommen Levis nach der Geburtsfolge seiner drei Söhne Gersom, Kehat und Merari genannt. In der Wüste war es ihre Aufgabe gewesen, die Wohnung Gottes und ihre kostbaren Geräte zu transportieren. Im Land bekamen sie andere Dienste, die mit dem Gottesdienst im Tempel zusammenhingen.

König David stellte zur Leitung des Gesangs Leviten an. Zuerst verrichteten sie diesen Dienst vor der Wohnung des Zeltes der Zusammenkunft. Nachdem Salomo das Haus des HERRN gebaut hatte, erfüllten sie diese Aufgabe im Tempel. Aus jeder Familie Levis war einer zum Gesangsleiter bestimmt:

SAMSTAG
28. JANUAR

- Heman war ein Kehatiter, ein Enkel von Samuel, dem letzten Richter und ersten Propheten in Israel. Er hat Psalm 88 gedichtet.
- Asaph stammte aus der Familie der Gersomiter. Er hat zwölf Psalmen geschrieben.
- Ethan war ein Merariter. Vermutlich entspricht er dem später erwähnten Jeduthun (z. B. 1. Chronika 25,6; 2. Chronika 5,12). Psalm 89 ist von ihm gedichtet worden.

Alle drei besassen musikalische Fähigkeiten und gleichzeitig ein geistliches Verständnis über die Gedanken Gottes. So konnten sie nicht nur den Gesang leiten, sondern auch Psalmen dichten.

In den Versen 33 und 34 wird eine klare Unterscheidung zwischen den Aufgaben der Leviten und dem Dienst der Priester gemacht:

- Die Leviten führten den Dienst der Wohnung aus. Auf heute übertragen spricht er von der Verkündigung des Wortes Gottes zur geistlichen Erbauung der Versammlung.
- Die Priester opferten, räucherten und taten Sühnung für Israel. Der Opferdienst und das Räucherwerk weisen in der geistlichen Bedeutung auf die christliche Anbetung hin (1. Petrus 2,5).

SONNTAG
29. JANUAR

Dieser Abschnitt zählt die Wohnorte der Leviten auf. Weil sie kein eigenes Erbteil im Land Kanaan besassen, bekamen sie von den anderen Stämmen einzelne Städte, wo sie sich niederlassen konnten. Die Leviten gehörten dem HERRN und durften vom Zehnten leben, den die übrigen Israeliten dem HERRN abgeben mussten. Darum gab Gott den Leviten keine eigenen Felder zum Anbau von Nahrungsmitteln. – Für unsere Zeit lernen wir daraus, dass wir die Brüder, die sich ganz dem Werk des Herrn und der Verkündigung des Wortes Gottes widmen, materiell unterstützen sollen (Galater 6,6).

Die Priester aus der Familie der Kehatiter wohnten alle im Stammesgebiet von Juda und Benjamin. Dadurch hatten sie keinen weiten Weg nach Jerusalem, wo sie im Tempel des HERRN ihren Dienst verrichteten.

Die übrigen Nachkommen Kehats bewohnten zehn Städte in den Stämmen Ephraim, Dan und im halben Stamm Manasse. Die Gersomiter bekamen 13 Städte in den Stammesgebieten von Issaschar, Aser, Naphtali und Manasse. Die Nachkommen Meraris wohnten in den Stämmen Ruben, Gad und Sebulon.

Von den levitischen Städten wurden sechs Orte als Zufluchtsstädte bezeichnet: auf der Westseite des Jordan Hebron, Sichem und Kedes in Galiläa (Verse 42.52.61) und auf der Ostseite des Jordan Golan in Basan, Bezer in der Wüste und Ramoth in Gilead (Verse 56.63.65). Gott hatte diese Zufluchtsstädte für den Totschläger bestimmt. Sie boten dem, der unabsichtlich einen Menschen getötet hatte, Schutz vor dem Bluträcher (Josua 20,7-9).

Dieses Kapitel zählt die übrigen Stämme auf. Dan und Sebulon fehlen jedoch. Besassen ihre Nachkommen keine Geschlechtsregister mehr?

Es beginnt mit dem Stamm Issaschar, der sich zur Zeit Davids positiv entwickelte. In diesem Stamm gab es zahlreiche kriegstüchtige Männer und viele Frauen und Kinder. Diese Leute waren bereit, für ihr Erbteil zu kämpfen. Gleichzeitig vernachlässigten sie die Familie nicht. So ruhte auf diesem Stamm der Segen Gottes.

MONTAG
30. JANUAR

Bei den Nachkommen Benjamins heisst es dreimal, dass sie kriegstüchtige Männer waren (Verse 7.9.11). Im Neuen Testament werden wir Christen mehrmals mit einem Soldaten verglichen. Da fragen wir uns: Was macht uns zu tüchtigen Kämpfern? Der Apostel Paulus gibt uns darauf eine doppelte Antwort:

a) Wenn wir bereit sind, die Schwierigkeiten zu ertragen, die uns auf dem Glaubensweg begegnen (2. Timotheus 2,3).
b) Wenn wir uns nicht in die Beschäftigungen des Lebens verwickeln, sondern dem Herrn gefallen möchten, der uns angeworben hat (2. Timotheus 2,4).

Bei den Nachkommen Manasses werden auch die Töchter Zelophchads erwähnt. Da ihr Vater keine Söhne hatte und in der Wüste gestorben war, hatten sie kein Anrecht auf ein Erbteil. Doch ihr Interesse daran war so gross, dass sie ihre Rechtssache Mose vorstellten. Da beantwortete der HERR ihren Glauben, indem Er verordnete, dass das Erbteil ihres Vaters auf sie übertragen werden sollte (4. Mose 27,1-11).

Die Geschichte des Stammes Ephraim beginnt traurig. Die ersten Nachkommen waren zu einem Raubzug ausgezogen. Dabei wurden sie von den Männern von Gat erschlagen. Wir verstehen, dass ihr Vater Ephraim viele Tage um sie trauerte. Doch dann schenkte ihm Gott in seiner Gnade wieder einen Sohn. Ephraim gab ihm den Namen Beria, weil sein Haus im Unglück war. Es scheint, dass er den Verlust seiner Söhne noch nicht überwunden hatte.

DIENSTAG
31. JANUAR

Manchmal verhalten wir uns auch so wie Ephraim. Wir nehmen die Hilfe des Herrn nicht in Anspruch, um über eine Schwierigkeit hinwegzukommen. Darum haben wir keinen Blick für die Güte, die Gott uns aufs Neue erweist.

Von Beria geht das Geschlechtsregister bis zu Josua weiter. Als Nachfolger von Mose bekam er den Auftrag, das Volk über den Jordan zu führen und das verheissene Land schrittweise zu erobern. – Josua spricht vom Herrn Jesus, der uns in den himmlischen Segen einführen möchte und uns im Kampf gegen die geistlichen Mächte unterstützt (Epheser 6,10-12).

Die Nachkommen Asers können ein Geschlechtsregister vorweisen. Zudem waren von ihnen 26'000 Männer zum Militärdienst verzeichnet. Auch sie hatten kriegstüchtige Soldaten zur Verteidigung des Landes.

Die Genauigkeit der Geschlechtsregister hing von der Sorgfalt ab, mit der die Familien sie während des Exils aufbewahrten. Die Gottesfürchtigen hielten gewissenhaft an ihrem Abstammungsnachweis fest, weil sie ihrem Volk treu bleiben wollten und an eine Rückkehr ins Land Kanaan glaubten.

Nach Kapitel 7,6-11 werden nun die Nachkommen Benjamins ein zweites Mal aufgelistet. Diesmal ist das Geschlechtsregister jedoch viel ausführlicher. Damit wird dem Stamm Benjamin eine besondere Bedeutung verliehen, und zwar aus zwei Gründen:

1) Saul, der erste König in Israel (Vers 33), stammte von Benjamin ab. Er war der König nach den Wünschen und Vorstellungen des Volkes. Zudem repräsentierte er auf eindrückliche Weise den natürlichen Menschen, der keine Glaubensbeziehung zu Gott hat und Ihm nicht gehorcht. Damit Gott seine Pläne der Gnade mit Israel erfüllen konnte, musste zuerst das völlige Versagen des eigenwilligen Königs offenbar werden (Kapitel 10). So führte der HERR nach dem Tod Sauls den Mann nach seinem Herzen als König über Israel ein (Kapitel 11).
2) Benjamin war der einzige Stamm, der bei der Reichsteilung zu Juda hielt. Die zehn Stämme im Norden gerieten wegen ihres Götzendienstes in das assyrische Exil und kehrten nie mehr ins Land Kanaan zurück. Im Gegensatz dazu blieben Juda und Benjamin, die das Südreich bildeten, nur 70 Jahre im babylonischen Exil. Durch Gottes Gnade kam dann ein Teil zurück, um in Jerusalem und in den Städten Judas zu wohnen. Es scheint, dass Gott in den Geschlechtsregistern jene Benjaminiter besonders erwähnt, die nach der Rückkehr aus Babel in Jerusalem wohnten (Verse 28.32; Kapitel 9,35-38; Nehemia 11,2.7). Wollte Er damit ihre Treue und ihren Glauben hervorheben?

Aus Vers 1 können wir schliessen, dass einst das ganze Volk Israel im Geschlechtsverzeichnis aufgeschrieben worden war. Doch durch die Zerstörung Jerusalems und die Wegführung der Bewohner nach Babel sind viele Abstammungsnachweise verloren gegangen.

DONNERSTAG
2. FEBRUAR

In den Versen 2-34 gefällt es Gott, die Namen derer zu erwähnen, die nicht nur aus dem babylonischen Exil zurückkehrten, sondern die auch bereit waren, in Jerusalem zu wohnen. Aus Nehemia 7,4 wissen wir, dass die Stadt nach der Instandsetzung der Mauer nur spärlich bewohnt war. In Nehemia 11 – das in weiten Teilen mit 1. Chronika 9 übereinstimmt – wurde dann beschlossen, dass jeder Zehnte in die Stadt Jerusalem umziehen sollte. Ausserdem gab es solche, die sich freiwillig bereit erklärten, in der Stadt des grossen Königs zu wohnen und dort den Messias zu erwarten. – Die Bewohner von Jerusalem werden nach Gruppen aufgelistet:

- Zuerst wird das allgemeine Volk aus den Stämmen Juda, Benjamin, Ephraim und Manasse genannt (V. 3-9). Dass es auch aus den beiden letztgenannten Stämmen Menschen gab, die in Jerusalem wohnten, erstaunt uns. Vielleicht konnten sie der Wegführung nach Assyrien entfliehen und schlossen sich nun dem Überrest aus Juda und Benjamin an.
- Dann folgen die Priester (V. 10-13). Von ihnen heisst es, dass sie «tüchtige Männer im Werk des Dienstes des Hauses Gottes waren». Wir wollen uns an ihnen ein Beispiel nehmen und uns mit Hingabe für die gemeinsame Anbetung am Tisch des Herrn einsetzen.

FREITAG
3. FEBRUAR

In unserem Abschnitt geht es um die Torhüter. Auch sie gehörten zu den Leviten, hatten jedoch eine besondere Aufgabe: Sie mussten das Haus des HERRN überwachen.

Es scheint, dass David und Samuel diesen Dienst unter den Leviten eingeführt hatten. So begann ihre Bewachungsaufgabe schon in Silo und Gibeon, wo die Stiftshütte stand. Später bewachten sie den Tempel, den Salomo gebaut hatte. Auch nach der Rückkehr aus dem babylonischen Exil war dieser Dienst erforderlich, denn das Haus des HERRN wurde wieder aufgebaut.

Einige Torhüter wohnten nicht in Jerusalem. Sie kamen aus den Dörfern in die Stadt, um dort während sieben Tagen ihren Dienst zu verrichten (Vers 25). Danach kehrten sie in ihre Wohnorte zurück.

Die Torhüter mussten dafür sorgen, dass kein Unberechtigter den Vorhof betrat und kein Unbefugter ins Heiligtum eindrang. Zudem bewachten sie die Schätze des Hauses Gottes. So hatten sie einen sehr verantwortungsvollen Dienst. – Heute gibt es diese Aufgabe im geistlichen Sinn: Gläubige Männer wachen darüber, dass nichts in eine örtliche Versammlung eindringt, was den Herrn verunehren und den Gläubigen schaden könnte. Ausserdem verteidigen sie die biblische Wahrheit gegen feindliche Angriffe, damit uns der Reichtum des christlichen Glaubens nicht verloren geht.

Die Torhüter mussten alle vier Himmelsrichtungen im Auge behalten (Vers 24). Daraus lernen wir, dass der Feind versucht, das Haus Gottes von allen Seiten anzugreifen.

Neben dem Torhüterdienst gab es noch weitere Aufgaben für die Leviten:

- Einige verwalteten die Geräte, die im Heiligtum gebraucht wurden. Sie zählten sie bei der Herausgabe und bei der Rücknahme ab, damit sie sicher sein konnten, dass nichts verloren gegangen war.
- Andere Leviten betreuten das Material, das für den Opferdienst benötigt wurde: Feinmehl, Wein, Öl, Weihrauch, Gewürze. Doch es wird ausdrücklich betont, dass die Salbenmischung der Gewürze eine Aufgabe der Priester war.

SAMSTAG
4. FEBRUAR

- Mattitja war für das Pfannen-Backwerk zuständig. Das war eine besondere Zubereitung bestimmter Speisopfer, wie es in 3. Mose 2 vorgeschrieben wird.
- Andere richteten die zwölf Schichtbrote zu, die jeden Sabbat ausgewechselt wurden.
- Schliesslich gab es unter den Leviten auch Sänger. Sie waren von allen anderen Aufgaben befreit, damit sie den HERRN Tag und Nacht loben konnten. Damit zeigt uns Gott, wie wichtig Ihm das Lob und die Anbetung sind (Psalm 84,5). Da fragen wir uns: Hat das Lob Gottes in meinem Leben den richtigen Stellenwert oder wird es durch andere Aktivitäten an den Rand gedrängt?

Die Kapitel der Abstammungsnachweise schliessen mit dem Geschlechtsregister Sauls ab. Es handelt sich um eine teilweise Wiederholung von Kapitel 8,29-38. Hier bildet die Erwähnung der Vorfahren und Nachkommen von Saul eine gewisse Einleitung zu Kapitel 10, wo uns von seinem Tod berichtet wird.

Der geschichtliche Teil des ersten Buches der Chronika beginnt mit dem Tod von König Saul. Er hatte grosse menschliche Vorzüge, lebte jedoch ohne Glaubensbeziehung zu Gott. Sein Tod wird uns hier mitgeteilt, um das Versagen des natürlichen Menschen von vornherein als erwiesen darzustellen. Bevor Gott seine Pläne der Gnade umsetzt – was das Thema dieses Buches ist –, muss klar sein, dass der Mensch gar nichts dazu beitragen kann.

SONNTAG
5. FEBRUAR

Noch kurz vor seinem Tod offenbarte Saul seinen religiösen Charakter: Er wollte nicht von den «Unbeschnittenen» getötet werden (Vers 4). Das führte jedoch zu einer schwerwiegenden Sünde: Saul brachte sich selbst um. Kein Mensch hat das Recht, sich selbst das Leben zu nehmen. Gott allein ist Herr über Leben und Tod. So endete das Leben Sauls mit einer eigenwilligen, sündigen Tat, die durch seine religiösen Gefühle hervorgerufen wurde.

Die Philister feierten ihren Triumph über Israel auf heidnische Weise – und Gott liess es geschehen. Einige Männer in Israel ehrten den König auch nach seinem Tod. Sie setzten ihr Leben ein, um ihn und seine Söhne zu begraben. Gott wertete dies als eine gute Tat (2. Samuel 2,5-7).

Die Verse 13 und 14 geben zwei Gründe an, weshalb Saul sterben musste und so das Königtum verlor:

- Er war treulos, d. h. ungehorsam gegen den HERRN gewesen (1. Samuel 15,22-33).
- Er hatte Gott verlassen und eine Totenbeschwörerin aufgesucht (1. Samuel 28,6.7).

In diesem Kapitel beginnt Gott seine Pläne der Gnade zu verwirklichen. Dieses Thema wird mit zwei Eckpunkten eingeleitet:

1) David, der Mann nach dem Herzen Gottes, wird vom ganzen Volk Israel zum König gesalbt (Verse 1-3). Er weist auf den Herrn Jesus hin, der am Ende der Drangsalszeit auf der Erde erscheinen wird, um das Reich nach den göttlichen Gedanken aufzurichten.

MONTAG
6. FEBRUAR

2) Jerusalem ist die Stadt des grossen Königs und der Ort, wo Gott wohnen will (Verse 4-9). Dort wird im Tausendjährigen Reich Christus als König Israels herrschen und der Tempel des HERRN stehen.

In Vers 2 werden zwei Aufgaben des neuen Königs genannt, die sich auf den Herrn Jesus in der Zeit der Gnade übertragen lassen:

- *David sollte das Volk weiden.* Wenn wir zur Verkündigung des Wortes Gottes zusammenkommen, teilt Jesus Christus geistliche Nahrung aus (vgl. 5. Mo 33,3).
- *David sollte Fürst über Israel sein.* Genauso besitzt der Herr Autorität in der Versammlung, denn wir sind zu *seinem* Namen hin versammelt (Mt 18,20).

Gott benutzt bei der Eroberung von Jerusalem den fähigen Joab, der im zweiten Buch Samuel durch ein selbstsüchtiges und grausames Verhalten auffällt. Hier werden jedoch seine negativen Taten ausgeblendet, weil nicht die menschliche Verantwortung, sondern die göttliche Gnade im Vordergrund steht. Dennoch fehlt Joab in der Liste der Helden, die im zweiten Teil des Kapitels aufgeführt werden. Es fehlte ihm an echter Treue für den König.

Ab Vers 10 bis zum Schluss des Kapitels werden Männer aufgezählt, die sich in der Zeit der Verwerfung zu David hielten. Darum werden sie jetzt als Helden geehrt. Sie sprechen vom zukünftigen Überrest, der sich im Glauben auf die Seite von Jesus Christus stellen und deshalb vom Antichristen verfolgt werden wird.

DIENSTAG
7. FEBRUAR

Weil wir als Christen auch einem Herrn nachfolgen, der von der Welt abgelehnt wird, können wir von diesen Helden viel lernen. Unsere Treue zu Ihm ruft die Schmach der Welt hervor und bringt uns manche Nachteile. Doch in der Zukunft, wenn Er als Herrscher erscheinen wird, werden wir auf der Seite des verherrlichten Christus stehen.

Eleasar zeichnete sich durch seinen *Einsatz für das Volk Gottes* aus. Er verteidigte ein Gerstenfeld vor den Angriffen der Philister, damit diese Nahrung für Israel erhalten blieb. – Ist es uns auch wichtig, dass die Gläubigen in der Versammlung genügend geistliche Nahrung bekommen? Beten wir dafür?

Das besondere Merkmal der drei Helden, die das Lager der Philister durchbrachen und aus dem Brunnen von Bethlehem Wasser für David schöpften, war ihre *Hingabe an ihren Herrn.* Sie führten nicht nur seine Befehle aus, sondern versuchten auch, seine Wünsche zu erfüllen. – Uns hat Jesus Christus auch einen Wunsch hinterlassen: «Dies tut zu meinem Gedächtnis!» (Lukas 22,19). Wie freut sich der Herr, wenn wir Ihm jeden Sonntag bei seinem Mahl die Antwort unserer Herzen geben, indem wir an Ihn denken und Ihm für seine Liebe danken!

MITTWOCH
8. FEBRUAR

Auch Benaja war ein Held Davids. An einem Schneetag erschlug er einen Löwen in der Grube. Er liess sich von den schwierigen Umständen nicht abhalten, den Kampf gegen dieses Raubtier aufzunehmen.

Wie steht es mit unserer Treue zum Herrn, wenn Schwierigkeiten auftauchen? Lassen wir uns durch Benaja ermutigen, den Glaubenskampf auch in ungünstigen Umständen zu führen!

In Vers 23 wird von einem weiteren Kampf berichtet: Benaja erschlug den ägyptischen Mann, obwohl er nur einen Stab bei sich hatte. Mutig riss er dem Ägypter den Speer aus der Hand und tötete ihn mit dessen eigener Waffe. Darin glich Benaja seinem Herrn. Auch David tötete Goliath mit dem Schwert des Riesen.

Sowohl der Löwe als auch der ägyptische Mann sind ein Bild von Satan. Im Neuen Testament werden wir zweimal aufgefordert, ihm zu widerstehen. Nur so können wir seine Angriffe siegreich abwehren:

«Unterwerft euch nun Gott, widersteht aber dem Teufel, und er wird von euch fliehen» (Jakobus 4,7).

«Seid nüchtern, wacht; euer Widersacher, der Teufel, geht umher wie ein brüllender Löwe und sucht, wen er verschlinge. Dem widersteht standhaft im Glauben» (1. Petrus 5,8.9).

Ab Vers 26 werden viele Helden mit Namen genannt. Sie alle haben sich in der Zeit der Verwerfung auf die Seite Davids gestellt. Nun anerkennt der König am Anfang seiner Regierung ihre Treue zu ihm, indem er ihre Namen in dieser Liste aufschreiben lässt.

Dieses Kapitel lässt sich gut in zwei Teile gliedern:

- Die Verse 1-23 erwähnen Männer aus dem Volk Israel, die zu David kamen, bevor er zum König gemacht wurde. Prophetisch sprechen diese Männer vom Überrest aus Israel, der sich mit Jesus Christus verbindet, bevor Er als König anerkannt ist.
- Die Verse 24-41 berichten, wie aus allen Stämmen Israels Männer zu David nach Hebron kamen, um ihn zum König zu machen. So werden zu Beginn des Tausendjährigen Reichs Gläubige aus ganz Israel den Herrn Jesus als König über sich anerkennen.

Trotz ihrer verwandtschaftlichen Beziehung zu König Saul kamen die Benjaminiter zu David nach Ziklag (Verse 1-8). Im Glauben an das Wort Gottes erkannten sie in David den zukünftigen König. Darum stellten sie sich auf seine Seite. – Ihr Verhalten spornt uns zu einer entschiedenen Nachfolge des Herrn Jesus an. Er selbst verspricht uns: «Jeder, der verlassen hat Häuser oder Brüder oder Schwestern oder Vater oder Mutter oder Frau oder Kinder oder Äcker um meines Namens willen, wird hundertfach empfangen und ewiges Leben erben» (Mt 19,29).

Die Gaditer, die zu David auf die Bergfestung kamen, überquerten den Jordan bei Hochwasser. Sie liessen sich von diesem Hindernis nicht abhalten, sondern überwanden es mit Glaubensenergie. – Auch uns kann sich manches in den Weg stellen, was uns von einer konsequenten Nachfolge des Herrn Jesus abhält. Doch mit einem festen Glaubensblick auf Ihn können wir solche Hindernisse überwinden.

Als einige Männer von Benjamin und Juda zu David auf die Bergfestung kamen, ging er ihnen entgegen. – Genauso kommt der Herr Jesus jedem von uns entgegen, der sich als Jünger auf seine Seite stellen will.

FREITAG
10. FEBRUAR

Mit einer Frage prüfte David die Aufrichtigkeit der Ankommenden: Waren sie für ihn oder gegen ihn? – Auch heute stellt der Herr uns manchmal auf die Probe: Ist es uns mit der Nachfolge ernst? Eine neutrale Position gibt es nicht. Entweder sind wir für Ihn oder gegen Ihn.

Unter der Leitung des Geistes Gottes gibt Amasai eine Antwort, die seine Einstellung zu David offenbart. Sie hat auch uns viel zu sagen:

- *Dein sind wir.* – Jeder Glaubende gehört dem Herrn Jesus, weil er durch sein Blut erkauft ist. Er ist aufs Engste mit seinem Heiland verbunden.
- *Wir sind mit dir.* – Mit diesen Worten kommt der Herzensentschluss des Glaubenden zum Ausdruck, der sein Leben dem Herrn Jesus übergibt und Ihm nachfolgen möchte.

Auch vom Stamm Manasse liefen einige zu David über, und zwar kurz bevor König Saul im Kampf gegen die Philister ums Leben kam. Sie benutzten die letzte Gelegenheit, um sich im Glauben zum verworfenen David zu stellen. Später, als er in Hebron zum König über Israel ausgerufen wurde, brauchte es keinen Glauben mehr, um seine königliche Autorität anzuerkennen. Diese Männer halfen ihm im Kampf gegen die Plünderer, die Ziklag zerstört und sowohl Frauen als auch Kinder fortgeschleppt hatten (1. Samuel 30,1-10).

Dieser Abschnitt zeigt uns, wie Männer aus allen Stämmen Israels zu David nach Hebron kamen, um ihn dort zum König zu machen. *Hingabe* an David und *Gehorsam* gegenüber dem Befehl des HERRN waren die beiden Triebfedern, die die Israeliten in dieser Handlung miteinander vereinten.

SAMSTAG 11. FEBRUAR

Die Verse 25-38 beschreiben die *Vielfalt* im Volk Gottes. Jojada, der Fürst von Aaron, war ein Führer in gereiftem Alter. Mit ihm kam Zadok, ein junger Mann und tapferer Held, zu David nach Hebron. So verbanden sich die Erfahrung des Alters und die Energie der Jugend miteinander.

Im Stamm Issaschar gab es Männer, «die Einsicht hatten in die Zeiten, um zu wissen, was Israel tun musste». Sie konnten eine Situation *nüchtern* beurteilen und zu einem *besonnenen* Handeln raten. Ähnliche Eigenschaften werden von solchen erwartet, die nach einem Aufseherdienst trachten (1. Timotheus 3,1.2).

Trotz der Vielfalt im Volk Gottes erkennen wir in den Versen 39-41 eine glückliche *Einheit.* Weil die Herzen ungeteilt für David schlugen, waren die Israeliten untereinander einig. König David als der gemeinsame, von Gott gewollte Mittelpunkt führte zu dieser Einmütigkeit im Volk.

So ist es auch heute. Wenn der Herr Jesus im Zusammenkommen als Versammlung der Mittelpunkt ist und alle Herzen auf Ihn ausgerichtet sind, wird es eine Gott gemässe Einheit unter den Glaubenden geben. Als Folge davon entfalten sich Gemeinschaft, Bruderliebe und Freude (Verse 40.41).

Was war das Erste, das David als König über Israel vorhatte? Er wollte die Bundeslade nach Jerusalem bringen und ihr dort einen angemessenen Platz geben. Dieser Wunsch entsprach dem Plan Gottes. Es war seine Absicht, in Jerusalem auf dem Berg Zion in der Mitte seines Volkes zu wohnen (Psalm 132,13.14).

SONNTAG
12. FEBRUAR

Doch in der Verwirklichung der göttlichen Pläne handelte David nicht in Übereinstimmung mit dem HERRN. Anstatt Ihn um Rat zu fragen, beriet er sich mit dem Volk. Dann liess er die Bundeslade auf einem neuen Wagen nach Jerusalem bringen. Das war ganz klar gegen die Anweisung Gottes, denn die Kehatiter hatten die Aufgabe, die Bundeslade zu tragen (4. Mose 4,15; 7,9).

Gott trat David auf diesem falschen Weg entgegen, indem Er dafür sorgte, dass sich die Rinder losrissen. Nun machte Ussa einen weiteren Fehler. Er fasste die Bundeslade an. Sofort starb er, weil Gott seine Heiligkeit aufrechterhielt (3. Mose 10,3). Da fürchtete sich David vor dem HERRN und liess die Bundeslade in das Haus Obed-Edoms bringen.

Was lernen wir aus dieser Geschichte? So wie Jerusalem der Ort war, wo die Bundeslade einen Ruheplatz finden sollte, so hat der Herr Jesus seine Gegenwart dort verheissen, wo zwei oder drei zu seinem Namen hin versammelt sind (Matthäus 18,20). Wenn wir das Zusammenkommen in seinem Namen an einem Ort verwirklichen möchten, müssen wir uns aber an die Anweisungen des Wortes Gottes halten. Da haben eigene Vorstellungen oder weltliche Ideen keinen Platz.

Nachdem Gott im letzten Kapitel dem Ungehorsam Davids mit *Gericht* begegnen musste, erweist Er ihm in diesem Kapitel seine *Gnade:*

Montag
13. Februar

a) Er befestigt sein Königtum (Verse 1.2). Als Repräsentant der Nationen anerkennt Hiram die Herrschaft Davids über Israel. Daraus schliesst David, dass Gott ihn als König bestätigt hat.
b) Der Herr schenkt ihm eine zahlreiche Nachkommenschaft (Verse 3-7).
c) Er gibt ihm zwei klare Siege über die Philister (Verse 8-16). Israel hat eine lange Zeit unter der Bedrückung dieses Feindes gelitten. Doch jetzt werden die Philister entscheidend geschlagen, so dass sie ihren Einfluss über das Volk Israel verlieren.
d) Der Herr macht David in allen Ländern als einen grossen und mächtigen König bekannt (Vers 17).

Es ist schön zu sehen, wie David hier in *Abhängigkeit* von Gott handelt. Als die Philister mit ihrer Armee heranrücken, greift er nicht zu den Waffen, sondern bittet den Herrn um Wegweisung. Nachdem Gott ihm eine Antwort gegeben hat, handelt er so, wie ihm der Herr geboten hat. Das ist *Gehorsam.*

Aus dem zweiten Kampf gegen die Philister lernen wir, dass Gott nicht immer die gleichen Anweisungen gibt, obwohl Er nie gegen sein Wort handelt. Er führt uns verschiedene Wege, verfolgt jedoch immer das gleiche Ziel. Damit wir wie David erkennen können, welchen Weg Er uns leiten möchte, ist ein aktives Gebetsleben nötig. Nur in Abhängigkeit von Ihm lernen wir seinen Willen für die einzelnen Lebensfragen kennen.

Dienstag
14. Februar

Nachdem David durch die göttliche Gnade von seinem Fehltritt in Kapitel 13 wiederhergestellt worden ist, kann er nun als König im Blick auf die Bundeslade alles Gott gemäss anordnen.

Prophetisch betrachtet ist David wieder ein Bild von Christus, der in Jerusalem über Israel regieren wird. Als König wird Er alle Anordnungen treffen, damit Gott in Zion wohnen und von seinem Volk angebetet werden kann.

In der Anwendung auf die heutige Zeit erkennen wir in David ein Bild von Jesus Christus, der als Herr in der Versammlung alles bestimmt. Die Grundsätze des Zusammenkommens hat Er im Wort Gottes festgelegt. In der Praxis will Er uns durch sein Wort und durch den Heiligen Geist leiten. Wenn wir uns in der Versammlung der Autorität und Führung des Herrn Jesus unterstellen, wird Segen und Freude die Folge sein.

In Vers 1 trifft David *Vorbereitungen* für den Transport der Bundeslade nach Jerusalem. Er bestimmt einen Ort und schlägt dort ein Zelt für sie auf.

In den Versen 2-13 gibt David den Priestern und Leviten *Anweisungen* für die Überführung der Lade nach Jerusalem: Niemand soll sie tragen als nur die Leviten, die der Herr für diesen Dienst bestimmt hat. Wie wichtig ist es dem König nun, dass alle nach der göttlichen Vorschrift handeln! Aus Vers 13 wird klar, dass die Leviten am Vorfall in Kapitel 13 mitschuldig gewesen sind. Sie haben es unterlassen, den König auf den Fehler aufmerksam zu machen. Doch nun sind alle bereit, Gottes Anweisungen zu befolgen.

Erstens *heiligten* sich die Priester und Leviten für ihre Aufgabe (Vers 14). Praktische Heiligung hat immer zwei Seiten: Zum einen sondern wir uns von allem Bösen ab, zum anderen widmen wir uns ganz dem Herrn. Das ist eine wichtige Voraussetzung, damit Er uns für sein Werk gebrauchen kann.

MITTWOCH 15. FEBRUAR

Zweitens *gehorchten* die Leviten dem Wort des HERRN, indem sie die Lade Gottes auf ihren Schultern trugen (Vers 15). Gehorsam ist eine weitere Bedingung für einen segensreichen Dienst.

Unter der Leitung Davids hatte jeder Levit beim Transport der Bundeslade eine Aufgabe:

- Die *Kehatiter* trugen die Lade Gottes (Vers 15).
- Die *Sänger* begleiteten den Umzug mit Musik und Gesang (Verse 16-22).
- Einige *Torhüter* bewachten die Bundeslade, damit niemand sie berührte (Verse 23.24).
- Die *Priester* gingen voraus und schmetterten mit den Trompeten (Vers 24).

Genauso gibt der Herr heute jedem Glaubenden eine Aufgabe in der Versammlung. Erfüllen wir den Dienst, den Er uns anvertraut hat (Kolosser 4,17)?

Weil alles nach der göttlichen Anweisung geschah, half der HERR den Leviten und gab ihnen sein Gelingen (Vers 26). Das erfahren auch wir, wenn wir uns demütig an das Wort Gottes halten und es von Herzen verwirklichen möchten.

Leider hatte Michal kein Verständnis für die Freude, die David an der Bundeslade hatte. Warum? Weil ihr der persönliche Glaube an Gott fehlte.

DONNERSTAG
16. FEBRUAR

Nun ist die Bundeslade, die die Gegenwart Gottes repräsentiert, in Zion. Sie befindet sich an dem Ort, den der HERR zu seiner Wohnstätte begehrt hat (Psalm 132,13).

Die Brandopfer und die Friedensopfer, die dargebracht werden, weisen darauf hin, dass Gott nur auf der Grundlage des Opfertodes von Jesus Christus unter seinem Volk wohnen kann. – David handelt hier als Priester-König, indem er zweierlei tut:

a) Er segnet das Volk Gottes im Namen des HERRN (Verse 2.3). Jeder Israelit bekommt einen Laib Brot, einen Trunk Wein und einen Rosinenkuchen. – Genauso segnet der Herr Jesus die Seinen heute, wenn sie zur Verkündigung des Wortes Gottes zusammenkommen.
b) David stimmt im Volk Gottes das Lob zur Ehre des HERRN an (Verse 4-6). Einige Leviten sollen beständig an den Gott Israels denken und Ihn mit Musikinstrumenten preisen. – In gleicher Weise stimmt Jesus Christus heute in der Mitte der Erlösten das Loblied an, wenn sie versammelt sind, um sein Gedächtnismahl zu halten.

Die Verse 8-36 beinhalten das Loblied, das die Leviten damals sangen. Dieses Lied hat drei Strophen.

Die *erste* Strophe geht von Vers 8 bis Vers 22 und entspricht Psalm 105,1-15. Hier lautet das Thema: *Der HERR ist treu!* Einst hat Er Abraham, Isaak und Jakob mit einem Bund das Land Kanaan als Eigentum verheissen. Nun können die Israeliten seine Treue besingen, die diesen Bund erfüllt und ihnen dieses Land gegeben hat.

Die Verse 23-33 beinhalten die *zweite* Strophe dieses Loblieds. Sie stammt aus Psalm 96,1-13 und hat folgendes Thema zum Inhalt: *Der HERR ist gross!* Er besitzt unendliche Macht und steht über allem. Er ist der Schöpfer von Himmel und Erde. Er regiert die Welt und hält das ganze Universum in seiner Hand. Darum werden die Menschen aus den Nationen aufgefordert, den HERRN zu ehren und Ihn anzubeten. Alle Herrlichkeit gebührt Ihm, dem allein wahren Gott.

FREITAG 17. FEBRUAR

Die *dritte* Strophe ist die kürzeste (Verse 34-36). Sie entspricht dem Anfang und dem Ende von Psalm 106. Auch sie hat ein besonderes Thema: *Der HERR ist gnädig!* Trotz des Versagens und der Treulosigkeit in Israel währt Gottes Güte ewig. Immer wieder hat Er sein Volk aus selbstverschuldeter Not gerettet. Dafür soll Er von Ewigkeit zu Ewigkeit gepriesen werden.

Mit der Überführung der Bundeslade nach Jerusalem hat sich ein Teil der göttlichen Pläne erfüllt. Doch der Altar blieb noch auf der Höhe in Gibeon. Dort sollten die Priester in der Übergangszeit bis zum Tempelbau weiterhin opfern. David verteilte die Leviten auf beide Orte, so dass der HERR in Jerusalem und in Gibeon gelobt wurde.

Der Unglaube mag darin eine gottesdienstliche Unordnung sehen. Aber der Glaube erkennt im Transport der Lade nach Jerusalem, dass Gott im Begriff stand, seine Pläne in Gnade zu erfüllen. Salomo, der Sohn Davids, sollte Ihm später in Jerusalem ein Haus bauen, wo Er seinen Namen wohnen lassen wollte.

David hat den Wunsch, dem HERRN ein Haus zu bauen. Er bespricht sich mit dem Propheten Nathan, der sofort damit einverstanden ist. Weil Nathan die Angelegenheit nicht vor Gott bringt, ist seine Antwort übereilt. So muss der HERR korrigierend eingreifen.

SAMSTAG
18. FEBRUAR

David soll den Tempel nicht bauen, weil er viele Kriege geführt hat (Kapitel 28,3). Zudem ist es noch nicht an der Zeit, für Gott ein Haus zu bauen, weil sein Volk bis jetzt nicht zur Ruhe gekommen ist. David muss noch manche Kämpfe mit feindlichen Völkern führen (Kapitel 18 – 20), bis Israel in seinem Land sicher und ruhig wohnen kann.

Ab Vers 7 offenbart Gott seine Pläne für David, für das Volk Israel und für den Tempel:

- Der HERR hat David, den Schafhirten, zum Fürsten über Israel gemacht und ihm sowohl Erfolg als auch Ehre geschenkt (Verse 7.8).
- Für sein Volk wird eine Zeit des Friedens und der Sicherheit kommen. Kein Feind wird Israel mehr bedrängen (Verse 9.10).
- Der Nachkomme Davids, dessen Königtum der HERR befestigen wird, wird Ihm ein Haus bauen (Verse 11-14). Obwohl diese Worte in Salomo eine Teilerfüllung gefunden haben, weisen sie in erster Linie auf Jesus Christus hin. Er wird ein ewiges Königreich haben, denn Er wird 1'000 Jahre auf der Erde regieren. Er wird in Jerusalem einen Tempel bauen, damit Gott in der Mitte seines Volkes wohnen kann. Zudem wird Christus – wie ein Sohn zum Vater – in einer vertrauten Beziehung zu Gott stehen (Hebräer 1,5).

David ist völlig überwältigt von der Gnade, die Gott ihm und seinem Volk erweist. So setzt er sich vor dem HERRN nieder und betet zu Ihm. Er hat die Gedanken Gottes mit seinem Herzen erfasst und pflegt jetzt mit Ihm Gemeinschaft darüber. – Kennen wir auch solche Momente, in denen uns die Gnade Gottes gross wird und wir mit tiefer Dankbarkeit über das nachdenken, was Er uns im Herrn Jesus geschenkt hat?

SONNTAG
19. FEBRUAR

Die Gnade Gottes, die sich in seinen Plänen zeigt, ruft bei David dreierlei hervor:

1) *Demut.* Der König sagt: «Wer bin ich?» (Vers 16). Wenn er an sich selbst denkt, kann er nicht verstehen, warum Gott in der Vergangenheit so viel für ihn getan hat. Er begreift auch nicht, warum Gott in der Zukunft so Herrliches mit seinen Nachkommen vorhat.
2) *Ehrerbietung.* David erklärt in Vers 20: «HERR, niemand ist dir gleich, und kein Gott ist ausser dir.» Gerade die göttlichen Wege in Gnade mit dem Volk Israel zeigen dem König, wie gross und erhaben der HERR ist.
3) *Vertrauen.* David glaubt, dass Gott alle seine Pläne mit Israel erfüllen wird (Vers 23). Obwohl vieles noch in weiter Zukunft liegt, vertraut er dem HERRN, dass Er alle seine Worte wahrmachen wird.

Auch für uns gilt: Je mehr wir uns mit der göttlichen Gnade beschäftigen, desto weniger halten wir von uns, dafür umso mehr von unserem Gott. Und das Bewusstsein der Grösse Gottes bewirkt in uns ein tiefes Vertrauen auf sein Wort.

Montag
20. Februar

Die Kapitel 18 – 20 zählen die Kriege auf, die David führte, um sich die Nachbarvölker zu unterwerfen. Dadurch schaffte er Sicherheit und Frieden in Israel, damit das Haus Gottes in Ruhe gebaut werden konnte.

Diese Kapitel haben auch eine prophetische Bedeutung. Wenn der Herr Jesus in Macht und Herrlichkeit auf der Erde erscheint, wird Er sich mit allen Feinden seines Volkes Israel beschäftigen:

- Die einen werden sich gegen Christus auflehnen und gegen Ihn kämpfen. Doch Er wird sie überwältigen und besiegen.
- Die anderen werden sich – wie hier Tou, der König von Hamat – freiwillig der Herrschaft von Christus unterstellen. Sie werden verschont werden und ins Tausendjährige Reich eingehen.

Zweimal heisst es: «Der Herr half David überall, wohin er zog» (Verse 6.13). In seiner Gnade gab Gott dem König auf seinen Kriegszügen Gelingen. Aus Dankbarkeit für die Hilfe des Herrn gab David Ihm die Beute. Das Gold, das Silber und das Kupfer, das er den besiegten und unterworfenen Nationen weggenommen hatte, sollte für den Tempelbau verwendet werden.

In den Versen 14-17 wird die Regierung von König David beschrieben. Es werden auch die Männer erwähnt, die in seinem Reich einen verantwortungsvollen Posten hatten. – Heute befinden wir uns als Jünger des Herrn Jesus auch in seinem Reich. Es ist zwar noch nicht öffentlich sichtbar, dennoch unterstellen wir uns seiner Autorität. Jeder hat eine besondere Aufgabe von Ihm bekommen, die er in Treue für Ihn erfüllen soll.

David will dem jungen König Hanun Güte erweisen und sendet Boten zu ihm, um ihn wegen seines Vaters zu trösten. Doch Hanun lehnt das Wohlwollen Davids ab und behandelt die Gesandten geringschätzig. Darauf kommt es zu einem Krieg, in dem Hanun und sein Volk vernichtend geschlagen werden (Kap. 20,1-3).

DIENSTAG
21. FEBRUAR

Diese Geschichte hat eine prophetische Bedeutung. Am Anfang der Drangsalszeit sendet Christus seine Boten aus, damit sie den Völkern das Evangelium des Reichs verkünden (Mt 24,14). Einige nehmen diese Botschaft der Güte Gottes an. Viele lehnen sie jedoch ab. Das wird schreckliche Folgen für sie haben. Weil sie durch die Zurückweisung der Boten Christus selbst abweisen, werden sie gerichtet, wenn Er in Macht und Herrlichkeit erscheint (Mt 25,41-46).

Aus dieser Begebenheit lassen sich einige Grundsätze ableiten, die auch in der Zeit der Gnade ihre Gültigkeit haben:

- Die Güte Gottes möchte heute noch viele Menschen zur Buße leiten (Röm 2,4).
- Dazu benutzt der Herr seine Diener, die das Evangelium verbreiten (Röm 10,14.15).
- Leider lehnen viele Menschen die Gnade ab und verspotten die Verkündiger des Evangeliums.
- Wer die Gnade Gottes ablehnt, hat nur noch das Strafgericht zu erwarten.

Als Joab mit den Helden in den Krieg gegen die Kinder Ammon und die Syrer zieht, erringen sie nur einen Teilsieg. Erst als David sich am Kampf beteiligt, wird der endgültige Sieg über die Syrer zustande gebracht.

Die Berichterstattung im zweiten Buch Samuel teilt uns den tiefen Fall Davids mit: Er beging mit Bathseba Ehebruch und sorgte dafür, dass ihr Mann in der Schlacht gegen die Kinder Ammon ums Leben kam (2. Samuel 11). In 1. Chronika 20 wird diese grosse Sünde weggelassen. Es heisst nur: «David aber blieb in Jerusalem.» Der Grund dafür liegt im Charakter der Bücher Chronika. Gott will hier seine Gnade in den Vordergrund stellen. Weil David seine Sünde aufrichtig bekannt hatte, konnte der HERR ihm vergeben und diese schreckliche Tat vollständig zudecken.

Bei der endgültigen Einnahme der Hauptstadt Rabba war David wieder dabei. Er nahm dem König von Ammon die Krone ab. Das war ein Zeichen, dass David jetzt die Herrschaft über dieses Volk besass. Man kann sich jedoch fragen, ob das grausame Vorgehen gegen die besiegten Ammoniter in Vers 3 dem Willen Gottes entsprach.

Die Verse 4-8 beschreiben, wie die Riesen unter den Philistern durch die Hand Davids und durch die Hand seiner Knechte besiegt wurden. Auf uns übertragen sind diese Riesen ein Bild der satanischen Mächte in den himmlischen Örtern.

- Einerseits wissen wir, dass Christus am Kreuz den Sieg über den Teufel errungen hat (Hebräer 2,14.15). Darum haben wir es mit einem besiegten Feind zu tun.
- Anderseits stehen wir dennoch im Kampf gegen diese geistlichen Mächte der Bosheit. Wir können dem Teufel jedoch nur in der Macht des Herrn widerstehen (Epheser 6,10-13).

Satan versuchte durch eine Sünde des Königs dem Volk Gottes zu schaden und so wenn möglich die göttlichen Pläne mit Israel zu durchkreuzen. Deshalb stachelte er David an, das Volk zu zählen. Weil der König nach seinen Siegen über die Feinde (Kapitel 18 – 20) nicht von Gott abhängig blieb, fiel er in den Fallstrick des Teufels. In seinem Stolz wollte er wissen, wie gross seine militärische Macht und wie gross die Zahl der Menschen war, über die er regierte. Das war ein Affront gegen Gott, der David zum König über Israel gemacht und ihm den Sieg über seine Feinde verliehen hatte.

Donnerstag 23. Februar

Joab sah in der Zählung des Volkes keinen Nutzen und hatte das Empfinden, dass David im Begriff stand, einen Fehler zu begehen. Deshalb warnte er den König, doch David blieb bei seinem Entschluss.

Vers 7 zeigt uns, wie schlimm es in den Augen Gottes ist, wenn wir uns stolz auf unsere eigenen Möglichkeiten stützen.

Obwohl David seine Sünde einsah und bekannte, konnte Gott nicht einfach über das Böse hinweggehen. Er musste es ahnden. Da fragen wir uns: Warum sollte das Volk die Folgen der Sünde tragen, die der König begangen hatte? In 2. Samuel 24,1 finden wir die Antwort: Nicht nur der König hatte einen Fehltritt begangen, auch das Volk befand sich in einem schlechten Zustand, so dass der Zorn Gottes gegen Israel entbrannte.

David wusste, dass er von den Menschen keine Gnade erwarten konnte. Darum wollte er lieber in die Hände Gottes fallen, dessen Herz voll Erbarmen ist.

Durch die Pest, die unter dem Volk Israel wütete, starben 70'000 Menschen. Doch mitten in diesem Gericht begann Gott in Gnade zu handeln:

- Ohne einen Anlass in Israel zu finden, stellte Gott die Vollstreckung der verdienten Strafe ein, obwohl die drei Tage noch nicht vollendet waren (Vers 15).
- In der Gegenwart dieser Gnade offenbarte sich Gottes Gerechtigkeit, die Sünde bestrafen muss. David sah den Engel mit dem gezückten Schwert, das gegen Jerusalem ausgestreckt war (Vers 16).
- Als Folge davon demütigte sich David vor Gott und legte ein volles Bekenntnis seiner Schuld ab (Vers 17). Das will die Gnade, die sich im Gericht offenbart, immer bewirken.

FREITAG
24. FEBRUAR

- Nun wies Gott den gedemütigten König an, Ihm ein Opfer zu bringen, damit die Pest endgültig aufhörte (Verse 18-26). Dieses Opfer weist auf den Sühnungstod des Herrn Jesus hin.
- Gott nahm das Opfer Davids an, indem Er Feuer vom Himmel sandte (Vers 26). Dieses Feuer traf nicht den schuldigen König, sondern das stellvertretende Opfer. Genauso hat das göttliche Gericht den Heiland getroffen, als Er am Kreuz stellvertretend für jeden, der an Ihn glaubt, die Strafe getragen hat (1. Petrus 2,24).
- Mit diesem Opfer – das seine Erfüllung im Opfertod des Herrn Jesus fand – wurde der göttlichen Gerechtigkeit, die eine Strafe für Sünden fordert, völlig entsprochen. Darum steckte der Engel sein Schwert wieder in seine Scheide (Vers 27).

Der Altar auf der Höhe in Gibeon stand mit dem *Gesetz* in Verbindung, das für das Versagen des Volkes Gottes keine Hilfe bot. Das Gesetz kann den, der gesündigt hat, nur verurteilen. Deshalb rief dieser Ort bei David Furcht hervor.

SAMSTAG
25. FEBRUAR

Auf der Tenne Ornans hingegen offenbarte Gott seine *Gnade,* indem Er das Gericht über das Volk aufgrund der dargebrachten Opfer beendete. Das war von nun an für David der Ort, wo er dem HERRN opferte.

In Vers 1 von Kapitel 22 geht es um den *Standort* des Hauses Gottes. Auf der Tenne Ornans sollte der Tempel stehen. Dort war der Heiligkeit Gottes durch ein Opfer entsprochen worden. Dort hatte die Gnade über die Sünde triumphiert. Nur auf dieser Grundlage konnte Gott bei seinem Volk wohnen.

Die Verse 2-5 sprechen vom *Material* für das Haus Gottes. Es wurden Quadersteine behauen, Eisen für die Nägel beschafft, Kupfer in Menge gesammelt und Zedernholz bereitgestellt. Es fällt auf, dass diese Arbeit von Fremden verrichtet und das Holz aus dem Ausland angeliefert wurde. Auch zu Beginn des Tausendjährigen Reichs werden die Menschen aus den Nationen am Bau des Tempels mitarbeiten (Sacharja 6,15; Jesaja 60,13).

Aus Vers 5 wird ersichtlich, dass David in seinen umfangreichen Vorbereitungen für den Tempelbau nur die Verherrlichung Gottes im Auge hatte. Da stellt sich uns die Frage: Suchen wir auch nichts anderes als die Ehre des Herrn, wenn wir beim Bau des geistlichen Hauses – das ist die Versammlung – mitarbeiten?

SONNTAG
26. FEBRUAR

In den Versen 6-10 erkennen wir in David und Salomo ein doppeltes Vorausbild auf Jesus Christus:

- David war ein Mann des *Kampfes* (Vers 8). Er weist auf den Herrn Jesus hin, der in Gethsemane gekämpft und am Kreuz gelitten hat. Durch seinen Opfertod hat Er die Grundlage zur Erfüllung der Pläne Gottes gelegt.
- Salomo war ein Mann des *Friedens* (Vers 9). Er stellt Christus dar, der auf der Erde als Friedefürst alle göttlichen Pläne zur Ausführung bringen wird.

David erinnerte seinen Sohn zuerst an die Hilfsquellen: Der HERR würde ihm Weisheit für seine grosse Aufgabe geben (Vers 12). Dann wies er Salomo auf seine Verantwortung hin: Nur wenn er dem HERRN gehorchte, konnte er die göttliche Hilfe in Anspruch nehmen (Vers 13).

Die Mühsal Davids in Vers 14 erinnert uns an Psalm 132,1-5, wo dieser Ausdruck ebenfalls vorkommt:

- Dort geht es um die Mühe, die David auf sich nahm, um für die Bundeslade einen Ruheort zu finden. – Genauso gilt es für uns, mit Engagement im Wort Gottes eine Antwort auf die Frage zu finden: Wo will der Herr Jesus heute in der Mitte der Glaubenden sein?
- In unserem Kapitel handelt es sich bei der Mühsal Davids um seinen Einsatz für die Vorbereitungen des Tempelbaus: Er sammelte Gold, Silber, Kupfer, Eisen, Holz und Steine. Zudem stellte er viele Arbeiter ein, die Salomo beim Bau unterstützen sollten. – Auch unser Einsatz für das Zusammenkommen als Versammlung ist gefragt. Sind wir bereit, Zeit und Kraft dafür aufzuwenden?

Schon zu seinen Lebzeiten machte David seinen Sohn zum König über Israel. Wir erkennen darin einen Hinweis auf die Tatsache, dass Jesus Christus nach seiner Auferstehung und Himmelfahrt den Platz zur Rechten Gottes eingenommen hat. Dort wartet Er auf den Moment, an dem Er die Regierung über die Erde antreten wird. Diese zukünftige Tatsache wird durch Salomo in Kapitel 29 dargestellt. Dort setzt er sich, nachdem er ein zweites Mal zum König gesalbt worden ist, «auf den Thron des HERRN als König an seines Vaters David statt» (Verse 22.23).

MONTAG
27. FEBRUAR

In den Kapiteln 23 – 26 trifft David verschiedene Anordnungen für den Tempeldienst. Alles geht vom König aus. Er besitzt die Autorität, um die einzelnen Aufgaben im Haus Gottes festzulegen. Das Thema unseres Kapitels ist die Zählung und Einteilung der Leviten.

In der Wüste trugen die Leviten die Geräte und Bestandteile der Stiftshütte. Im Land bekamen sie neue Aufgaben. Sie sollten in erster Linie das Werk am Haus des HERRN unterstützen. Darum wurden sie in Gruppen eingeteilt:

- Es gab 24'000 Leviten, die die *Aufsicht* über das Werk des Hauses des HERRN führten.
- Weitere 6'000 Leviten waren *Vorsteher und Richter* im Volk Israel.
- 4'000 verrichteten den Dienst der *Torhüter,* um den Tempel zu überwachen.
- Es waren auch 4'000 *Sänger* im Einsatz. Sie lobten den HERRN mit Musikinstrumenten.

Alle diese Levitendienste reden von den verschiedenen Aufgaben in der Versammlung.

In der Wüste waren die Leviten im Alter von 30 Jahren in den Dienst gestellt worden, um die Geräte und Bestandteile der Stiftshütte zu tragen (4. Mose 4,3). Jetzt setzte David das Dienstalter herab. Schon ab 20 Jahren sollten die Leviten ihre Aufgabe im Tempel verrichten. Dafür gab es einen Grund: Der HERR hatte seinem Volk Ruhe verschafft, so dass der Levitendienst nicht mehr so schwer war wie in der Wüste.

DIENSTAG
28. FEBRUAR

Daraus lernen wir, dass es im Volk Gottes unterschiedlich schwere Aufgaben gibt, die einen unterschiedlichen geistlichen Reifegrad erfordern.

Ab Vers 28 werden die konkreten Aufgaben der Leviten beschrieben. In ihrer Anwendung auf heute weisen sie auf die verschiedenen Dienste in der geistlichen Erbauung der Versammlung hin:

- Der Dienst der Reinigung alles Heiligen spricht vom Wort der Ermahnung und Korrektur (Römer 12,8; 2. Timotheus 3,16).
- Der Dienst für die Zubereitung der Schichtbrote erinnert an die Einheit des Volkes Gottes. Wie wichtig ist es in unserer Zeit, dass die Glaubenden über die Wahrheit der Versammlung belehrt werden!
- Der Dienst für alles Hohl- und Längenmass weist darauf hin, dass die biblischen Wertmassstäbe verkündet werden müssen, damit wir alles so beurteilen, wie Gott es sieht.

Die Verse 30 und 31 zeigen das Ziel des Levitendienstes: die Förderung des Lobes und des Opferdienstes. So soll auch heute der Dienst in der Wortverkündigung die gemeinsame Anbetung unterstützen.

MITTWOCH
1. MÄRZ

In diesem Kapitel werden die *Priester* in 24 Abteilungen eingeteilt. Sie stammen alle von der Familie Aarons ab, die Gott zum Priesterdienst berufen hat (2. Mose 28,1). Es werden alle vier Söhne Aarons mit Namen genannt.

Nadab und *Abihu* starben vor ihrem Vater, weil sie fremdes Feuer vor dem HERRN dargebracht hatten (3. Mose 10,1-3). Diese Sünde wird hier erwähnt, um zu zeigen, dass Gott zuerst den Eigenwillen des natürlichen Menschen verurteilen muss, bevor Er seine Pläne der Gnade erfüllen kann.

Eli und seine Söhne stammten von *Ithamar* ab. Wegen ihrer Untreue – von der im ersten Buch Samuel berichtet wird – sind die Nachkommen Ithamars nicht so zahlreich. Sie nehmen unter den Priestern einen untergeordneten Platz ein und bekommen nur acht Abteilungen.

Pinehas, der Sohn *Eleasars,* setzte sich einst mit Eifer für die Sache des HERRN ein (4. Mose 25,6-8). Gott belohnte diese Treue, indem Er seinen Nachkommen den Vorrang unter den Priestern einräumte. Da Eleasar mehr Nachkommen als Ithamar hatte, versahen sie 16 Abteilungen.

Jede Priesterabteilung verrichtete während einer Woche – von Sabbat zu Sabbat – ihren Dienst (2. Chronika 23,8). Diese Einrichtung blieb jahrhundertelang bestehen. So lesen wir im Neuen Testament, dass der Priester Zacharias aus der Abteilung Abijas – das war die achte – in dieser Ordnung seinen priesterlichen Dienst vor Gott erfüllte (Lukas 1,5.8).

DONNERSTAG
2. MÄRZ

Dieses Kapitel berichtet über die Einteilung der *Sänger.* Es gab drei Leiter der Musik und des Gesangs: Asaph, Heman und Jeduthun (vermutlich identisch mit Ethan). Alle drei waren Leviten. Sie besassen nicht nur musikalische Fähigkeiten. Es heisst in Vers 1, dass sie auch weissagten. Ihre Lieder, die sie mit Musikbegleitung zum Lob des HERRN sangen, entstanden also unter der direkten Leitung des Geistes Gottes. Das ist ein deutlicher Hinweis auf die Tatsache, dass die Psalmen, die wir von ihnen im Wort Gottes finden, vom Heiligen Geist inspiriert sind.

Wie bei der Einteilung der Priester wurden auch die männlichen Nachkommen der Sänger durch das Los in 24 Gruppen eingeteilt. Nichts war dem Willen des Menschen überlassen. David, der Gesalbte des HERRN, traf die Anordnung und Gott entschied durch das Los. Das galt für den Kleinen und den Grossen, für den Ausgebildeten und den Lehrling.

Im Gegensatz zum Volk Israel, in dem es nur eine priesterliche Familie gab, sind in der Zeit der Gnade alle Erlösten Priester (1. Petrus 2,5). Gemeinsam können wir beim Gedächtnismahl Gott, unseren Vater, anbeten. Zur Unterstützung unseres Gottesdienstes hat der Herr Glaubende befähigt, Lob- und Anbetungslieder zu dichten. Wie gut, dass wir solche Lieder singen können, die inhaltlich dem Wort Gottes entsprechen. Wir wollen auch beachten, dass bei unserer gemeinsamen Anbetung nichts dem menschlichen Willen überlassen ist. So möchten wir uns jeden Sonntag bewusst unter die Leitung des Heiligen Geistes stellen.

In unserem Abschnitt werden die *Torhüter* aufgezählt. Sie mussten alle Tore des Tempels bewachen, damit kein Unreiner in die Vorhöfe Gottes eintrat (2. Chr 23,19). Gleichzeitig waren sie dafür besorgt, dass alle Priester in den Tempel hineingehen konnten, die das Recht hatten, dort ihren Dienst zu verrichten.

FREITAG
3. MÄRZ

Auf die heutige Zeit übertragen, spricht die Aufgabe der Torhüter vom Ältestendienst in der Versammlung (Apg 20,28; 1. Pet 5,1-4). Ältere und erfahrene Brüder wachen darüber, dass nichts Böses in eine örtliche Versammlung eindringt.

Die Korhiter in Vers 1 sind Nachkommen Korahs, der gegen Mose und Aaron rebelliert hat (4. Mo 16,1-3). Sie haben sich von ihrem gottlosen Vater getrennt (4. Mo 26,11) und werden nun zu Torhütern bestellt. In Psalm 84,11 bringen die Söhne Korahs ihre Freude über dieses Vorrecht zum Ausdruck: «Ich will lieber (als Torhüter) an der Schwelle stehen im Haus meines Gottes, als wohnen in den Zelten der Gottlosen.» – Wir lernen von den Korhitern, dass die persönliche Absonderung vom Bösen eine Voraussetzung für den Ältestendienst in der Versammlung ist.

In den Versen 4-8 ist von Obed-Edom die Rede, der die Bundeslade drei Monate in seinem Haus gehütet hat. Der HERR hat ihn dafür gesegnet. Seine Söhne werden nun als Torhüter angestellt. – Auch daraus lässt sich eine Lektion für uns ableiten. Nur wer seiner Familie wohl vorsteht und dort für die Ehre des Herrn einsteht, bringt die Voraussetzung mit, für die Versammlung Gottes Sorge zu tragen (1. Tim 3,4.5).

In den Versen 20-28 geht es um die *Verwalter* der Schätze des Hauses Gottes. Dieser Levitendienst erforderte viel Treue, denn während der Regierung Davids war eine grosse Menge an Gold und Silber für den Tempelbau gesammelt worden.

SAMSTAG
4. MÄRZ

Diese Aufgabe findet in der christlichen Zeit ein doppeltes Gegenstück:

a) Es gibt in der Versammlung Brüder, die die *materiellen* Gaben verwalten. Sie zählen die Kollekte und geben das Geld an bedürftige Geschwister und Diener des Herrn weiter. In 1. Korinther 16,3 gibt der Apostel Paulus Belehrungen zu dieser Aufgabe.
b) Der Herr beauftragt gläubige Männer, die *geistlichen* Reichtümer zu verwalten. Dazu gibt Er ihnen eine gute Erkenntnis der biblischen Wahrheit und die Fähigkeit, das Wort Gottes einfach zu erklären. Durch ihren Dienst wird das christliche Glaubensgut von Generation zu Generation weitergegeben (2. Timotheus 2,2).

Das Kapitel schliesst mit der Aufgabe der *Vorsteher* und *Richter* (Verse 29-32). In 2. Chronika 19,8-11 finden wir ein Beispiel davon. König Josaphat bestellte Leviten als Vorsteher über das Volk. Sie hatten den Auftrag, bei einem Streit unter den Israeliten anhand der göttlichen Gebote ein gerechtes Urteil zu sprechen. Gottesfurcht und Treue zum Gesetz sollte sie in dieser Aufgabe leiten.

Auch im himmlischen Volk Gottes gibt es Brüder, die den Glaubenden im Herrn vorstehen und sie zurechtweisen (1. Thessalonicher 5,12).

Dieses Kapitel hat die Verwaltung des Königreichs zum Thema. Wir erkennen darin prophetische Hinweise auf das Tausendjährige Reich, wenn auf der Erde unter der Regierung des Herrn Jesus alles zur Ehre Gottes verwaltet wird. Es fällt auf, dass in diesem Kapitel die Zahl 12 immer wieder vorkommt. Diese Zahl steht in ihrer symbolischen Bedeutung für eine Gott gemässe Verwaltung. Sie kommt auch in der Beschreibung der Versammlung als der heiligen Stadt häufig vor (Off 21,10 – 22,5). Auch dort handelt es sich um Verwaltung, und zwar um die Verwaltungsaufgabe der Versammlung im Tausendjährigen Reich.

SONNTAG
5. MÄRZ

Die Verse 1-15 beschreiben das stehende Heer. Es bestand aus zwölf Armeekorps von je 24'000 Soldaten. Jede Abteilung war einen Monat pro Jahr im Einsatz. Am Anfang des Monats traten sie zum Militärdienst an und am Ende des Monats traten sie von diesem Dienst ab. – Auf uns übertragen lernen wir daraus, dass der Herr für jede Aufgabe den Anfang und das Ende bestimmt. Nur in seiner Abhängigkeit erkennen wir, wann der Zeitpunkt gekommen ist, einen Dienst zu beginnen oder zu beenden.

Benaja, der Sohn Jojadas, war der Oberste des dritten Heeres. In der Zeit der Verwerfung Davids hatte er mit ihm gekämpft und gelitten. Dafür wurde er nicht nur ausgezeichnet (Kapitel 11,22), sondern auch mit einem Ehrenposten im Reich belohnt. – Vom Apostel Paulus lesen wir, dass er den guten Kampf gekämpft und den Glauben bewahrt hat. Darum lag die Krone der Gerechtigkeit als Belohnung für ihn bereit (2. Tim 4,7.8).

In den Versen 16-22 werden die Fürsten aufgezählt, die im Volk Israel eine Führungsaufgabe wahrnahmen. Dazu passt Sprüche 11,14: «Wo keine Führung ist, verfällt ein Volk; aber Rettung ist bei der Menge der Ratgeber.» Dieser Grundsatz gilt auch im himmlischen Volk Gottes. Es gibt Führer, die über die Glaubenden wachen, zu ihnen das Wort Gottes reden und ihnen durch ihren Glauben ein Beispiel sind (Heb 13,7.17).

MONTAG
6. MÄRZ

Die Verse 23 und 24 enthalten zwei Prinzipien, die wir in der Bibel immer wieder beieinander finden:

a) In seiner *Gnade* hatte Gott Israel sehr vermehrt und damit seine Verheissungen unabhängig vom Versagen des Volkes erfüllt.
b) In seiner *Verantwortung* hatte König David einen Fehler gemacht und das Volk zählen lassen. Diese eigenwillige Tat war für Gott wertlos. Deshalb wurde diese Zahl nicht in die Jahrbücher des Königs aufgenommen.

In den Versen 25-31 werden die Männer erwähnt, die den Besitz des Königs verwalteten. Sie sorgten dafür, dass David seinen irdischen Reichtum geniessen konnte.

Unter den Namen derer, die in der Regierung Davids eine besondere Stellung einnahmen, fallen uns in Vers 33 zwei Männer auf:

- Ahitophel war der *Ratgeber* des Königs. Sein Kopf arbeitete für David. Doch er engagierte sich nicht für ihn und blieb ihm nicht treu (2. Sam 15,31).
- Husai war der *Freund* des Königs. Sein Herz schlug für David. Darum setzte er sich voll für ihn ein (2. Sam 15,32-37).

In Kapitel 22 hat David persönlich zu seinem Sohn Salomo gesprochen und ihm den Bau des Tempels übergeben. Nun versammelt der König alle einflussreichen Männer seines Reichs, um dieses Vorhaben offiziell in die Hände seines Nachfolgers zu legen. Obwohl David alt und körperlich schwach ist, erhebt er sich auf seine Füsse und hält eine beeindruckende Rede über das Haus Gottes. Das ist ein Thema, das ihn sein ganzes Leben beschäftigt hat.

In dieser Ansprache erkennen wir deutlich, wie David und Salomo gemeinsam auf den Herrn Jesus hinweisen:

- David stellt den *leidenden Christus* dar, der durch seinen Tod am Kreuz die Grundlage gelegt hat, damit in der Zukunft Gottes Pläne mit Israel und mit dem Tempel in Erfüllung gehen können.
- Salomo spricht vom *verherrlichten Christus,* der als Friedefürst die göttlichen Pläne ausführen wird.

Die Verse 4-6 offenbaren die souveräne Gnade Gottes in seiner Auswahl: Er bestimmte *Juda* zum Königsstamm. Er wählte das Haus *Isais* zur Königsfamilie aus. Er setzte *David* als König über Israel ein. Schliesslich erwählte Er *Salomo* als Nachfolger von König David.

Ab Vers 7 werden Salomo und das Volk Israel unter Verantwortung gestellt. Die Beständigkeit des göttlichen Segens hing von ihrem Gehorsam ab. Zudem sollte der König dem HERRN «mit ungeteiltem Herzen und williger Seele» dienen. – Auch bei uns kommt es auf die innere Einstellung an. Gott sieht, welche Beweggründe uns leiten und wem unsere Zuneigungen gelten.

Es fällt auf, wie gross und weitreichend die Autorität von David war. Er hatte Anordnungen für den Priester- und Levitendienst gegeben (Kapitel 23 – 26). Nun übergab er Salomo das Muster des Tempels, so dass beim Bau des Hauses Gottes nichts den menschlichen Überlegungen überlassen war. Weil er sich dabei auf Gottes Wort stützte, war es keine Anmassung, sondern wahre Autorität. Das wird beim Muster des Tempels besonders deutlich. Aus Vers 12 erkennen wir, dass der Heilige Geist die Pläne über das Haus Gottes dem König durch direkte Inspiration mitteilte. Darüber hinaus unterwies der HERR David, wie er die göttlichen Pläne schriftlich festlegen sollte (Vers 19).

**MITTWOCH
8. MÄRZ**

Im Neuen Testament finden wir etwas Ähnliches, wenn es um die Offenbarung und Mitteilung der christlichen Wahrheit über die Versammlung geht:

- Gott hat den Aposteln durch seinen Geist dieses Geheimnis offenbart, das im Alten Testament noch verborgen war (1. Korinther 2,7-12).
- Unter der direkten Leitung des Heiligen Geistes haben sie diese Mitteilung wörtlich so aufgeschrieben, wie Gott es wollte (1. Korinther 2,13).

So besitzen wir in den Schriften des Neuen Testaments die göttliche Mitteilung der christlichen Wahrheit.

Zum Schluss ermutigte David seinen Sohn zum Tempelbau, indem er ihn auf Gottes Beistand hinwies: «Er wird dich nicht versäumen und dich nicht verlassen.» Diese Verheissung gilt auch uns, wenn wir uns im Auftrag des Herrn für die Versammlung Gottes einsetzen.

Die Aussage über Salomo in Vers 1 trifft vollkommen auf den Herrn Jesus zu. Er ist der Einzige, der die Pläne Gottes mit Israel und mit der Erde ausführen kann. Die Szene in Offenbarung 5,1-7 unterstreicht diesen Gedanken. Nur Christus, der einerseits der Löwe aus Juda und anderseits das geschlachtete Lamm ist, kann das Buch der Vorsätze Gottes mit der Erde öffnen und die darin enthaltenen Pläne erfüllen.

DONNERSTAG 9. MÄRZ

In den Versen 2-5 spricht David von seinem Einsatz für den Tempel: Mit all seiner Kraft und aus Freude am Haus Gottes hat er viel Material dafür bereitgestellt. Darin erkennen wir einen Hinweis auf das grosse Werk, das der Herr Jesus am Kreuz in göttlicher Kraft vollbracht hat, damit Gott bei den Menschen wohnen kann.

Die Freigebigkeit des Königs rief bei den Israeliten eine positive Reaktion hervor. Die Obersten im Volk, die besonders begütert waren, spendeten bereitwillig grosse Mengen an Gold, Silber, Kupfer und Eisen. Auch Edelsteine wurden zum Tempelschatz beigesteuert. Sowohl der König als auch das Volk freuten sich über diese bereitwilligen und grosszügigen Spenden.

Dieser Abschnitt lässt eine Anwendung auf die heutige Zeit zu: Jesus Christus hat am Kreuz sein Leben gegeben, um sich die Versammlung zu erwerben. Welche Antwort geben wir Ihm auf seine Liebe und Gnade, wenn Er uns fragt: «Wer ist nun bereitwillig, heute seine Hand für den HERRN zu füllen?»

Nun betet David zu Gott. Er lobt Ihn von Herzen und bewundert seine Grösse:

- Der HERR besitzt alles im Himmel und auf der Erde, weil Er der Schöpfer ist (Vers 11).
- Er herrscht über alles, denn Er ist der allmächtige Gott (Vers 12).

FREITAG
10. MÄRZ

- Er verleiht in seiner Souveränität Reichtum und Ehre, wem Er will (Vers 12).

Das Bewusstsein der Macht und Güte Gottes bewirkt die richtige Einstellung über uns selbst. So erklärt David, nachdem Er den herrlichen Namen des HERRN gerühmt hat: «Wer bin ich, und was ist mein Volk, dass wir vermögen, auf solche Weise freigebig zu sein?» Er anerkennt, wie unbedeutend er ist. Das führt ihn zur Schlussfolgerung, dass seine Spende und die Freigebigkeit des Volkes nur eine Frucht der Gnade Gottes sind: «Von dir kommt alles, und aus deiner Hand haben wir dir gegeben.»

In Vers 16 spricht David von der *Handlung:* Er und das Volk haben eine grosse Menge Baumaterial für den Tempel bereitgestellt.

In Vers 17 geht es um die *Beweggründe:* Ohne Zwang und Hintergedanken haben sie bereitwillig für den Bau des Hauses Gottes gespendet. Gott, der die Herzen prüft und die Motive jeder Tat kennt, hat sich über diese Aufrichtigkeit gefreut (Psalm 51,8).

David beendet sein Gebet mit der Bitte, dass der HERR das Herz des Volkes zu sich ziehe und seinem Sohn Salomo ein ungeteiltes Herz gebe. Wie wichtig ist doch unsere innere Einstellung! Wenn unser Herz für Gott schlägt, fällt es uns leichter, Ihm zu gehorchen.

Nachdem David den HERRN gepriesen hat, fordert er das Volk auf, Gott ebenfalls zu loben. Darin ist er ein schönes Vorausbild auf den Herrn Jesus, der jetzt in der Versammlung und zukünftig in Israel das Lob zur Ehre Gottes anstimmt (Psalm 22,23; 134,1).

SAMSTAG
11. MÄRZ

Die Israeliten reagieren positiv auf den Appell ihres Königs:

1) Sie preisen den HERRN (Vers 20). Dieses Lob ist von echter Ehrfurcht vor Gott und vor dem König begleitet.
2) Sie opfern dem HERRN (Vers 21). Sie bringen Brand- und Friedensopfer dar, um ihren Gott dadurch anzubeten.
3) Sie essen und trinken vor dem HERRN (Vers 22). Voll Freude pflegen sie Gemeinschaft mit Gott und untereinander.

Salomo wird nun zum zweiten Mal zum König über Israel gemacht (Kapitel 23,1). Darauf setzt er sich auf den Thron des HERRN. Wir erkennen hier einen prophetischen Hinweis auf Jesus Christus, wie Er in der Zukunft seine Herrschaft öffentlich antreten wird, um die Rechte und Pläne Gottes auszuführen. Dann wird Ihm tatsächlich alles unterworfen sein, wie Vers 24 andeutet (Philipper 2,10.11). Ausserdem wird Gott seinen Christus – der in der Zukunft der wahre Salomo sein wird – vor dem ganzen Volk und vor der Welt gross machen (Vers 25).

David starb in gutem Alter. Das war im Alten Testament ein besonderer Segen Gottes als Antwort auf ein gottesfürchtiges Leben (Psalm 91,14-16).

Die Verse 29 und 30 teilen uns mit, wer die beiden Bücher Samuel geschrieben hat. Gott benutzte dazu drei Propheten: Samuel, Nathan und Gad.

Man kann die Apostelgeschichte in drei Teile gliedern:

Kapitel 1: Die Himmelfahrt des Herrn Jesus

Kapitel 2 – 12: Der Dienst von Petrus

- Einerseits richtete Gott durch Petrus und Stephanus einen letzten Appell an das ganze Volk Israel. Doch die Führer des Volkes waren nicht bereit, über die Kreuzigung des Messias Buße zu tun. Stattdessen widerstanden sie den Aposteln und steinigten Stephanus.
- Anderseits liess Gott durch seine Diener das Evangelium der Gnade verkünden. Alle, die es annahmen, wurden der Versammlung hinzugefügt, die an Pfingsten entstanden war. Dabei spielte die Herkunft keine Rolle mehr. Ob die Glaubenden aus den Juden oder aus den Nationen kamen, sie gehörten ohne Unterschied zum himmlischen Volk Gottes.

Kapitel 13 – 28: Der Dienst von Paulus

- Die Kapitel 13 – 20 berichten über die unermüdliche und segensreiche Arbeit des Apostels auf drei Missionsreisen. Dabei erfuhr er den erbitterten Widerstand gegen die Gnade. Gleichzeitig kamen viele Menschen zum Glauben an den Herrn Jesus und es entstanden manche örtliche Versammlungen.
- In den Kapiteln 21 – 28 lesen wir, wie Paulus festgenommen wurde und als Gefangener nach Rom kam. Dadurch wurde sein Wirkungskreis eingeschränkt. Dennoch konnte Gott ihn weiter benutzen: Der Apostel schrieb in dieser Zeit – inspiriert durch den Heiligen Geist – viele wichtige Briefe, die zur Bibel gehören.

Lukas hat zwei Bibelbücher geschrieben: Das Lukas-Evangelium und die Apostelgeschichte. Beide Schriften hat er für Theophilus verfasst, um ihm einen Überblick über den Anfang des Christentums zu geben.

- Das Evangelium beschreibt, was der Herr Jesus von seiner Geburt bis zu seiner Himmelfahrt in Gnade tat und lehrte. Doch das war erst der Anfang.
- In der Apostelgeschichte führte der Heilige Geist dieses Werk der Gnade durch den Dienst der Apostel weiter.

SONNTAG
12. MÄRZ

Nach seiner Auferstehung gab Jesus Christus seinen Jüngern durch den Heiligen Geist den Auftrag, von Ihm zu zeugen, denn Er würde die Erde verlassen und in den Himmel zurückkehren. Sie sollten nicht nur von seinem Leben und seinem Sterben am Kreuz reden, sondern auch seine Auferstehung bezeugen. Darum gab Er ihnen während 40 Tagen viele sichere Beweise, dass Er aus dem Tod auferstanden war.

In dieser Zeit sprach der Herr auch über das Reich Gottes. Er machte den Aposteln klar, dass das Reich noch nicht öffentlich aufgerichtet werden konnte. Wegen seiner Kreuzigung nahm es eine andere Form an: Der König ist nun abwesend und seine Jünger haben zu leiden.

Er befahl den Aposteln, in Jerusalem zu bleiben, denn am Pfingsttag würde die Verheissung des Vaters in Erfüllung gehen: Sie würden alle mit Heiligem Geist getauft werden. Johannes der Täufer hatte diese Taufe bereits angekündigt (Lukas 3,16). Nun sollte sie in wenigen Tagen stattfinden.

Am Tag seiner Himmelfahrt war Jesus Christus nochmals mit seinen Jüngern zusammen. Da stellten sie Ihm eine Frage, die sie brennend interessierte: Wann würde Er das Reich in Macht und Herrlichkeit aufrichten? Aus der Antwort des Herrn lernen wir zweierlei:

a) Im Blick auf zukünftige Ereignisse sollen wir keine Zeitberechnungen machen. Die Gnadenzeit kennt keine Zeiten und Zeitpunkte, denn sie steht ausserhalb der biblischen Prophetie.

MONTAG
13. MÄRZ

b) Der Vater im Himmel hat alles in seiner Hand. Er wird dafür sorgen, dass sich die alttestamentlichen Prophezeiungen über das Reich Gottes erfüllen.

In der Zwischenzeit hatten die Apostel den Auftrag, von Jesus Christus zu zeugen. Dazu würden sie durch das Kommen des Geistes Kraft bekommen. Der Ausgangspunkt ihrer Mission war Jerusalem – der Ort, wo der Heiland gekreuzigt worden war.

Die Himmelfahrt des Herrn Jesus steht hier unter dem jüdischen Blickwinkel vor uns. Weil Er von seinem Volk verworfen wurde, kehrte Er vom Ölberg in den Himmel zurück. Zu einem späteren Zeitpunkt würde Er wiederkommen, um auf der Grundlage von Golgatha eine neue Beziehung zum Volk Israel zu knüpfen. Dann werden seine Füsse wieder auf dem Ölberg stehen (Sach 14,4).

Bis zum Kommen des Heiligen Geistes blieben die Jünger in Jerusalem. Im Obersaal – getrennt von der Welt, die ihren Meister gekreuzigt hatte – verharrten sie einmütig im Gebet. Auch die leiblichen Brüder des Herrn, die früher nicht an Ihn geglaubt hatten, befanden sich nun unter den Glaubenden. Welche Gnade!

Der auferstandene Herr hatte den Jüngern bereits das Verständnis geöffnet, um die Schriften zu verstehen (Lukas 24,45). Darum konnten sie jetzt den Fall von Judas Iskariot im Licht des Wortes Gottes beurteilen und in Übereinstimmung mit den biblischen Aussagen einen Ersatz für ihn wählen.

DIENSTAG
14. MÄRZ

Es gibt im Alten Testament Hinweise auf den Verrat von Judas (Psalm 41,10; 55,13-15). Diese Prophezeiungen mussten sich erfüllen. Trotzdem blieb Judas vor Gott für seine schreckliche Tat voll verantwortlich.

Das Wort Gottes gab den Aposteln noch weitere Mitteilungen über diese Angelegenheit. Aus Psalm 69,26 erkannten sie, dass Gott den gemeinen Verrat von Judas bestrafte. Die Aussage von Psalm 109,8 führte sie zum Entschluss, einen Ersatz für Judas zu suchen.

Darin gingen sie nicht eigenmächtig vor. Einerseits erkannten sie aus dem Auftrag, den sie vom Herrn empfangen hatten, welche Voraussetzungen ein Apostel haben musste. Damit er vom Leben, vom Tod und von der Auferstehung des Herrn Jesus zeugen konnte, sollte er von der Taufe des Johannes bis zur Himmelfahrt des Herrn unter seinen Jüngern gewesen sein.

Anderseits brachten sie, als Joseph und Matthias diese Voraussetzungen erfüllten, die Sache im Gebet vor Gott. Weil der Heilige Geist noch nicht in ihnen wohnte, warfen sie das Los, um Gott die Entscheidung zu überlassen.

Wir lernen aus dieser Begebenheit, wie wichtig das *Wort Gottes* und das *Gebet* im Leben des Christen sind.

Am Pfingsttag waren alle Gläubigen an einem Ort beisammen. Da kam der Heilige Geist als Person vom Himmel auf die Erde. Das war ein einmaliges und wichtiges Ereignis für die christliche Zeit.

MITTWOCH
15. MÄRZ

Sein Kommen war *akustisch* und *visuell* wahrnehmbar. Zum einen hörten sie ein Brausen wie von einem daherfahrenden, gewaltigen Wind. Damit wird die *Kraft* angedeutet, mit der die Glaubenden durch den Geist Gottes ausgerüstet wurden. Zum anderen sahen sie die Zungen wie von Feuer, die sich auf die Erlösten setzten. Diese Zungen sprechen davon, dass der Heilige Geist die Jünger im *Zeugnis* unterstützte.

Das Herabkommen des Geistes hat eine gemeinschaftliche und eine persönliche Seite:

- Durch sein Kommen entstand die Versammlung Gottes, die aus allen Erlösten der Gnadenzeit besteht. Diese kollektive Tatsache wird in 1. Korinther 12,13 bestätigt: «In *einem* Geist sind wir alle zu *einem* Leib getauft worden.» Als Folge davon wohnt der Heilige Geist seit Pfingsten in der Versammlung. Das wird durch die Worte in Vers 2 angedeutet: «Das Brausen ... erfüllte *das ganze Haus,* wo sie sassen.»
- Der Heilige Geist kam auch auf die Erde, um in jedem Glaubenden zu wohnen. Dieser persönliche Aspekt kommt in Vers 3 zum Ausdruck, wo die Zungen wie von Feuer sich «auf *jeden Einzelnen* von ihnen» setzten. Der Apostel Paulus erklärt uns diese Wahrheit: «Wisst ihr nicht, dass euer Leib der Tempel des Heiligen Geistes ist, der in euch wohnt, den ihr von Gott habt?» (1. Korinther 6,19).

Vers 4 beschreibt die erste Wirkung des Heiligen Geistes, der nun in den Glaubenden wohnte: Sie konnten in fremden Sprachen reden, ohne sie gelernt zu haben.

Dieses Wunder machte deutlich, dass Gott etwas Neues wirkte. Die Versammlung ist nicht eine Fortsetzung von Israel, sondern das himmlische Volk Gottes, das mit Jesus Christus im Himmel aufs Engste verbunden ist.

Dieses Zeichen offenbarte auch die Gnade Gottes. Die Glaubenden redeten in fremden Sprachen, damit die Menschen in Jerusalem erkennen konnten, dass sich das Evangelium der Gnade nicht auf die engen Grenzen Israels beschränkte, sondern sich an alle Menschen richtete.

Zum Pfingstfest, das auch als Fest der Wochen bezeichnet wird (5. Mose 16,16), waren viele Juden aus dem Ausland nach Jerusalem gereist. So befand sich eine grosse Volksmenge in der Stadt, als die Jünger begannen, in fremden Sprachen zu reden. Dadurch wurde vor vielen Menschen das Zeugnis der göttlichen Machtentfaltung abgelegt. Niemand konnte leugnen, dass Gott hier am Werk war. Dennoch gab es zwei verschiedene Reaktionen:

- Die Juden aus dem Ausland gerieten ausser sich, als sie hörten, wie die Gläubigen die grossen Taten Gottes in ihrer eigenen Mundart verkündeten.
- Die Bewohner von Jerusalem, die das Reden in fremden Sprachen nicht verstanden, spotteten. Sie behaupteten, die Jünger des Herrn Jesus seien betrunken.

Gott benutzte das Wunder des Sprachenredens, um eine grosse Menschenmenge zusammenzubringen, denn Er hatte eine Botschaft an sie.

FREITAG
17. MÄRZ

Die Ansprache von Petrus mit den elf anderen Aposteln hat zwei Teile:

- In den Versen 14-21 erklärt er, was geschehen war. Der Geist Gottes war auf die Erde gekommen und wirkte nun in den Glaubenden.
- In den Versen 22-36 bringt er das Kommen des Geistes mit Jesus Christus in Verbindung, denn es war eine direkte Folge der Auferstehung und Himmelfahrt des Herrn.

Zuerst gab Petrus den Grund für das Reden in fremden Sprachen an. Sie waren nicht betrunken, sondern mit Heiligem Geist erfüllt. Er begründete diese Tatsache mit einem Zitat aus dem Propheten Joel.

Dort kündigt Gott an, dass Er seinen Geist auf alle Menschen ausgiessen werde. In der Folge davon werde es Zeichen und Wunder auf der Erde geben. Diese Prophezeiung hat sich am Pfingsttag teilweise erfüllt. Die vollständige Verwirklichung ist noch zukünftig: Zu Beginn des Tausendjährigen Reichs wird Gott seinen Geist nochmals auf alle Menschen ausgiessen.

Aus Vers 21 wird deutlich, warum Gott seinen Geist auf die Erde gesandt hat. Die Kreuzigung seines Sohnes hat den endgültigen Beweis erbracht, dass der Mensch ein Sünder ist und sich deshalb auf dem Weg zum ewigen Gericht befindet. Doch Gott gibt in seiner Gnade einen Ausweg: Wer den Herrn Jesus im Glauben anruft, wird errettet werden.

In den Versen 22-24 spricht Petrus über das *Leben,* den *Tod* und die *Auferstehung* des Herrn Jesus. Die Wunder, die Jesus tat, bewiesen, dass Er von Gott gekommen war. Die Menschen wollten dies jedoch nicht anerkennen. Für sie war Er der verachtete Nazaräer. Der Heiland starb am Kreuz, weil Gott Ihn als Opfer in den Tod gab. Gleichzeitig bleibt die Verantwortung der Menschen bestehen: Sie haben Ihn umgebracht. Gott hat Jesus Christus, den die Juden durch die Römer an ein Kreuz geschlagen haben, auferweckt. Er konnte nicht zugeben, dass sein Frommer – der Ihm bis in den Tod treu geblieben war – die Verwesung sehen würde.

SAMSTAG
18. MÄRZ

In den Versen 25-32 bestätigt Petrus die Auferweckung des Herrn Jesus. Einerseits zitiert er die Worte Davids aus Psalm 16, die vollumfänglich auf Christus zutreffen. Anderseits legt er mit den anderen Aposteln ein klares und freimütiges Zeugnis über die Auferstehung Jesu ab.

In den Versen 33-36 geht es um die Erhöhung des Herrn Jesus. Gott hat Ihn in den Himmel aufgenommen und Ihm den Ehrenplatz zu seiner Rechten gegeben. Diese Wahrheit unterstreicht Petrus ebenfalls mit einem Zitat aus dem Alten Testament. Doch er zeigt auch die beiden Auswirkungen davon:

- Zehn Tage nach seiner Erhöhung und Verherrlichung hat Jesus Christus den Heiligen Geist auf die Erde gesandt (Johannes 7,39).
- Durch den Platz, den Gott dem Herrn Jesus zu seiner Rechten gab, machte Er Ihn, den die Menschen gekreuzigt hatten, zum *Herrn* und zum *Christus.*

Das, was Petrus über Christus verkündete, drang den Zuhörern durchs Herz. Sie glaubten dem Wort und erkannten, wer Jesus wirklich war. Sie merkten, dass sie als Volk ihren Messias gekreuzigt hatten. Betroffen fragten sie die Apostel: «Was sollen wir tun?» Da bekamen sie eine zweifache Antwort:

SONNTAG
19. MÄRZ

a) «Tut Buße.» Eine *innere* Sinnesänderung war notwendig. Sie mussten erkennen, dass sie sich durch die Kreuzigung des Herrn Jesus schuldig gemacht hatten.

b) «Jeder von euch werde getauft auf den Namen Jesu Christi.» Durch die Taufe bekannten sie sich zum Herrn Jesus und sonderten sich *äusserlich* vom Volk Israel ab, das Christus verworfen hatte und deshalb dem Gericht entgegenging (Vers 40).

Glaube, Buße und die Taufe – das waren die notwendigen Voraussetzungen, damit diese Juden innerlich und äusserlich ins Haus Gottes auf der Erde kamen und so der Versammlung hinzugefügt wurden. So fanden sie Vergebung ihrer Sünden und bekamen den Heiligen Geist.

Vers 39 macht klar, dass sich das Angebot der Gnade Gottes, das Petrus den versammelten Juden verkündete, nicht auf das Volk Israel beschränkte. Auch die Menschen aus den Nationen konnten durch den Glauben an den Herrn Jesus Vergebung der Sünden und die Gabe des Heiligen Geistes empfangen.

3'000 Menschen glaubten, wurden getauft und der Versammlung hinzugetan. Welch eine reiche Frucht entstand am Pfingsttag für den Herrn als Ergebnis seiner Leiden und seines Todes am Kreuz!

Unser Abschnitt beschreibt das Leben der jungen Versammlung in der Kraft des Geistes Gottes.

Die Erlösten hielten an der *Lehre* der Apostel fest. Diese christliche Belehrung gab ihrem Glauben ein stabiles Fundament. Daraus entfaltete sich unter ihnen die christliche *Gemeinschaft*. Durch das regelmässige *Brechen des Brotes* erinnerten sie sich an ihren Erlöser und dankten Ihm dabei für sein Werk am Kreuz. Auch das *Gebet* hatte in ihrem gemeinschaftlichen Leben einen festen Platz. Dadurch drückten sie ihre Abhängigkeit von Gott und ihr Vertrauen zu Ihm aus.

MONTAG
20. MÄRZ

Die Aussenstehenden fürchteten sich, als sie das Wirken des Heiligen Geistes sahen. Durch die Apostel geschahen viele Wunder, so dass ein klares Zeugnis von Gott abgelegt wurde.

Die neue Einheit der Glaubenden als Versammlung Gottes zeichnete sich am Anfang durch eine besondere Gemeinschaft aus: «Sie waren beisammen und hatten alles gemeinsam.» Daraus dürfen wir jedoch nicht ableiten, dass wir heute genauso handeln müssten. Der Apostel Paulus forderte die Reichen nicht auf, all ihren Besitz zu verteilen, sondern freigebig zu sein (1. Timotheus 6,17-19). Dennoch spornt uns das Beispiel der Versammlung in Jerusalem an, die Gemeinschaft mit den Glaubenden durch Gastfreundschaft und praktische Hilfe zu pflegen.

Das Leben der ersten Christen war nicht überspannt, sondern ausgewogen. Neben den geistlichen Tätigkeiten – wie z. B. dem Gebet und dem Gedächtnismahl – konnten sie sich auch über ein gutes Essen freuen.

Gott hatte den jüdischen Gottesdienst noch nicht auf die Seite gestellt. Darum gingen Petrus und Johannes in den Tempel hinauf. Dort begegneten sie einem Mann, der von Geburt an lahm war.

DIENSTAG
21. MÄRZ

Der Gelähmte beschreibt den *Zustand* des natürlichen Menschen vor Gott: Er ist kraftlos und kann deshalb keinen Lebenswandel zur Ehre Gottes führen (Röm 5,6). Dass er an der Pforte des Tempels um Almosen bat, illustriert die *Bemühung* des natürlichen Menschen: Er möchte durch religiöse Betätigung zu Gott kommen.

Petrus konnte dem Gelähmten kein Geld geben, denn er hatte keins. Aber er besass als Apostel etwas Besseres: die Gabe der Wunderheilungen. Davon machte er jetzt unter der Leitung des Geistes Gebrauch und heilte den Mann. Mit diesem Wunder verfolgte der Heilige Geist drei Absichten:

- Dieses Zeichen lieferte einen weiteren Beweis, dass Gott durch die Apostel ein neues Werk durchführte.
- Es sollte den Juden klarmachen, dass Gott sein Volk heilte, sobald es Buße tun würde (Jes 35,6; Mal 3,20).
- Dieses Wunder ist eine Illustration des göttlichen Werks in einem Menschen, der über seine Sünden Buße tut und an den Herrn Jesus glaubt. Der Geheilte sprang auf, stand da und ging umher. Genauso ist es mit jedem, der sich bekehrt: Er bekommt ein neues Leben, das sich unter der Wirkung des Heiligen Geistes entfaltet. Er steht nun in Christus vor Gott und ist in der Lage, einen Lebenswandel zur Freude seines Herrn zu führen.

Gott benutzte die Heilung des Gelähmten, um vor den vielen Juden, die zusammengelaufen waren, nochmals eine Botschaft an das ganze Volk Israel zu richten. Petrus begann seine Predigt mit zwei Fragen:

a) «Was verwundert ihr euch hierüber?» Es gab keinen Grund, über die Heilung des Gelähmten überrascht zu sein. Denn Gott führte sein Werk, das Er in Jesus Christus begonnen hatte, durch die Apostel weiter.
b) «Was seht ihr unverwandt auf uns?» Petrus wollte die Blicke der Menschen von sich weg auf Jesus Christus lenken, denn er war nur ein Werkzeug in der Hand Gottes.

MITTWOCH 22. MÄRZ

Um einen Bezug zu den jüdischen Zuhörern zu schaffen, fing Petrus bei den Patriarchen an. Der gleiche Gott, der diesen Vorvätern erschienen war, hat Jesus Christus mit dem Platz zu seiner Rechten verherrlicht.

In den Versen 13-15 zeigt Petrus anhand von vier Titeln des Herrn Jesus einerseits die Freude Gottes an Christus und anderseits, wie schwerwiegend die Schuld der Juden an der Kreuzigung ihres Messias war:

Jesus Christus war der gehorsame *Knecht* Gottes und der *Heilige,* der von der Sünde unantastbar war. Als der *Gerechte* tat Er immer das, was recht ist vor Gott. Der Titel *«Urheber des Lebens»* bezeichnet Ihn als die Quelle des Lebens.

An dieser herrlichen Person haben sich die Juden versündigt, indem sie Ihn vor Pilatus verleugnet und – was ihre Verantwortung betrifft – getötet haben.

Und diese herrliche Person hat vom Himmel her durch den Dienst von Petrus den Gelähmten geheilt.

Nachdem Petrus den Juden ihre schwerwiegende Sünde vorgestellt hatte, lenkte er ihre Gedanken auf die Gnade Gottes. Jesus Christus hatte für seine Feinde, die Ihn an ein Kreuz genagelt hatten, gebetet: «Vater, vergib ihnen, denn sie wissen nicht, was sie tun» (Lukas 23,34). Diese Bitte wurde nun erhört, indem Gott das Volk Israel nicht der vorsätzlichen Tötung beschuldigte, sondern die Kreuzigung des Herrn Jesus als eine Tat der Unwissenheit bezeichnete.

DONNERSTAG 23. MÄRZ

Deshalb gab es noch eine Möglichkeit der Umkehr. Wenn das Volk als Ganzes über die Kreuzigung des Messias Buße tun und sich zu Gott bekehren würde, würde Gott die Sünden seines Volkes sofort austilgen und Israel in den Segen des Tausendjährigen Reichs einführen. Welch eine Gnade für dieses Volk, das sich an ihrem Messias so schuldig gemacht hatte! Gott würde ihnen Jesus Christus ein zweites Mal vom Himmel her senden, denn der göttliche Segen für Israel war an seine Person geknüpft.

Es fällt auf, dass Petrus in seiner Predigt immer wieder auf das Alte Testament Bezug nimmt. Die Propheten haben sowohl die Leiden (Vers 18) als auch die Herrlichkeit des Herrn Jesus (Vers 21) vorausgesagt.

Die Juden waren wegen ihrer Abstammung von Abraham bevorrechtigt. Ihnen sandte Gott seinen Knecht Jesus Christus *zuerst,* um sie zu segnen. Doch sie kreuzigten Ihn. Nun bekamen sie durch die Predigt von Petrus nochmals eine Chance, durch Umkehr von ihren bösen Wegen den göttlichen Segen in Christus zu erlangen.

Die Verse 1-4 beschreiben die Reaktion der Zuhörer auf die Gnade Gottes, die Petrus ihnen verkündete: Stellvertretend für das ganze Volk lehnte die jüdische Führungsschicht das Angebot zur Umkehr ab. Sie wollten über die Kreuzigung des Herrn Jesus nicht Buße tun. Deshalb schritten sie ein und stoppten die Predigt, indem sie Petrus und Johannes verhafteten. Im Gegensatz zu ihnen wurden viele aus dem Volk im Gewissen getroffen. Sie erkannten ihre Schuld vor Gott und nahmen den verachteten Jesus von Nazareth im Glauben als ihren Herrn und Heiland an.

FREITAG 24. MÄRZ

Am nächsten Tag kam das Synedrium der Juden zusammen, um Petrus und Johannes zu verhören. Einst hatten sie gedacht, mit der Kreuzigung von Jesus Christus könnten sie die Offenbarung der göttlichen Gnade und Wahrheit zum Stillstand bringen (Johannes 11,47-53). Doch nun wurden sie durch seine Jünger aufs Neue damit konfrontiert.

Sie forderten von den Aposteln Rechenschaft für die Heilung des Gelähmten: «In welcher Kraft oder in welchem Namen habt *ihr* dies getan?» Mit dieser Frage gaben sie Petrus ungewollt die Gelegenheit, vom Herrn Jesus zu reden, in dessen Namen der gelähmte Mann gesund geworden war (Kapitel 3,6).

Die Botschaft des Angeklagten war kurz und prägnant: Die Juden hatten Jesus Christus verachtet und gekreuzigt. Aber Gott hatte Ihn aus den Toten auferweckt und zum Eckstein gemacht, d. h. zur entscheidenden Person für alle Menschen. Nur in seinem Namen können wir errettet werden. Ein anderes Rettungsmittel gibt es nicht.

Das klare Zeugnis, das Petrus in der Kraft und unter der Leitung des Heiligen Geistes abgelegt hatte, rief bei den ungläubigen, aber religiösen Juden verschiedene Reaktionen hervor:

SAMSTAG
25. MÄRZ

- Vers 13 beschreibt ihre *Verwunderung* über die Freimütigkeit von Petrus und Johannes. Wie war es möglich, dass diese einfachen Leute so überzeugend predigen konnten?
- In Vers 14 finden wir die *Ohnmacht* der jüdischen Führungsschicht. Sie konnten die Heilung des Gelähmten nicht leugnen, weil er als Beweis bei ihnen stand. Zudem war es ihnen unmöglich, die Verbindung zwischen Jesus Christus und dem Wunder der Heilung abzustreiten, da Petrus und Johannes als seine Jünger bekannt waren.
- Als eine weitere Reaktion stellten sie *Überlegungen* an (Verse 15-17). Diese Beratung offenbarte ihren Herzenszustand: Obwohl die Tatsachen unwiderlegbar waren, widersetzten sie sich in ihrem Unglauben der Wahrheit.
- Schliesslich versuchten sie mit *Drohungen* die beiden Apostel zum Schweigen zu bringen (Verse 18-21). Weil sie das Gesicht vor dem Volk nicht verlieren wollten, sahen sie von einer Bestrafung ab.

Hinter allem stand Gott, der das Zeugnis der Apostel noch eine Zeit lang in Jerusalem ermöglichen wollte. Es fällt auf, mit welcher Gelassenheit Petrus und Johannes zu den drohenden Worten der Juden Stellung nahmen. Gott hatte ihnen den Auftrag gegeben, von Jesus Christus zu zeugen. Deshalb konnten sie nicht schweigen.

Nach der Freilassung gingen Petrus und Johannes zu «den Ihren». Dieser Ausdruck macht deutlich, dass die Erlösten gemeinsam ein abgesondertes Volk – nämlich die Versammlung Gottes – bilden und deshalb zusammengehören.

Nachdem die Glaubenden den Bericht der Apostel gehört hatten, beteten sie gemeinsam zu Gott. Bei Ihm konnten sie angesichts der Drohung der jüdischen Führerschaft Hilfe finden. Zuerst redeten sie Gott als Herrscher und Schöpfer an. Damit drückten sie aus, dass Er stärker als die Welt ist, die sich ihnen entgegenstellte. Dann zitierten sie aus Psalm 2 und erkannten durch den Heiligen Geist, dass sich die ersten beiden Verse bei der Kreuzigung des Herrn Jesus teilweise erfüllt hatten.

SONNTAG 26. MÄRZ

In den Versen 27 und 28 finden wir eine bedeutsame Gegenüberstellung:

- Einerseits wandten sich Herodes, Pilatus, die Römer und die Juden gegen Jesus, den heiligen Knecht Gottes, um Ihn zum Tod zu bringen. Für diese böse Tat waren sie voll verantwortlich.
- Anderseits benutzte Gott diese Feindschaft der Menschen, um seine ewigen Pläne zu erfüllen. Der Heiland musste am Kreuz sterben, damit Gott den Menschen seine Gnade anbieten kann.

Die Glaubenden baten Gott um zweierlei: um Freimütigkeit zur Verkündigung des Wortes und um Zeichen zur Bestätigung der Botschaft. Weil diese Bitten mit dem Willen Gottes für ihre Zeit übereinstimmten, wurden sie erhört (Vers 31).

Die Glaubenden wurden mit dem Heiligen Geist erfüllt (Vers 31). So wurde sein Wirken in ihnen durch ihr Verhalten sichtbar. Das wird in diesem Abschnitt besonders deutlich.

MONTAG
27. MÄRZ

Die Lehre von der Einheit des Leibes Christi war noch nicht bekannt. Aber in der Praxis bewirkte der Geist Gottes diese Einheit unter den Erlösten, so dass sie wahrnehmbar wurde (Vers 32).

Der Heilige Geist gab den Aposteln Kraft für ihr Zeugnis von der Auferstehung des Herrn Jesus. So führten sie ihren Auftrag trotz Widerstand mutig und unbeirrt weiter (Vers 33).

Selbstlosigkeit und Bruderliebe trieben die Glaubenden an, ihren Besitz zu verkaufen und den Erlös den Aposteln zu geben, damit keiner unter ihnen Mangel leiden musste. Das war für die Anfangszeit richtig, als die Versammlung auf einen Ort beschränkt war. Doch die Belehrungen in den Briefen unterweisen uns heute zu einem anderen Verhalten (1. Timotheus 5,1-16; 6,17-19). Aber die Liebe zu den Glaubenden soll auch uns dazu bewegen, unseren Mitchristen hingebungsvoll zu dienen.

Ab Vers 36 werden uns ein positives und ein negatives Beispiel von Freigebigkeit vorgestellt:

a) Barnabas hatte ein Herz für seine Glaubensgeschwister. Darum verkaufte er den *einen* Acker, den er besass, um die Bedürftigen unter ihnen zu unterstützen.
b) Ananias und Sapphira täuschten nur eine freigebige Einstellung vor. Ihr Herz schlug nicht für die Glaubenden, sondern hing am Geld (Kapitel 5,1-11).

Die Kapitel 2 – 4 beschreiben die Entstehung und die erste Entwicklung der Versammlung unter der segensreichen Wirkung des Heiligen Geistes. Nun zeigt sich in Kapitel 5 zum ersten Mal das Böse unter den Christen.

DIENSTAG
28. MÄRZ

Ananias verkaufte mit seiner Frau Sapphira ein Grundstück, legte vom Verkaufserlös etwas für sich beiseite und brachte den Rest den Aposteln. Dabei wollten sie den Eindruck erwecken, dies sei die ganze Summe. Worin bestand nun ihre Sünde?

- Sie wollten als hingebungsvolle Christen gelten, besassen aber nicht den Glauben und die Selbstverleugnung dazu. Das machte sie zu Heuchlern!
- Sie betrogen und belogen den Heiligen Geist. Sie hatten das Bewusstsein der Gegenwart Gottes in der Versammlung verloren und sahen dort nur Menschen, denen sie etwas vormachen konnten.
- Sie waren habsüchtig und liebten das Geld. Dort konnte der Satan anknüpfen und sie zur Sünde des Betrugs, der Lüge und der Heuchelei verführen.

Unter der Leitung des Heiligen Geistes deckte Petrus diese Sünde auf. Ananias musste sofort sterben, denn es war eine Sünde zum Tod (1. Johannes 5,16.17). Gott war durch ihn so verunehrt worden, dass Er ihn von der Erde wegnahm. Petrus gab Sapphira die Gelegenheit, die Wahrheit zu sagen, denn sie trug eine kleinere Verantwortung als ihr Mann, der die Führungsrolle in der Ehe hat (1. Korinther 11,3). Doch Sapphira nutzte die Chance zum Bekenntnis nicht und musste ebenfalls sterben. – Wir lernen aus dieser ernsten Geschichte, dass wir als Glaubende zu jeder Sünde fähig sind.

Durch das Gericht über die Sünde von Ananias und Sapphira offenbarte Gott in der Versammlung seine Macht und Gegenwart. Das förderte bei den Glaubenden die Ehrfurcht vor seinem Namen und das Selbstgericht (V. 11).

Mittwoch 29. März

Nachdem das Böse in der Versammlung gerichtet war, konnte der Herr sein Werk durch die Apostel am Volk Israel weiterführen. Sie taten viele Wunder, die den Menschen klarmachten, dass Gott gegenwärtig war und durch die Apostel in Gnade wirkte.

Auf diese Entfaltung der Macht Gottes gab es drei Reaktionen:

1) Das Volk rühmte die Apostel. Das bedeutet, dass es ihnen Wohlwollen entgegenbrachte. Dadurch wurde das Werk Gottes in Jerusalem begünstigt.
2) Von den Übrigen wagte keiner, sich den Aposteln anzuschliessen. Wer die Botschaft der Gnade nicht annahm und zu Gott umkehrte, fürchtete sich vor seiner Gegenwart und blieb auf Distanz zu den Christen. So wurde eine Vermischung von Gläubigen und Ungläubigen verhindert.
3) Viele Männer und Frauen glaubten an den Herrn Jesus und bekehrten sich zu Ihm. Ihr Glaube gründete sich nicht auf die Wunder, sondern auf das Wort Gottes, das ihnen verkündet wurde (Römer 10,17).

Die Verse 15 und 16 sind eine Erfüllung von Johannes 14,12. Die Kraft des Heiligen Geistes entfaltete sich auf besondere Weise, um dem schuldigen Volk die göttliche Gnade vorzustellen und es so – wenn möglich – zur Buße zu führen.

Die Entfaltung der Macht Gottes durch die verachteten Jünger des Herrn Jesus erregte den Widerstand der jüdischen Führungsschicht. Diese Männer wurden eifersüchtig, weil Gott durch diese ungebildeten Menschen ausserhalb der offiziellen Religion wirkte. Ihr Ansehen als geistliche Führer stand dadurch in Gefahr. Darum verhafteten sie kurzerhand die zwölf Apostel.

DONNERSTAG 30. MÄRZ

Aber Gott wollte die Verkündigung des Evangeliums im Volk Israel noch für eine bestimmte Zeit aufrechterhalten. Deshalb griff Er durch einen Engel ein, der die Apostel aus dem Gefängnis hinausführte. Als sie befreit waren, bekamen sie den Auftrag, die Botschaft von Jesus Christus weiter öffentlich zu verkünden. Für den, der an den Herrn Jesus glaubt und zu Gott umkehrt, sind es bis heute Worte des Lebens (Apostelgeschichte 11,18; 2. Korinther 2,16). Er verlässt den Weg, der ins ewige Verderben führt, und kommt auf den Weg des Lebens (Johannes 5,24).

Die Apostel gehorchten dem Herrn, obwohl sie mit Schwierigkeiten rechnen mussten. Sind sie uns darin nicht ein nachahmenswertes Beispiel?

Unterdessen gerieten die Feinde des Evangeliums in Verlegenheit. Ihre Diener fanden ein gut verschlossenes, aber leeres Gefängnis vor. Da konnte keiner leugnen, dass Gott die Apostel befreit hatte.

Schon bald erreichte eine zweite Nachricht das Synedrium der Juden: Die Apostel, die sie verhaftet hatten, lehrten freimütig im Tempel das Volk! Standen sie diesem Werk nicht machtlos gegenüber?

Nachdem der Hauptmann mit seinen Dienern die Apostel ohne Gewaltanwendung ins Synedrium geführt hatte, wurden sie vom Hohenpriester verhört. Dieser sprach weder über ihre wunderbare Befreiung aus dem Gefängnis noch über die Wunder, die sie unter dem Volk getan hatten. Er brachte zwei andere Anklagepunkte vor:

- Trotz des Verbots lehrten sie im Namen des Herrn Jesus (Kapitel 4,18). Das betrachtete er als einen Ungehorsam gegen die Autorität der Führer des Volkes.
- Durch die Verkündigung der Auferweckung des Herrn Jesus beschuldigten sie eigentlich die verantwortlichen Juden, Ihn getötet zu haben. Diese Stimme wollte der Hohepriester und die, die mit ihm waren, zum Schweigen bringen.

FREITAG
31. MÄRZ

Die Antwort von Petrus im Namen aller Apostel ist hier kürzer als in Kapitel 4. Seine Worte sind bestimmter, denn er hat es mit bewussten Gegnern des Herrn Jesus und der Wahrheit zu tun. Seine Rede enthält vier Punkte:

a) Die Apostel befolgten in ihrem Zeugnis einen ausdrücklichen Befehl des Sohnes Gottes. Ihm mussten sie mehr gehorchen als Menschen (Vers 29).
b) Die ungläubigen Juden, die Jesus Christus gekreuzigt hatten, handelten direkt gegen Gott, der Ihn auferweckt hatte (Vers 30).
c) Der erhöhte Heiland bot seinem schuldigen Volk nochmals Gnade an. Auf eine aufrichtige Buße hin würde Israel die göttliche Vergebung empfangen (Vers 31).
d) Die Stellung der Apostel als Zeugen wurde durch das Wirken des Geistes Gottes in Wundern und Zeichen öffentlich bestätigt (Vers 32).

Die Reaktion des Synedriums auf die Worte der Apostel ist erschütternd. Sie waren in ihren Gewissen getroffen, verhärteten sich jedoch und wollten diese furchtlosen Zeugen umbringen.

SAMSTAG
1. APRIL

Doch Gott trat durch Gamaliel dazwischen, damit sie ihr Vorhaben nicht umsetzen konnten. Dieser Pharisäer stellte seinen Ratskollegen zwei Tatsachen vor:

- Wenn dieses Werk seinen Ursprung im Menschen hat, wird es von selbst zugrunde gehen, wie es zwei Beispiele in der Geschichte gezeigt haben.
- Wenn dieses Werk von Gott kommt, kann es niemand zugrunde richten, denn ein Kampf gegen den Allmächtigen ist aussichtslos.

Darum empfahl Gamaliel, die Jünger des Herrn Jesus in Ruhe zu lassen. Mit seinen Worten, die menschliche Vorsicht und Klugheit offenbarten, stellte er sich aber nicht auf die Seite von Jesus Christus. Er blieb sein Feind.

Dennoch war er durch sein Einschreiten – ohne es zu wissen – ein Werkzeug in der Hand Gottes zur Befreiung der Apostel: Die Juden, die dem Synedrium angehörten, entliessen die Angeklagten, nachdem sie sie ungerechtfertigterweise geschlagen hatten.

Und die Apostel? Sie freuten sich über das Vorrecht, für Jesus Christus geschmäht und misshandelt worden zu sein (1. Petrus 4,13.14). Zudem liessen sie sich in ihrem Zeugnis vom Widerstand nicht einschüchtern. Jeden Tag verkündeten sie im Tempel und in den Häusern Jesus als den Christus.

Nun versuchte der Feind das Werk Gottes durch ein Problem innerhalb der Glaubenden zu zerstören. Die *Hellenisten* waren griechisch sprechende Juden und stammten aus dem Ausland. Die *Hebräer* hingegen waren in Israel aufgewachsen und hatten Aramäisch als Muttersprache. Aus beiden Gruppen waren Menschen zum Glauben gekommen, die miteinander zum himmlischen Volk Gottes gehörten. Doch nun meinten die gläubigen Hellenisten, ihre Witwen würden bei der täglichen Bedienung benachteiligt. Neid und Unzufriedenheit machten sich unter ihnen breit, so dass sie sich über ihre Situation beklagten.

SONNTAG
2. APRIL

Die Apostel nahmen dieses Problem ernst und lösten es mit der Weisheit, die Gott ihnen verlieh. Zuerst wurde ihnen klar, dass sie neben der Verkündigung des Wortes Gottes die Tische nicht mehr bedienen konnten. Darum liessen sie die Versammlung sieben Männer wählen, die ab sofort für die Verteilung der materiellen Gaben an bedürftige Christen verantwortlich waren. Diese Männer sollten drei Voraussetzungen mitbringen:

- ein gutes Zeugnis über ihr Verhalten im Alltag,
- ein Leben, in dem die Sünde verurteilt wurde, so dass der Heilige Geist ungehindert wirken konnte, und
- die Weisheit, in materiellen Belangen besonnen handeln zu können.

So wurde dieses Problem Gott gemäss gelöst und dadurch das Werk breiter abgestützt, um den wachsenden Bedürfnissen entsprechen zu können. Die Apostel waren nun in der Lage, sich wieder voll dem Gebet und der Verkündigung des Wortes zu widmen.

Nachdem der Friede innerhalb der Versammlung wiederhergestellt war, konnte das Werk des Herrn weiter gedeihen. Viele Menschen gehorchten dem Wort Gottes und bekehrten sich. So vermehrte sich die Zahl der Jünger des Herrn Jesus in Jerusalem.

MONTAG 3. APRIL

Mit der Geschichte von Stephanus erreichte das göttliche Handeln mit Israel einen entscheidenden Punkt. Der Herr benutzte ihn, um ein letztes Mal das ganze Volk anzusprechen und zur Buße aufzufordern. Doch Israel lehnte diese Botschaft ab und steinigte Stephanus. Als Folge davon setzte Gott das irdische Volk für eine lange Zeit auf die Seite.

Weil Stephanus seine Aufgabe in der Versorgung der Witwen treu verrichtete (Vers 5), konnte der Herr ihn für einen anderen Dienst gebrauchen. Durch die Zeichen und Wunder, die er tat, wurde von Anfang an deutlich, dass Gott ihn zu seinem Volk gesandt hatte.

Sofort regte sich Widerstand. Verschiedene Gruppen von Juden, die alle wie Stephanus Hellenisten waren und ursprünglich aus dem Ausland kamen, stritten mit ihm. Ihre Feindschaft richtete sich in Wirklichkeit gegen Gott, der durch seinen Geist in Stephanus wirkte. In ihrem Hass verbreiteten sie Lügen über ihn, hetzten das Volk gegen ihn auf und zerrten ihn vor das Synedrium. Dort traten falsche Zeugen gegen ihn auf, die ihm den Vorwurf machten, er rede gegen den Tempel und gegen das Gesetz. In Wirklichkeit hatte er nur von Jesus Christus gezeugt. – Vieles entspricht hier dem, was die Juden dem Herrn Jesus angetan hatten. Auch Ihn hatten sie mit falschen Beschuldigungen angeklagt.

Stephanus bekommt die Möglichkeit, sich gegen die Vorwürfe zu rechtfertigen. Er benutzt diese Gelegenheit, um den Juden anhand der Geschichte ihres Volkes zu zeigen, wie sie die göttliche Gnade erfahren, jedoch abgelehnt haben.

DIENSTAG
4. APRIL

Er beginnt mit *Abraham.* Gott rief ihn aus der Welt heraus, damit er der Vater eines für Ihn abgesonderten Volkes würde. Das war nur Gnade, denn Abraham war nicht besser als seine Zeitgenossen.

Als er auf halbem Weg nach Kanaan stehen blieb, griff Gott wieder in Gnade ein, indem Er Abraham nach dem Tod des Vaters ins verheissene Land umsiedelte. Dort besass der Patriarch keinen Fussbreit von diesem schönen Land. Doch er bekam die Verheissung, dass es seine Nachkommenschaft besitzen werde.

Gott teilte ihm auch mit, dass Er seine Nachkommen nach 400-jähriger Sklaverei aus Ägypten befreien und nach Kanaan bringen würde. Diese Erlösung hebt ebenfalls die göttliche Gnade hervor.

Der Bund der Beschneidung bezeugte, dass Abraham aus sich selbst nichts zur Erfüllung der Pläne Gottes beitragen konnte. Der verheissene Nachkomme war noch nicht geboren und Abraham war zu alt, um noch Kinder zeugen zu können. Alles hing von der Allmacht und Gnade Gottes ab.

Auch uns hat der Herr durch das Evangelium aus der Welt herausgerufen (Gal 1,4). Nun gehen wir im Glauben dem himmlischen Ziel entgegen und leben wie Abraham als Fremde auf der Erde. Auf diesem Weg können wir jeden Tag mit der göttlichen Gnade rechnen.

In diesem Abschnitt spricht Stephanus über *Joseph,* wie er von seinen Brüdern verworfen wurde, obwohl er der von Gott bestimmte Retter für sie war. Er weist mit dieser Geschichte auf Jesus Christus hin, der als Erretter zu seinem Volk gekommen war (Mt 1,21). Doch die Juden lehnten Ihn ab und nagelten Ihn an ein Kreuz. Die Parallelen sind offenkundig:

- So wie die Patriarchen neidisch auf Joseph waren und ihn nach Ägypten verkauften, so überlieferten die Juden den Herrn Jesus aus Neid an die Nationen, damit Er gekreuzigt würde (Mt 27,18).
- Gott rettete Joseph aus allen seinen Drangsalen. Was Christus betrifft, so wissen wir, dass Er wegen seiner Frömmigkeit erhört und durch Auferstehung aus dem Tod errettet wurde (Heb 5,7).
- Joseph bekam den Posten als Verwalter über Ägypten. Das spricht davon, dass Gott den Herrn Jesus mit Herrlichkeit und Ehre gekrönt und Ihn über das ganze Universum gesetzt hat (Heb 2,7).
- Die Hungersnot und die grosse Drangsal weisen auf die zukünftige Drangsalszeit hin, die Gott benutzen wird, um einen Überrest aus Israel zur Umkehr zu führen.
- So wie die materielle Not seine Brüder zu Joseph nach Ägypten trieb, so wird der glaubende Überrest in der Bedrängnis bei seinem Messias Hilfe suchen.

Am Beispiel von Joseph stellt Stephanus den Juden eindrücklich ihre grosse Schuld vor: Sie haben Jesus Christus, den Gott ihnen als Retter gesandt hat, abgelehnt. Trotzdem ist für sie – wie bei den Brüdern von Joseph – noch eine Umkehr möglich.

Nun erzählt Stephanus seinen Zuhörern die Geschichte von *Mose*, der wie Joseph auf den Herrn Jesus hinweist.

DONNERSTAG 6. APRIL

Zuerst beschreibt er die Situation der Israeliten in Ägypten, als Mose geboren wurde. Der Pharao bedrückte sie und behandelte sie schlecht. Genauso litten die Juden zur Zeit Jesu unter der Knechtschaft Satans. Das Volk war wirklich an einem Tiefpunkt angekommen.

«In dieser Zeit wurde Mose geboren, und er war schön für Gott.» Auch der Sohn Gottes kam in der Fülle der Zeit als Mensch auf die Erde (Galater 4,4). Auf Ihn konnte Gott jederzeit mit Wohlgefallen blicken, denn seine moralische Schönheit war einzigartig.

Durch die Vorsehung Gottes kam Mose an den Hof des Pharaos und wurde dort in aller Weisheit der Ägypter ausgebildet. Doch im Alter von 40 Jahren traf er eine wichtige Entscheidung. Er stellte sich auf die Seite seines unterdrückten Volkes und setzte sich für die Israeliten ein. Zuerst verteidigte er einen Landsmann, indem er einen Ägypter erschlug (Vers 24). Sein Motiv war gut, aber er handelte unabhängig von Gott. Dann versuchte Mose, einen Streit unter den Israeliten zu schlichten (Vers 26).

Jesus Christus setzte sich ebenfalls für die Juden ein, um sie aus der Macht Satans zu befreien und von ihren Sünden zu überführen. Im Gegensatz zu Mose war sein Dienst jedoch vollkommen.

Die Reaktion, die Mose von seinem Volk erfuhr, erlebte der Herr Jesus genauso. Die Juden lehnten Ihn ab, obwohl Er als Retter zu ihnen gekommen war.

Mose verbrachte 40 Jahre weit weg von seinem Volk im Land Midian. Dort bekam er eine Frau und zeugte zwei Söhne (Vers 29). Das lässt sich auch auf Jesus Christus übertragen. Nach seiner Kreuzigung hat Er seine Beziehung zu Israel für eine lange Zeit abgebrochen. In diesem Zeitraum wird die Versammlung gebildet, die seine Braut ist. Davon spricht Zippora, die Frau von Mose.

FREITAG
7. APRIL

Als der Engel Mose im brennenden Dornbusch erschien, wurde dieser zu seinem Dienst berufen. Es ging also ganz klar von Gott aus, dass Mose das Volk Israel aus Ägypten befreien sollte.

Der brennende Dornbusch spricht von Israel. Es war wie ein Dornbusch in sich selbst völlig wertlos. Aber Gott hatte es zu seinem geliebten Volk gemacht. Darum prüfte Er es durch das Feuer. Doch Er war in der Mitte Israels und stand im Begriff, es aus der Bedrängnis in Ägypten zu retten.

Die Worte Gottes in Vers 32 heben seine *Gnade* hervor. Als der Gott Abrahams, Isaaks und Jakobs wollte Er seine Verheissungen wahr machen und sein Volk ins verheissene Land bringen.

Die göttliche Aussage in Vers 33 betont seine *Heiligkeit.* Wer sich in der Nähe Gottes aufhält, muss der Tatsache Rechnung tragen, dass Er heilig ist.

Dass Gott Mose als Retter und Führer zu seinem Volk sandte, entsprang seinem Erbarmen. Er hatte das Elend der Israeliten in Ägypten *gesehen* und ihr Seufzen *gehört.* Nun wollte Er durch Mose zu ihren Gunsten handeln und sie aus der Sklaverei befreien.

In den Versen 35-38 gebraucht Stephanus fünfmal das Wort «diesen». Er meint damit Mose, weist aber indirekt auf den Herrn Jesus hin:

a) Diesen Mose lehnten die Israeliten ab (Vers 35). – Genauso wurde Christus von seinem Volk von Anfang an verworfen (Joh 1,11).
b) Diesen Mose bestimmte Gott sowohl zum Obersten als auch zum Befreier für sein Volk (Vers 35). – Auch der Herr Jesus sollte der Erlöser Israels sein (Mt 1,21).

SAMSTAG
8. APRIL

c) Dieser Mose führte Israel aus Ägypten, indem er Zeichen und Wunder tat (Vers 36). – Wie viele Wunder hat Jesus unter dem Volk getan (Mt 4,23)!
d) Dieser Mose sprach von einem Propheten, den Gott für sein Volk erwecken würde (Vers 37). – Jesus Christus war jener angekündigte Prophet (Joh 6,14).
e) Dieser Mose gab dem Volk am Berg Sinai das Gesetz von Gott (Vers 38). – Der Sohn Gottes ist gekommen, um uns das Wort vom Vater zu bringen (Joh 12,49).

Ab Vers 39 macht Stephanus klar, dass die Israeliten damals nicht nur Mose ablehnten, sondern auch Gott verwarfen. Sie machten ein goldenes Kalb und bezeichneten es als ihren Gott. Doch in Wirklichkeit war es ein Götzenbild. Wegen ihres beständigen Götzenkults, den sie in der Wüste und im Land trieben, führte Gott sie ins babylonische Exil.

Auch hier erkennen wir eine Parallele zu Christus. Mit seiner Kreuzigung verwarfen die Juden Gott, der Ihn als Retter zu seinem Volk gesandt hatte (Lk 10,16b).

In diesem Abschnitt spricht Stephanus über den Wohnort Gottes in der Mitte seines Volkes.

Zuerst wohnte der HERR in der Stiftshütte, die nach göttlichem Befehl und Muster am Berg Sinai gebaut worden war. Dieses Zelt der Zusammenkunft transportierten die Leviten durch die Wüste bis ins Land Kanaan. Dort trat der Gedanke des Wohnorts Gottes im Volk Israel für viele Jahre in den Hintergrund.

SONNTAG 9. APRIL

Erst David griff dieses wichtige Thema wieder auf. Sein tiefes Empfinden für die göttliche Gnade, die er in seinem Leben erfahren hatte, rief in ihm den Wunsch wach, für Gott eine Wohnstätte zu finden. Sein Sohn Salomo verwirklichte dieses Vorhaben und baute dem HERRN ein Haus.

- Einerseits ist es wahr, dass sich Gott in seiner Güte herabliess, im Tempel, den Salomo aufgerichtet hatte, zu wohnen (1. Könige 8,10.11).
- Anderseits sagt die Bibel auch, dass der Höchste nicht in einem Haus wohnt, das Menschen gemacht haben, weil Er viel zu erhaben und zu gross dafür ist.

Hier stellt Stephanus den Juden die zweite Tatsache vor, weil sie so viel vom Tempel und dem äusseren Gottesdienst hielten, aber weder eine Glaubensbeziehung zu Gott noch ein Empfinden für seine Gnade besassen.

Mit dem Zitat aus Jesaja 66 macht Stephanus seinen Zuhörern klar, dass Gott seinen Thron im Himmel hat. Von dort hatte Er ihnen Jesus Christus gesandt. Weil die Juden diesen Retter verwarfen, kehrte Er in den Himmel zurück. Damit verlor auch der Tempel als Wohnort Gottes endgültig seine Bedeutung.

Stephanus beendete seine Rede mit vier berechtigten Vorwürfen an die Führer des Volkes:

1) Sie widersetzten sich immer dem Heiligen Geist und lehnten damit alles ab, was von Gott kam.
2) Sie hatten die Propheten, die Gott zu seinem Volk gesandt hatte, verfolgt und getötet.
3) Durch die Kreuzigung des Herrn Jesus waren sie zu Verrätern und Mördern des Gerechten geworden.
4) Sie hatten das Gesetz, das Gott ihnen durch Anordnung von Engeln gegeben hatte, nicht beachtet.

MONTAG 10. APRIL

Durch diese Worte, die das ganze Ausmass ihrer Schuld aufzeigten, wurden die Juden im Gewissen getroffen. Leider verhärteten sie ihr Herz. Anstatt Buße zu tun, wollten sie diese anklagende Stimme zum Schweigen bringen.

Bevor sie jedoch auf Stephanus losstürzen konnten, empfingen sie ein letztes Zeugnis von Jesus Christus. Stephanus schaute voll Heiligen Geistes zum Himmel und erklärte: «Ich sehe die Himmel geöffnet und den Sohn des Menschen zur Rechten Gottes stehen!» Damit bekamen sie den klaren Beweis, dass der Herr Jesus – den sie abgelehnt und gekreuzigt hatten – bei Gott völlig anerkannt war. Dennoch scheuten sie sich nicht, seinen treuen Zeugen zu steinigen und damit den verherrlichten Christus zu verwerfen.

Der Blick zum Himmel gab Stephanus nicht nur Kraft für sein mutiges Zeugnis, sondern auch das tiefe Vertrauen, bald bei Jesus Christus zu sein. Wie glich er seinem Herrn, als er in seiner Todesstunde für seine Feinde betete (Lukas 23,34)!

Bis Kapitel 7 hat sich das Werk Gottes auf Jerusalem beschränkt. Nun sollte der Wirkungskreis schrittweise ausgedehnt werden, denn die Botschaft der Gnade gilt allen Menschen.

DIENSTAG 11. APRIL

Die Steinigung von Stephanus war der Auslöser für eine grosse Verfolgung gegen die Versammlung. Gott, der hinter allem stand und diese Nachstellung zuliess, bezweckte dadurch zweierlei:

- Die Zeit des Zeugnisses an das ganze Volk Israel war zu Ende. Nun sollten die Juden in Jerusalem, die im Unglauben verharrten, sich selbst überlassen werden.
- Die Zerstreuung der Glaubenden war ein Mittel in der Hand Gottes, damit sich das Evangelium weiter ausbreitete. So kann der Herr die Angriffe des Feindes benutzen, um sein Werk zu fördern.

Gott sorgte dafür, dass gottesfürchtige Männer seinen treuen Zeugen Stephanus würdig beerdigten. Wahrscheinlich waren es keine Christen, denn die grosse Klage macht deutlich, dass diese Juden die christliche Hoffnung nicht kannten.

Philippus hatte sich bei der Versorgung der Witwen eine schöne Stufe erworben (Kapitel 6,5; 1. Tim 3,13), so dass der Herr ihm den Auftrag gab, das Evangelium in Samaria zu verkünden. Der Inhalt seiner Predigt war *Christus,* der von Gott gesandte Messias. Damit setzte er den Dienst des Herrn Jesus fort, der bereits in dieser Gegend gewirkt hatte (Joh 4,39-42). Philippus konnte diesen Menschen nun erklären, dass der Heiland der Welt zur Rettung von Sündern am Kreuz gestorben war, jetzt aber als verherrlichter Mensch im Himmel lebte.

Die Predigt von Philippus löste in Samaria zwei Reaktionen aus:

- Viele achteten auf das Wort Gottes und glaubten dem Evangelium. Durch die Wunder, die Philippus tat, erkannten sie, dass Gott zu ihnen redete. Sie öffneten ihr Herz dem Heiland der Welt und freuten sich über ihre Errettung.

MITTWOCH 12. APRIL

  Durch die Belehrung über das Reich Gottes verstanden sie, dass Jesus Christus bei der Bekehrung ihr Herr geworden war. Sie liessen sich taufen und waren bereit, Ihm nachzufolgen. Er sollte von nun an über ihr Leben bestimmen.
- Simon, der Zauberer, war nicht von der Botschaft der Gnade, sondern von der Entfaltung der Macht Gottes beeindruckt. Er erkannte, dass in den Zeichen und Wundern eine grössere Kraft als seine teuflische Zaubermacht am Werk war. Sein Glaube war nicht echt, denn er beruhte nicht auf dem Wort Gottes, sondern auf den äusseren Beweisen der göttlichen Macht.

  Durch seine Taufe wollte er sich die Nähe zu Philippus sichern, der ein Werkzeug zur Entfaltung der Kraft Gottes war. So gab er sich äusserlich als Christ aus, blieb aber innerlich unverändert, wie uns der nächste Abschnitt zeigt.

Leider hat sich dieses Verhalten im Lauf der Zeit immer wieder gezeigt. Vor allem in einer Erweckungszeit, wenn viele zum Glauben an den Herrn Jesus kommen, schliessen sich auch Menschen den Christen an, die nicht wirklich bekehrt sind. Mit der Zeit wird aber offenbar, dass sie kein Leben aus Gott besitzen.

Das Werk, das durch Philippus in Samaria geschah, entsprang der Wirksamkeit des Heiligen Geistes. Er benutzte zur Verkündigung des Evangeliums, wen Er wollte. Doch nun sollte die Arbeit in Samaria mit dem Werk in Jerusalem verbunden werden.

DONNERSTAG 13. APRIL

Zu diesem Zweck sandten die Apostel in Jerusalem Petrus und Johannes nach Samaria. Als die beiden dort ankamen, beteten sie für die Glaubenden und legten ihnen die Hände auf. Erst durch dieses Sich-Einsmachen mit den Erlösten in Jerusalem – was durch das Händeauflegen ausgedrückt wurde – bekamen die Christen in Samaria den Heiligen Geist. Sie gehörten nun auch zur Versammlung Gottes und bildeten so mit allen Erlösten auf der Erde eine Einheit.

Diese besondere Handlung war ein bedeutender Schritt in den Wegen Gottes zur Ausbreitung des Evangeliums und zur Bildung seiner Versammlung. Sie machte nämlich klar, dass sich dieses Werk nicht auf Jerusalem und die Juden beschränkte.

In Vers 18 wird das Herz von Simon, dem Zauberer, offenbar. Er sah in der Handlung der Apostel nur eine gute Möglichkeit, von den Menschen Ehre und Geld zu bekommen. Kein einziger Strahl der Gnade Gottes war in das Herz Simons gefallen.

Petrus erkannte sofort, wie es um diesen Mann stand. Er entlarvte den Betrüger und mahnte ihn zu echter Buße, damit er vom ewigen Verderben gerettet würde. So bewahrte die machtvolle Gegenwart des Heiligen Geistes, der in Petrus wirkte, die Versammlung vor dem Eindringen eines ungläubigen Heuchlers.

Die Kapitel 8 – 10 zeigen uns eindrücklich, wie sich das Angebot der Gnade Gottes an alle Menschen richtet. Drei ganz verschiedene Männer kommen mit dem Evangelium in Kontakt und glauben an den Herrn Jesus.

1) Ein äthiopischer Staatsmann *(Kapitel 8,26-40)*
Dieser Mann war ein Nachkomme Hams. Trotz seiner heidnischen Herkunft besass er ein Verlangen nach Gott. Darum reiste er nach Jerusalem, um dort anzubeten. Auf der Rückreise traf er mit Philippus zusammen, der ihm das Evangelium von Jesus Christus verkündete. Er nahm es an und zog seinen Weg mit Freuden.

2) Ein strenggläubiger Pharisäer *(Kapitel 9,1-19)*
Saulus, der ein Nachkomme Sems war, hatte Gott von Jugend auf mit reinem Gewissen gedient (2. Timotheus 1,3). Wenn er die Versammlung verfolgte, so tat er es nicht für Ehre oder Geld, sondern in der Meinung, Gott damit zu dienen (Johannes 16,2). Doch dann erschien ihm Jesus Christus und trat ihm auf seinem falschen Weg entgegen, so dass er zur Bekehrung kam.

3) Ein römischer Hauptmann *(Kapitel 10)*
Kornelius, ein Nachkomme Japhets, war fromm und gottesfürchtig. Deshalb hatte er ein offenes Herz für die Botschaft, die Petrus ihm verkündete. So erfuhr er von der wunderbaren Errettung im Herrn Jesus. Er und alle, die zuhörten, nahmen das Evangelium an. Als Folge davon kam der Heilige Geist auf sie, um in ihnen zu wohnen.

Nachdem Philippus vielen Menschen in Samaria das Evangelium verkündet hatte, bekam er den Auftrag, nach Süden auf einen einsamen Weg zu gehen, der nach Gaza hinabführte. Sofort gehorchte er, obwohl es ihn vermutlich Überwindung kostete, das segensreiche Werk in Samaria zu verlassen. Wir lernen daraus, wie wichtig der Gehorsam im Dienst für den Herrn ist.

Dort traf Philippus einen äthiopischen Staatsmann, der sich auf der Rückreise von Jerusalem befand. Er hatte dort den göttlichen Segen nicht gefunden, den sein aufrichtiges Herz suchte. Aber er hatte den grössten Schatz auf den Weg nach Hause mitgenommen – einen Teil des geschriebenen Wortes Gottes.

FREITAG
14. APRIL

Weil alles von Gott geleitet wurde und sein Diener Ihm völlig gehorchte, passte alles zeitlich perfekt zusammen. Als Philippus an den Wagen herantrat, las der Kämmerer gerade die bewegenden Worte in Jesaja 53, die prophetisch auf den Herrn Jesus hinweisen. Doch er verstand das Gelesene nicht und bat Philippus, ihm zu erklären, von wem der Prophet sprach. Gab es für den Evangelisten einen besseren Anknüpfungspunkt, um diesem Heiden das Evangelium von Jesus Christus zu verkünden?

Die Stelle in Jesaja 53 stellt Ihn als den leidenden Messias vor, der vom Volk verworfen wird und sterben muss. Nun konnte Philippus dem Kämmerer erklären, dass Jesus am Kreuz gestorben war, um verlorene Menschen zu erretten. Dort wurde Er der Erlöser für alle, die an Ihn glauben. War das nicht eine herrliche Botschaft für den äthiopischen Mann, der den Segen Gottes suchte?

Samstag
15. April

Der äthiopische Staatsmann glaubte dem Evangelium und nahm Jesus Christus in sein Herz und Leben auf. Nun wollte er mit der Taufe öffentlich bezeugen, dass er ein Jünger des Herrn Jesus geworden war. Darum fragte er: «Was hindert mich getauft zu werden?» Da Philippus überzeugt war, dass der Kämmerer an Christus gläubig geworden war, stand der Taufe nichts im Weg.

Wir lernen aus dieser Begebenheit, dass die Taufe das persönliche Glaubensleben betrifft. So sehr sich andere Christen daran freuen, so ist sie doch nicht eine Handlung der Versammlung.

Nachdem Philippus den Äthiopier getauft hatte, wurde der Diener des Herrn durch den Geist entrückt. Der «junge» Glaubende sollte sich nicht auf den Evangelisten stützen, sondern im Wort Gottes und in einer persönlichen Beziehung zum Herrn Jesus alles finden, was er für sein Christenleben nötig hatte.

Weil sein Herz von seinem Erlöser erfüllt war, zog der Kämmerer seinen Weg mit Freuden.

Diese Freude am Herrn Jesus soll nicht nur den Beginn unseres Glaubenslebens prägen. Auch nachdem wir viele Jahre mit Jesus Christus gelebt und manche Erfahrungen mit Ihm gemacht haben, gilt uns das Wort: «Freut euch in dem Herrn allezeit!» (Philipper 4,4).

Nach seinem segensreichen Einsatz in einer einsamen Gegend durchzog Philippus die Städte entlang der Mittelmeerküste.

Saulus hatte in die Tötung von Stephanus eingewilligt und versucht, die Versammlung in Jerusalem zugrunde zu richten. Als sich das Evangelium ausbreitete, wollte er auch in den ausländischen Städten die Jünger des Herrn verfolgen. So machte er sich auf den Weg nach Damaskus, um dort gegen die Juden, die an Jesus Christus glaubten, vorzugehen.

SONNTAG
16. APRIL

Doch da hält ihn der Herr Jesus im vollen Lauf seines verkehrten Weges auf:

- Plötzlich umstrahlt ihn ein Licht aus dem Himmel. Die *göttliche Herrlichkeit* in Jesus Christus wirft ihn zu Boden.
- Gleichzeitig hört er eine Stimme, die mit *göttlicher Autorität* zu ihm spricht: «Saul, Saul, was verfolgst du mich?»

Sofort unterwirft sich Saulus dieser Autorität, indem er fragt: «Wer bist du, Herr?» Die Antwort, die er bekommt, öffnet ihm die Augen des Herzens:

- Er erkennt, dass Jesus Christus auferstanden ist und von Gott aufgenommen im Himmel lebt.
- Zudem versteht er, dass der Herr Jesus der Sohn Gottes ist, der ein Anrecht auf seinen Gehorsam hat.
- Er stellt auch fest, dass Christus die Glaubenden auf der Erde als einen Teil von sich anerkennt. Sie sind unzertrennlich mit Ihm verbunden.

Diese Erkenntnis führt Saulus zur Buße und zur Umkehr. Sein Eigenwille ist gebrochen. Er wird als Blinder nach Damaskus geführt, wo er aus Reue über sein vergangenes Leben drei Tage lang nichts isst und nichts trinkt. Seine Bekehrung ist wirklich echt und tiefgreifend.

Man kann das Verhalten und den Dienst von Ananias mit vier Bezeichnungen umschreiben:

- Als *Jünger* des Herrn stellte er sich auf die Seite des verachteten Jesus und folgte Ihm nach (Vers 10). Das war eine wichtige Voraussetzung für die Aufgabe, die er nun vom Herrn bekam.
- Als *Knecht* des Herrn war er bereit, etwas für Ihn zu tun. Darum erklärte er sofort: «Siehe, hier bin ich, Herr!» (Vers 10). Neben dieser Bereitwilligkeit erkennen wir auch seinen Gehorsam: Er führte das aus, was ihm aufgetragen wurde, obwohl er zuerst Bedenken dagegen äusserte (Vers 17).

MONTAG
17. APRIL

- Als *Vertrauter* des Herrn schüttete er Ihm einerseits sein Herz aus und sagte Ihm freimütig, dass er sich vor Saulus fürchte. Anderseits bekam er vom Herrn die vertrauliche Mitteilung, dass Saulus ein besonderes Werkzeug in der Hand Gottes sein würde (Verse 13-16).
- Als *Gesandter* des Herrn kam er zu Saulus, legte ihm die Hände auf und machte ihn wieder sehend (Vers 17). Mit dem Gruss «Bruder Saul» bezeugte Ananias, dass sie beide durch den Glauben an Jesus Christus zur Familie Gottes gehörten.

Saulus besass schon neues Leben, aber der Heilige Geist kam erst auf ihn, als Ananias ihm die Hände auflegte. So benutzte der Herr diesen unbekannten Christen, um Saulus in die vollen christlichen Vorrechte einzuführen.

Mit der Taufe bekannte sich Saulus zu Jesus Christus, dessen Feind er bis dahin gewesen war.

Sofort bezeugte Saulus seinen Glauben unter den Juden in Damaskus. Das war noch nicht sein besonderer Dienst, zu dem er vom Herrn berufen worden war, sondern sein persönliches Zeugnis, dass er zum Glauben an den Herrn Jesus gekommen war. Seine Botschaft beinhaltete zwei Schwerpunkte:

a) Jesus ist der Sohn Gottes (Vers 20). Diese persönliche Herrlichkeit hebt seine Autorität und Grösse hervor.
b) Jesus ist der Christus, d. h. der verheissene Messias, den die Juden gekreuzigt haben (Vers 22).

DIENSTAG
18. APRIL

Zuerst reagierten die Zuhörer mit *Erstaunen* und *Verwirrung*. Saulus war doch früher ein Gegner von Jesus und seinen Jüngern gewesen! Was war geschehen, dass er sich nun so entschieden für Christus einsetzte?

Mit der Zeit schlug die Verwunderung der Juden jedoch in *Widerstand* um. Sie überlegten, wie sie Saulus umbringen könnten. Nun standen ihm aber die Glaubenden bei. Ihre Bruderliebe entfaltete sich und sie halfen ihm, dem Mordanschlag zu entkommen.

Weil Saulus in Jerusalem als Verfolger der Christen bekannt war, hatte er Mühe, sich den dortigen Gläubigen anzuschliessen. Erst durch die Vermittlung von Barnabas fand der einst gefürchtete Saulus seinen Platz unter den Jüngern in Jerusalem. Nun genoss er uneingeschränkt die Gemeinschaft der Glaubenden (Vers 28). Gleichzeitig bekannte er sich freimütig zum Herrn Jesus. Sein Zeugnis rief auch hier den Hass seiner Landsleute hervor. Wieder musste er fliehen, denn die Zeit seines öffentlichen Dienstes war noch nicht gekommen.

Vers 31 stellt uns eine wichtige Wahrheit vor, die später in den Briefen bestätigt wird: Es gibt nur *eine* Versammlung, obwohl sich an verschiedenen Orten Glaubende zum Namen des Herrn Jesus hin versammeln. Alle Erlösten, die auf der Erde leben, bilden gemeinsam eine Einheit – den Leib des Christus (Epheser 4,4).

MITTWOCH 19. APRIL

Mit vier Punkten wird die schöne Situation beschrieben, die damals in der Versammlung herrschte:

a) Sie hatte Frieden, weil es in dieser Zeit keinen äusseren Druck und keine inneren Schwierigkeiten gab.
b) Sie wurde durch das Wort Gottes erbaut. Die Jünger wuchsen innerlich und wurden im Glauben befestigt.
c) Sie wandelte in Gottesfurcht: Die Glaubenden suchten in ihrem Verhalten als Erstes die Anerkennung Gottes.
d) Sie nahm durch das Wirken des Heiligen Geistes zahlenmässig zu.

Zwischen der Bekehrung von Paulus (Kapitel 9,1-19) und dem Beginn seines Dienstes (Kapitel 13,1-4) berichtet Lukas nochmals ausführlich über den Dienst von Petrus. Weil die Versammlung Frieden hatte, konnte der Apostel das Land Israel durchziehen und für den Herrn wirken.

In Lydda machte er Äneas mit den Worten gesund: «Jesus Christus heilt dich. Steh auf und mache dir selbst das Bett!» Dieses Wunder sollte den Menschen klarmachen, dass der verachtete Jesus von Nazareth durch seine Apostel in Macht und Gnade tätig war. Die Leute, die in Lydda und Saron wohnten, erkannten in der Heilung von Äneas das göttliche Werk und bekehrten sich zum Herrn Jesus.

Vers 36 stellt Tabitha ein schönes Zeugnis aus: Sie war eine Jüngerin, die sich durch gute Werke für ihre Mitmenschen einsetzte. Sie nähte Kleider, um arme Witwen zu unterstützen. Ist sie in ihrem Verhalten nicht ein nachahmenswertes Beispiel für gläubige Frauen, die sich durch gute Werke auszeichnen sollen (1. Timotheus 2,9.10)?

Donnerstag 20. April

Doch dann wurde Tabitha krank und starb. Daraus lernen wir, dass die Erlösten wie alle Menschen unter den allgemeinen Folgen der Sünde leiden. Dennoch gibt es einen Unterschied: Für die Ungläubigen ist der Tod ein Schrecken, denn danach folgt das Gericht. Die Glaubenden hingegen brauchen sich vor dem Tod nicht zu fürchten. Für sie ist er das Tor zur himmlischen Herrlichkeit.

Die Jünger baten den Apostel Petrus, zu ihnen nach Joppe zu kommen. Als er ins Obergemach trat, zeigten ihm die Witwen das Liebeswerk der heimgegangenen Christin. Auf diese Weise sorgte Gott dafür, dass diese Frau, die Ihm demütig gedient hatte, angemessen geehrt wurde.

Der Herr hatte seinen Aposteln die göttliche Macht zur Auferweckung von Toten anvertraut (Matthäus 10,8). So konnte Petrus in Abhängigkeit von Ihm Tabitha zum Leben erwecken. Gott benutzte dieses Wunder, um das Evangelium von Jesus Christus in Joppe bekannt zu machen. Viele glaubten an den Herrn Jesus, der zu ihrer Errettung am Kreuz gestorben, aber nach drei Tagen auferstanden war. Durch diesen Glauben empfingen sie Vergebung der Sünden (Kapitel 10,43).

Petrus besass die Schlüssel des Reichs der Himmel (Matthäus 16,19). In Kapitel 2 hat er damit den Menschen aus den Juden die Tür zum Reich Gottes geöffnet. In Kapitel 10 benutzt er sie wieder, diesmal um den Menschen aus den Nationen die Tür des Reichs aufzutun, damit sie durch den Glauben an den Herrn Jesus hineingehen und den christlichen Segen empfangen konnten.

FREITAG 21. APRIL

In unserem Abschnitt wird Kornelius auf das Treffen mit Petrus vorbereitet. Er war ein frommer und gottesfürchtiger Mann. Deshalb unterstützte er das Volk Israel und betete regelmässig zu Gott. Aber er kannte die Errettung im Herrn Jesus noch nicht.

Nie hätte sich Kornelius getraut, den Apostel Petrus zu sich einzuladen, um von ihm über Jesus Christus und seinen Tod am Kreuz belehrt zu werden. Da sandte Gott einen Engel zu ihm, der ihm den Auftrag gab, Petrus von Joppe nach Cäsarea zu holen. Er teilte ihm sogar die genaue Adresse mit, wo der Apostel sich zu dieser Zeit befand. Welch eine Fürsorge Gottes für diesen gottesfürchtigen Römer!

Kornelius tat sofort, was der göttliche Bote ihm aufgetragen hatte. Er sandte zwei Hausknechte und einen frommen Soldaten nach Joppe. Diese drei Männer besassen sein besonderes Vertrauen, denn sie waren ständig bei ihm. Deshalb waren sie geeignet, diese Mission, die ihn persönlich betraf, auszuführen.

Wir lernen von Kornelius, dass Gott Kenntnis von unserem Glaubensleben nimmt und echte Gottesfurcht, die sich im Verhalten zeigt, wertschätzt.

Nun wird Petrus auf das Treffen mit Kornelius vorbereitet. Als er für sich allein zu Gott betet, wird er hungrig. Während die Gastgeber das Essen zubereiten, erlebt er eine Vision: Er sieht aus dem Himmel ein Gefäss herabkommen, in dem sich allerlei unreine Tiere befinden. Dann hört er eine Stimme: «Steh auf, Petrus, schlachte und iss!» Damit will Gott dem Apostel klarmachen, dass die Menschen aus den Nationen – die von den Juden als unrein betrachtet wurden – durch den Glauben an den Herrn Jesus gereinigt sind und mit den Glaubenden aus den Juden den vollen christlichen Segen empfangen.

SAMSTAG 22. APRIL

Obwohl Petrus hungrig ist, lehnt er vehement ab: «Keineswegs, Herr!» Er weiss, dass die Aufforderung von Gott kommt. Dennoch weigert er sich, Ihm zu gehorchen. Warum? Weil er als treuer Jude noch nie unreines Fleisch gegessen hat. Genauso wenig wäre er bereit gewesen, einen Heiden zu besuchen und mit ihm zu essen.

Darauf hört Petrus zum zweiten Mal die Stimme aus dem Himmel: «Was Gott gereinigt hat, halte *du* nicht für gemein!» Das betrifft zuerst die Tiere im Gefäss. In der christlichen Zeit darf der Glaubende alles essen – ausser Blut und Ersticktes (Kap. 15,20). Doch im übertragenen Sinn handelt es sich um die Menschen aus den Nationen, denen Gott durch das Evangelium den gleichen Segen schenken will wie den Glaubenden mit jüdischer Herkunft.

Als Petrus über diese Vision nachdenkt, kommen die Boten von Kornelius zu ihm. Als der Heilige Geist ihm aufträgt, mit diesen Männern zu gehen, fängt er an, die Bedeutung des Erlebten zu verstehen.

Vermutlich betritt Petrus zum ersten Mal das Haus eines Menschen aus den Nationen und Kornelius empfängt zum ersten Mal Besuch von einem Juden. Welch eine einmalige Szene für beide! Kornelius fällt Petrus zu Füssen und huldigt ihm. Sofort korrigiert der Apostel diese Handlung, denn sie ist verkehrt. Kein Mensch, kein Geschöpf darf angebetet werden. Nur Gott ist würdig, Anbetung und Huldigung zu empfangen (Offenbarung 19,10; 22,9).

SONNTAG
23. APRIL

In den Versen 28 und 29 erklärt Petrus sein Kommen. Zuerst macht er klar, dass es einem jüdischen Mann nicht erlaubt ist, bei einem Fremden einzukehren. Aber Gott hat ihm gezeigt, dass in der christlichen Zeit kein Mensch unrein ist. Darum ist der Apostel trotz seiner jüdischen Empfindungen der Einladung gefolgt, denn er will seinem Gott gehorchen.

In den Versen 30-33 erklärt Kornelius seine Einladung. So merkt Petrus, dass der römische Hauptmann ein frommer und gottesfürchtiger Mann ist. Er erkennt, dass Gott auch bei Kornelius gewirkt hat, um dieses Zusammentreffen zu veranlassen. Schliesslich erfährt er, dass sich im Haus von Kornelius viele Menschen versammelt haben, um alles zu hören, was Gott ihm aufträgt.

Die Einstellung, mit der diese Leute der Predigt von Petrus zuhören wollten, soll auch uns prägen, wenn wir als Versammlung zusammenkommen, um Gottes Wort zu hören. Ist uns immer bewusst, dass wir uns dann in der Gegenwart des Herrn befinden? Sind wir bereit, alles zu hören und ins Herz aufzunehmen, was Gott uns durch die Redenden mitteilen will?

Die Predigt von Petrus hat eine klare Struktur mit drei Abschnitten:

MONTAG
24. APRIL

- Die Verse 34-37 bilden die Einleitung. Das Evangelium der Gnade kam durch Jesus Christus zuerst zum Volk Israel. Die Menschen aus den Nationen hatten zwar Kenntnis davon, konnten diese Botschaft aber nicht für sich in Anspruch nehmen. Das hat sich seit dem Tod, der Auferstehung und der Himmelfahrt des Herrn Jesus geändert. Er ist jetzt der Herr von allen Menschen und bietet allen seine Gnade an.
- In den Versen 38-41 spricht der Apostel über den Herrn Jesus, der das Hauptthema des Evangeliums der Gnade ist. Jesus von Nazareth führte ein vollkommenes *Leben* und tat einen segensreichen Dienst. In allem, was Er tat, fand Er die volle Zustimmung Gottes. Doch die Juden schlugen Ihn ans Kreuz und brachten Ihn um. Gleichzeitig legte Er in seinem *Tod* die Grundlage zur Errettung verlorener Menschen. Am dritten Tag anerkannte Gott mit der *Auferweckung* des Herrn Jesus öffentlich dessen tadelloses Leben und vollgültiges Erlösungswerk.
- Die Verse 42 und 43 zeigen die beiden Auswirkungen des Todes und der Auferstehung von Jesus Christus, die sich nicht auf ein Volk beschränken, sondern für alle Menschen gelten. Einerseits ist der Herr Jesus für den, der Ihn und seine Gnade ablehnt, der von Gott bestimmte *Richter* (Kapitel 17,31). Anderseits lernt Ihn jeder, der an Ihn glaubt, als *Retter* kennen. Durch seinen Namen empfängt er für Zeit und Ewigkeit Vergebung seiner Sünden.

DIENSTAG 25. APRIL

Die Menschen, die Petrus zuhörten, glaubten dem Wort Gottes und nahmen es in ihr Herz auf. Als Folge davon fiel der Heilige Geist auf sie. Er war das Siegel für ihre vollkommene Errettung, die sie durch den Glauben an die Person und das Werk des Herrn Jesus bekamen.

Es fällt auf, dass der Geist Gottes ohne menschliche Handlung (z. B. das Händeauflegen der Apostel) auf diese Erlösten kam. Damit machte Gott klar, dass die Glaubenden aus den Nationen nicht Juden werden mussten, um in die christlichen Vorrechte eingeführt zu werden.

Sofort merkten alle, dass der Heilige Geist auf die Glaubenden aus den Nationen gekommen war, denn diese redeten in Sprachen und lobten Gott. Die gläubigen Juden, die den Apostel Petrus begleiteten, verwunderten sich. Doch sie erkannten auch, dass hier Gott am Werk war. Es gab keine Einwände, die Glaubenden nicht zu taufen. So befahl Petrus, dass sie in dem Namen des Herrn getauft würden. Durch die Taufe bekannten sie sich öffentlich zum Herrn Jesus und gehörten damit auch in den Kreis der gläubigen Christen.

So sehen wir hier, wie Petrus die Schlüssel des Reichs benutzte, um diese Glaubenden in die Vorrechte des Reichs der Himmel einzuführen. Durch die Gabe des Heiligen Geistes und die Taufe wurden sie mit dem ganzen christlichen Segen verbunden.

Petrus blieb noch einige Tage bei Kornelius. Weil beide an Jesus Christus glaubten, pflegten sie trotz ihrer kulturellen Unterschiede Gemeinschaft miteinander.

Was im Haus von Kornelius geschehen war, wurde unter den Glaubenden in Judäa schnell bekannt. Wegen ihrer jüdischen Vorurteile freuten sie sich nicht über die Errettung von Menschen aus den Nationen. Stattdessen griffen sie Petrus an, weil er eine jüdische Verordnung missachtet hatte. Dieser Angriff, der vordergründig nur das Verhalten des Apostels betraf, richtete sich direkt gegen das Evangelium der Gnade.

MITTWOCH
26. APRIL

Petrus begegnete diesem Angriff mit geistlicher Gelassenheit, weil er das tiefe Bewusstsein besass, den Willen Gottes getan zu haben. So erzählte er seinen Brüdern der Reihe nach, was geschehen war. Sie sollten erkennen, dass Gott am Werk gewesen war:

- Gott hatte Petrus durch eine Vision dreimal klargemacht, dass er seine Vorurteile gegen die Menschen aus den Nationen ablegen und Kornelius besuchen sollte.
- Gott hatte Kornelius versprochen, dass er von Petrus Worte hören würde, durch die er und sein ganzes Haus errettet würden.

Der Apostel verglich das, was im Haus von Kornelius geschehen war, mit dem, was sich am Pfingsttag in Jerusalem ereignet hatte. Die Taufe mit Heiligem Geist, die sich an Pfingsten erfüllt hatte, war durch das Kommen des Geistes auf die Glaubenden aus den Nationen ergänzt worden. – Die Gnade wirkte in den Herzen, so dass die gläubigen Juden das göttliche Werk an den Menschen aus den Nationen anerkannten und Gott für sein Wirken verehrten.

Aufgrund der Verfolgung in Jerusalem zogen Christen bis nach Antiochien. Einige von ihnen empfanden, dass die Botschaft der Gnade allen Menschen gilt, und predigten das Evangelium vom Herrn Jesus auch den Griechen. Der Herr segnete dieses Zeugnis, so dass viele glaubten und sich bekehrten.

Donnerstag 27. April

Die Glaubenden in Jerusalem, die davon hörten, erkannten dieses Werk Gottes an und bewahrten die Einheit des Geistes, indem sie Barnabas nach Antiochien sandten. Dadurch entstand eine aktive Beziehung zwischen der Versammlung in Jerusalem und der Versammlung in Antiochien.

Barnabas hatte eine positive Einstellung zu den Neubekehrten in Antiochien, denn er erkannte, was die Gnade Gottes in ihnen gewirkt hatte. Gleichzeitig tat er einen wertvollen Dienst: Er ermahnte sie, beim Herrn Jesus – zu dem sie mit ihren Sünden gekommen waren – zu bleiben. Eine ähnliche Aufforderung richtet sich in Kolosser 2,6 an uns.

Da sich viele Menschen bekehrt hatten, war ein grosses Bedürfnis an guter Belehrung vorhanden. Barnabas wusste, dass Saulus dafür das geeignete Werkzeug war. Darum holte er ihn von Tarsus nach Antiochien.

Als Agabus durch den Heiligen Geist eine grosse Hungersnot voraussagte, machten die Christen in Antiochien eine Sammlung, um ihre Glaubensgeschwister in Jerusalem materiell zu unterstützen. Damit bezeugten sie praktisch die Einheit, die zwischen örtlichen Versammlungen besteht.

Wir haben in den Kapiteln 8 – 11 gesehen, wie sich das Evangelium ausgebreitet und auch die Menschen aus den Nationen erreicht hat. Kapitel 12 bildet eine Einschaltung und schildert uns die Situation in Jerusalem. Wir erfahren, wie Herodes gegen die Apostel vorgeht. Er tötet Jakobus und verhaftet Petrus, der jedoch durch Gottes Eingreifen wieder frei wird.

FREITAG
28. APRIL

In der prophetischen Sichtweise erkennen wir in Herodes den Antichristen, der in der Drangsalszeit den jüdischen Überrest verfolgen wird. Einige dieser Treuen werden wie Jakobus den Märtyrertod erleiden. Andere hingegen werden wie Petrus aus der Bedrängnis befreit werden.

Herodes sucht die Gunst der Juden, darum geht er gewaltsam gegen die Christen vor. Er misshandelt manche von ihnen, lässt Jakobus mit dem Schwert töten und Petrus festnehmen. Die Hinrichtung von Petrus soll ein Schauspiel für das Volk werden. Doch Herodes will auf die religiösen Gewohnheiten der Juden Rücksicht nehmen. Darum wartet er damit, bis das Fest der ungesäuerten Brote vorbei ist.

Petrus wird wie ein Schwerverbrecher verwahrt. Alles sieht danach aus, dass die Pläne von Herodes in Erfüllung gehen. Was tut die Versammlung in dieser Notsituation? Sie wendet sich an den allmächtigen Gott und betet intensiv und ausdauernd für Petrus.

Dieses Beispiel zeigt uns, wie wichtig das gemeinsame Gebet einer örtlichen Versammlung ist. Wir wollen wie die ersten Christen darin verharren (Kapitel 2,42).

Gott wartet bis zur letzten Nacht mit der Befreiung von Petrus, um den Glauben des Apostels und der Versammlung zu erproben:

- Petrus besitzt im Vertrauen auf Gott einen tiefen inneren Frieden, so dass er in der Nacht vor seiner geplanten Hinrichtung tief schlafen kann (Ps 4,9).
- Die Glaubenden beten weiter für ihn. Aber rechnen sie noch mit dem göttlichen Eingreifen (Vers 15)?

Ein Engel weckt Petrus und führt ihn aus dem Gefängnis. Obwohl alles schnell geschieht, herrscht keine Unruhe oder Unordnung. Die Soldaten merken nichts.

SAMSTAG 29. APRIL

Drei Bibelverse werden hier Wirklichkeit: «Ist für den HERRN eine Sache zu wunderbar?» (1. Mo 18,14). Und: «Du bist der Gott, der Wunder tut» (Ps 77,15). Und: «Ich weiss, dass du alles vermagst und kein Vorhaben dir verwehrt werden kann» (Hiob 42,2). An diesen Aussagen wollen wir auch in ausweglosen Lagen glaubensvoll festhalten.

Erst auf der Strasse begreift Petrus, dass er tatsächlich frei ist. Als er beim Haus der Maria anklopft, öffnet ihm Rhode nicht sofort. Sie will den Christen, die im Haus für ihn beten, zuerst die freudige Nachricht bringen. Dadurch werden die Herzen der Betenden offenbar. Obwohl sie lang und ernstlich zu Gott gerufen haben, können sie nicht glauben, dass jetzt ihre Gebete auf diese Weise erhört sind. Erst als sie Petrus sehen, glauben sie Rhodes Worten. – Kommt das bei uns nicht auch vor? In der Not rufen wir zwar vertrauensvoll zu Gott, aber es fehlt uns die Zuversicht, dass Er unsere Gebete erhört. Wie beschämend!

Herodes hat gegen den Sohn Gottes gekämpft, als er Jakobus töten liess und Petrus gefangen nahm. Nun erfährt er eine deutliche Niederlage: Sein Gefangener ist weg, und er kann ihn nicht öffentlich hinrichten. In der Folge lässt er seinen Zorn an Unschuldigen aus: Die Wachsoldaten müssen sterben.

SONNTAG
30. APRIL

Nachdem ein Streit zwischen Herodes und den Bewohnern von Tyrus und Sidon beigelegt ist, hält Herodes eine Rede ans Volk. Die göttliche Verehrung, die ihm die Menschen darauf entgegenbringen, ist ihm eine Genugtuung nach seiner Niederlage in Jerusalem. Dreist nimmt er diese Ehre entgegen. Da erfährt er zum zweiten Mal, wie Gott eingreift – jetzt mit Gericht. Ein Engel des Herrn schlägt ihn, weil er sich vergöttern liess, anstatt dem Allmächtigen die Ehre zu geben, die Ihm allein zusteht. Damit zeigt Gott deutlich, dass Er der Herrscher der Welt ist, wie gross auch der Hochmut des Menschen sein mag.

Auch dieser letzte Teil der Geschichte hat eine prophetische Bedeutung: Der Antichrist wird wie Herodes von den Menschen göttliche Verehrung entgegennehmen. Doch durch das Strafgericht Gottes, das der Herr Jesus ausführen wird, wird er ein plötzliches Ende finden (Offenbarung 19,19.20).

Wie ermutigend ist Vers 24! Trotz des Widerstands der Welt und der Abwesenheit des Apostels Petrus wirkte das Wort Gottes weiter: Menschen kamen zum Glauben an den Herrn Jesus und die Erlösten machten geistliche Fortschritte.

Was	**Wann**
Bekehrung von Paulus	um 36?
Erste Missionsreise	um 46-49
Konzil in Jerusalem	um 50
Zweite Missionsreise	um 51-54
1. Thessalonicher-Brief	um 52
2. Thessalonicher-Brief	um 52
(Galater-Brief?)	um 52
Dritte Missionsreise	um 54-58
1. Korinther-Brief	um 57
2. Korinther-Brief	um 57
(Galater-Brief?)	um 57/58
Römer-Brief	um 58
Gefangennahme in Jerusalem	um 58
Gefangenschaft in Cäsarea	um 58-60
Reise nach Rom	um 60/61
Erste Gefangenschaft in Rom	um 61-63
Epheser-Brief	um 61/62
Kolosser-Brief	um 61/62
Philemon-Brief	um 61/62
Philipper-Brief	um 63
Freilassung von Paulus	um 63
1. Timotheus-Brief	um 63/64
Titus-Brief	um 63/64
Zweite Gefangenschaft in Rom	um 66/67
2. Timotheus-Brief	um 66/67
Tod von Paulus	um 67?

Mit Kapitel 13 beginnt der dritte Teil der Apostelgeschichte. Darin beschreibt Lukas den Dienst von Paulus als Apostel der Nationen. Schon bei seiner Bekehrung wurde er vom Herrn *berufen,* den Menschen aus den Nationen das Evangelium zu verkünden (Kapitel 22,21; 26,17). Jetzt ist die Zeit gekommen, wo der Heilige Geist ihn zu dieser Arbeit *aussendet.*

MONTAG
1. MAI

Die Versammlung in Antiochien ist der Ausgangspunkt für seinen Dienst unter den Nationen. Dort wirkt der Geist Gottes ein neues Werk – frei vom Einfluss der Apostel in Jerusalem und des jüdischen Systems.

In dieser Versammlung sind einige Propheten und Lehrer, die das Wort Gottes zur geistlichen Erbauung der Glaubenden verkünden. Diese Brüder besitzen alle einen anderen gesellschaftlichen Hintergrund. In der Versammlung Gottes haben diese nationalen, kulturellen und sozialen Unterschiede jedoch keine Bedeutung mehr. Ihr Einfluss macht sich zwar noch bemerkbar, aber mit Gottes Hilfe können wir richtig damit umgehen.

Wir erkennen hier die beiden wichtigen Grundsätze für einen vollzeitigen Dienst im Werk des Herrn:

- Es ist nicht die Versammlung, die einen Missionar oder Diener aussendet, sondern der Herr, der durch den Geist Gottes entsprechend wirkt.
- Der Eintritt in die Arbeit im Werk des Herrn soll in Gemeinschaft mit der örtlichen Versammlung geschehen, was hier durch das Auflegen der Hände zum Ausdruck kommt.

Barnabas und Paulus reisten nach Zypern und predigten dort in den Synagogen das Wort Gottes. Dabei durchzogen sie die Insel, bis sie nach Paphos kamen, wo der Regierungssitz war. Dort wünschte der Prokonsul Sergius Paulus, das Wort Gottes zu hören. Er war ein verständiger Mann, der aufrichtig nach etwas verlangte, was die Leere in seinem Herzen ausfüllen konnte.

DIENSTAG 2. MAI

Zuvor hatte Elymas, der Zauberer, das Bedürfnis des Statthalters nach echtem Lebenssinn ausgenutzt, um ihn mit jüdischen Elementen und Zauberei zu verführen. Dabei hatte er versucht, sich bei Sergius Paulus unentbehrlich zu machen. Als Barnabas und Paulus dem Prokonsul das Evangelium verkündeten, widerstand ihnen Elymas vehement. Da entlarvte der Apostel Paulus diesen Betrüger, der ein Diener Satans war:

- Zuerst offenbarte er die *Beweggründe* von Elymas: Hinter seinem religiösen Verhalten verbarg sich List und Bosheit.
- Dann beschrieb er den *Charakter* des Zauberers: Er war durch sein böses Verhalten ein Sohn des Teufels und ein Feind der Gerechtigkeit.
- Schliesslich stellte er die *Taten* von Elymas bloss: Er verkehrte die Wege des Herrn, indem er das Falsche als richtig hinstellte und die Wahrheit bekämpfte.

In der Kraft des Heiligen Geistes schlug ihn der Apostel mit Blindheit. Beeindruckt davon, dass die göttliche Macht grösser als die Macht des Teufels ist, glaubte der Prokonsul an das Evangelium. Er nahm das Wort der Wahrheit ins Herz auf und wurde errettet.

Die Ausdrucksweise «Paulus und seine Begleiter» in Vers 13 macht deutlich, dass der Apostel nun die Führung im Werk übernahm, so wie es vom Herrn vorgesehen war. Leider trennte sich Johannes Markus von ihnen und kehrte nach Jerusalem zurück. Weil er noch stark unter dem jüdischen Einfluss stand, konnte er die Schwierigkeiten in diesem neuen Werk, das sich unter den Nationen entfaltete, nicht ertragen.

MITTWOCH 3. MAI

In der Synagoge von Antiochien in Pisidien bekommt Paulus die Gelegenheit, das Wort Gottes zu verkünden. Seine Predigt hat zwei Teile:

- Zuerst hält er einen Rückblick in die Geschichte Israels. Er beginnt bei den Patriarchen und endet bei Christus (Verse 17-25).
- Dann spricht er über den Erlöser, der gestorben und auferweckt worden ist. In Ihm gibt es für jeden Glaubenden Vergebung und Rechtfertigung (Verse 26-41).

In seinem Rückblick hebt Paulus besonders das *Handeln Gottes mit seinem Volk* hervor. Der HERR hat Abraham, Isaak und Jakob als Stammväter Israels ausgewählt. Später hat Er sein Volk aus Ägypten geführt, 40 Jahre in der Wüste gepflegt und anschliessend ins Land Kanaan gebracht. Dort hat Er ihnen Richter und Könige gegeben, die sich für das Wohl des Volkes einsetzen sollten.

Doch der Höhepunkt des gnädigen Handelns Gottes mit Israel war die Sendung des Herrn Jesus als Erretter. Johannes der Täufer – sein Vorläufer und Wegbereiter – forderte die Menschen auf, zu Gott umzukehren, und stellte ihnen die Würde von Christus vor.

In den Versen 26-31 spricht der Apostel über den *Tod,* die *Grablegung* und die *Auferweckung* des Herrn Jesus. Er stellt einerseits die Verantwortung der Juden vor, die Christus getötet haben. Anderseits macht er klar, dass Gott Ihn aus den Toten auferweckt hat, um sein Wohlgefallen an Ihm bekannt zu machen.

DONNERSTAG
4. MAI

In den Versen 32-37 bezeugt Paulus mit Zitaten aus dem Alten Testament zwei wichtige Tatsachen über den Herrn Jesus:

a) Er ist der von Gott verheissene Messias, wie Er in Psalm 2 angekündigt wird.
b) Er ist aus den Toten auferweckt worden, um nie mehr zu sterben. Darum trifft das Wort in Psalm 16,10 nicht auf David, sondern auf Christus zu.

Ab Vers 38 spricht der Apostel über zwei Ergebnisse aus dem Opfertod des Herrn Jesus, die dem zugesprochen werden, der an Ihn glaubt:

- Durch Jesus Christus, der am Kreuz gestorben ist, empfängt jeder, der seine Sünden bekennt, volle *Vergebung* (1. Johannes 1,9).
- Der Heiland hat am Kreuz sein Leben gegeben, damit jeder Glaubende *gerechtfertigt* wird. Gott spricht ihn von seiner Sündenschuld frei, so dass er vor Ihm steht, als hätte er nie gesündigt.

Bei der Vergebung geht es um die sündigen *Taten,* bei der Rechtfertigung um die *Person,* die gesündigt hat.

Paulus schliesst seine Rede mit einer Warnung ab. Wenn die Juden das Evangelium der Gnade Gottes verachten und ablehnen, haben sie trotz ihrer früheren Vorrechte das Gericht zu erwarten.

Die Predigt des Evangeliums von Jesus Christus hatte die Zuhörer tief beeindruckt. Sie wollten diese Botschaft am nächsten Sabbat nochmals hören. Das war noch keine Entscheidung für den Herrn Jesus, aber auch keine Ablehnung. Nur jene Juden und Proselyten, die Paulus und Barnabas folgten, glaubten dem Wort und bekehrten sich. Sie wurden aufgefordert, in der Gnade Gottes zu verharren.

FREITAG 5. MAI

Die Menschen aus den Nationen hatten ein Verlangen nach der Wahrheit. Der Götzenkult befriedigte ihre suchenden Herzen nicht. Darum versammelte sich am nächsten Sabbat fast die ganze Stadt, um das Wort Gottes zu hören. Das verletzte den Stolz der ungläubigen Juden. Sie wurden eifersüchtig und widersprachen Paulus. Darauf erklärte er ihnen, dass sie zwar zuerst die Möglichkeit bekamen, das Evangelium anzunehmen. Aber weil sie es abgelehnt und damit die Chance vertan hatten, das ewige Leben zu bekommen, würde er sich nun den Menschen aus den Nationen zuwenden. Diesen Schritt begründete er mit dem Zitat aus Jesaja 49,6.

Die Menschen aus den Nationen freuten sich, dass die Botschaft der Gnade uneingeschränkt zu ihnen kam. Viele von ihnen glaubten an den Herrn Jesus, so dass eine reiche Frucht für die Ewigkeit eingesammelt wurde.

Die Juden sahen diesem Werk nicht untätig zu. Mithilfe der einflussreichen Leute der Stadt vertrieben sie Paulus und Barnabas. Die zurückgebliebenen Christen waren aber nicht auf sich allein gestellt. Sie besassen den Heiligen Geist, der sie tröstete und belehrte (Johannes 14,16.26).

In Ikonium gingen Paulus und Barnabas «zusammen» in die Synagoge der Juden. Einmütig arbeiteten sie in der Verkündigung des Evangeliums. Wie segensreich war ihr Dienst! «Eine grosse Menge glaubte, sowohl Juden als auch Griechen.»

Wieder regte sich der Widerstand. Die religiösen Juden – die dem Wort nicht glaubten und sich gegen die Gnade auflehnten – verbanden sich mit den heidnischen Menschen, um gegen das Werk Gottes und gegen die Glaubenden vorzugehen.

SAMSTAG
6. MAI

Trotz dieser Feindschaft predigten die Missionare freimütig das Wort. Weil sie einen Auftrag vom Herrn hatten, liessen sie sich durch die Schwierigkeiten im Dienst nicht davon abhalten, weiter treu für Ihn zu wirken. Sind sie uns darin nicht ein gutes Beispiel?

Die Verkündigung des Evangeliums von Jesus Christus forderte eine Entscheidung. So entstand in der Bevölkerung von Ikonium eine Spaltung: Die einen waren mit den Juden, die anderen stellten sich auf die Seite der Apostel. Diese Wirkung hatte der Herr Jesus bereits vorausgesagt (Matthäus 10,34-36), denn an seiner Person scheiden sich die Geister.

Nun eskalierte der Widerstand gegen das Evangelium. Doch die Missionare bemerkten den Angriff früh genug, um fliehen zu können. Sie wollten ihr Leben nicht unnötig aufs Spiel setzen. So schloss sich in Ikonium die Tür für ihren Dienst und sie zogen weiter nach Lystra und Derbe. Mutig verkündeten sie auch dort das Evangelium.

Unter den Zuhörern befand sich ein gelähmter Mann, der das Evangelium im Glauben annahm. Doch sein Vertrauen ging noch einen Schritt weiter: Er glaubte, dass der Heiland-Gott, der ihn vor dem ewigen Gericht retten wollte, auch sein körperliches Gebrechen heilen konnte. Paulus sah diesen Glauben und heilte den Mann in der Kraft des Heiligen Geistes.

SONNTAG
7. MAI

Die Menschen in Lystra waren so stark im Götzenkult verstrickt, dass sie hinter diesem Wunder nicht den lebendigen Gott sahen. Sie meinten, die beiden Apostel seien Götter und in einer menschlichen Gestalt zu ihnen gekommen. In der Folge wollten sie den Aposteln göttliche Verehrung entgegenbringen.

Als Paulus und Barnabas merkten, was die Leute mit ihnen vorhatten, griffen sie sofort ein. Voller Entrüstung zerrissen sie ihre Kleider und sprangen unter die Volksmenge, um sie vom Opfern abzuhalten.

Nun bot sich ihnen eine Gelegenheit, diesen Heiden das Evangelium zu verkunden. Der Inhalt ihrer Predigt war der Situation ihrer Zuhörer angepasst.

Zuerst erklärten sie ihnen, dass sie genauso wie sie Menschen aus Fleisch und Blut seien. Doch sie hatten eine Botschaft von Gott an die Menschen: Bekehrt euch von den nichtigen Götzen zum lebendigen Gott! Er ist der Schöpfer von Himmel und Erde. Alle Menschen sind seine Geschöpfe. Obwohl Er sich in der vergangenen Zeit nicht speziell mit den Menschen aus den Nationen beschäftigt hat, erweist Er ihnen doch täglich seine Güte als Erhalter des Lebens. Sind sie Ihm deshalb nicht Dank und Ehrerbietung schuldig?

Durch die Ankunft der feindseligen Juden änderte sich die Situation in Lystra schlagartig. Ihr Einfluss bewirkte im Volk einen Meinungsumschwung. Die Menschen, die Paulus und Barnabas zuvor als Götter verehren wollten, hassten sie nun und steinigten Paulus. Der Grund dafür lag in der verkündeten Botschaft, denn das Evangelium verurteilt nicht nur die Religiosität der Juden, sondern auch den Götzenkult der Heiden.

MONTAG 8. MAI

Der Herr liess Paulus am Leben, weil Er ihn in seinem Dienst noch gebrauchen wollte. In 2. Timotheus 3,11 nimmt der Apostel auf diese Begebenheit Bezug. Rückblickend sagt er voller Dankbarkeit: «Aus allen Verfolgungen hat der Herr mich gerettet.»

In Derbe konnten die Missionare in Ruhe arbeiten. Sie verkündeten das Evangelium und machten viele zu Jüngern. Wer die Botschaft der Gnade annahm, wurde errettet und übergab sein Leben dem Herrn Jesus, um Ihm nachzufolgen.

Auf ihrer Rückreise *befestigten* sie die Jungbekehrten durch eine gesunde Belehrung aus dem Wort Gottes. Sie *ermahnten* sie auch, im Glauben zu verharren, denn sie mussten als Christen mit Schwierigkeiten rechnen. Ihr Weg führte durch Leiden zur Herrlichkeit. Mit apostolischer Autorität *wählten* Paulus und Barnabas in jeder örtlichen Versammlung mehrere Älteste, die dort einen Aufseherdienst ausüben sollten.

Als sie nach Antiochien zurückkehrten, erzählten sie, was *Gott* unter den Nationen gewirkt hatte. Sich selbst und ihren Dienst stellten sie möglichst in den Hintergrund. Welche Demut!

Nun griff der Feind das Werk Gottes unter den Nationen auf eine andere Art an. Juden, die an Jesus Christus glaubten, verlangten von den Christen in Antiochien: «Wenn ihr nicht beschnitten werdet nach der Weise Moses, so könnt ihr nicht errettet werden.» Damit stellten sie die Rechtfertigung aus Glauben durch die Gnade Gottes infrage.

DIENSTAG
9. MAI

Mit aller Entschiedenheit traten Paulus und Barnabas dagegen auf, weil es ein Angriff auf eine wichtige Glaubenswahrheit war. Doch sie konnten das Problem nicht lösen. Diese Frage musste in Jerusalem geklärt werden, wo die Quelle dieser falschen Lehre war. Dort befanden sich auch die Apostel, die Autorität besassen und zum Anfangskern der Versammlung gehörten. Ihre Antwort würde der Sache das notwendige Gewicht verleihen.

Deshalb ordnete die Versammlung in Antiochien an, dass Paulus und Barnabas mit einigen anderen Brüdern nach Jerusalem gehen sollten. Gleichzeitig bekam Paulus eine Offenbarung diesbezüglich (Galater 2,2). Der Apostel handelte also im Gehorsam gegen Gott und in Übereinstimmung mit der örtlichen Versammlung. Welch ein Beispiel für uns!

Auf der Reise und in Jerusalem erzählten die Missionare, wie sich die Menschen aus den Nationen zu Gott bekehrt hatten. Aufgrund ihres Glaubens an Jesus Christus hatte Er sie angenommen. War das nicht der beste Beweis, dass Gott von ihnen keine Gesetzeswerke forderte? Dennoch bestanden einige gläubige Juden darauf, dass man ihnen gebiete, sich beschneiden zu lassen und das Gesetz zu halten.

Die Besprechung in Jerusalem begann mit viel Wortwechsel. Dann benutzte der Herr drei Äusserungen, um die Frage der Beschneidung und des Gesetzes nach seinem Willen zu entscheiden:

MITTWOCH 10. MAI

1) Petrus stellte die göttlichen Grundsätze zu dieser Sache vor. Durch den Glauben an das Evangelium des Herrn Jesus bekamen die Menschen aus den Nationen den gleichen christlichen Segen wie die Glaubenden aus den Juden. Gott bestätigte diese Tatsache, indem Er ihnen den Heiligen Geist gab. Damit wurde klar, dass Er in der Zeit der Gnade keinen Unterschied zwischen Menschen aus den Juden und denen aus den Nationen macht: Jeder, der die Gnade in Jesus Christus im Glauben für sich in Anspruch nimmt, wird errettet.

2) Paulus und Barnabas ergänzten diese grundlegenden Aussagen über das Evangelium mit ihrem Bericht über die Zeichen und Wunder, die Gott unter den Nationen gewirkt hatte. Damit hatte Er die Verkündigung der Gnade für alle Menschen bestätigt.

3) Jakobus wies zuerst auf das Wort Gottes hin. Es macht klar, dass Gott auch Menschen aus den Nationen erretten will, ohne sie zu Juden zu machen. Dann fasste Jakobus das Urteil der Versammlung in Worte zusammen und machte einen Vorschlag, dem alle zustimmen konnten:

- Die Christen aus den Nationen waren nicht verpflichtet, sich beschneiden zu lassen und das Gesetz zu halten.
- Doch sie sollten sich von den Verunreinigungen der Götzen, von Hurerei, vom Erstickten und vom Blut enthalten, um ein Leben zur Ehre Gottes zu führen.

Die Apostel und die Ältesten besprachen die Angelegenheit, aber sie handelten in Gemeinschaft mit der ganzen Versammlung. So wurde die Empfehlung von Jakobus von allen unterstützt. Unter der Wirkung des Heiligen Geistes entstand darauf eine klare Einmütigkeit im Blick auf das weitere Vorgehen: Eine Delegation von Brüdern aus Jerusalem sollte Paulus und Barnabas mit einem Brief nach Antiochien begleiten. Dazu wurden Judas und Silas gewählt, die durch ihr gutes Verhalten moralische Autorität besassen und deshalb führende Aufgaben im Volk Gottes wahrnehmen konnten.

DONNERSTAG
11. MAI

Die Verse 23-27 enthalten die Einleitung des Briefs. Der *Absender* war die Versammlung von Jerusalem, wobei die Apostel und Ältesten für sich erwähnt werden, weil sie eine von Gott gegebene Autorität besassen. Die *Empfänger* waren die Glaubenden in Antiochien, Syrien und Zilizien. Dieser Brief richtete sich also nicht nur an eine örtliche Versammlung, sondern an alle Christen aus den Nationen. Bei der Schilderung des Problems werden die Judenchristen verurteilt, weil sie mit ihren gesetzlichen Forderungen die Glaubenden beunruhigten. Im Gegensatz zu ihnen werden Paulus und Barnabas lobend erwähnt. Sie waren Geliebte, die dem Herrn Jesus mit ganzer Lebenshingabe dienten.

Der Kerninhalt des Briefs in den Versen 28 und 29 ist kurz und bündig: Die Gläubigen aus den Nationen mussten die Last des Gesetzes nicht tragen. Doch sie sollten sich von den sündigen Gewohnheiten enthalten, die ihr Leben vor der Bekehrung geprägt hatten.

Als der Brief in Antiochien vorgelesen wurde, freuten sich die Glaubenden über die christliche Freiheit. In der Kraft des Geistes wollten sie für ihren Herrn leben und die Sünde meiden. Judas und Silas unterstützten sie darin, indem sie ihren Glauben durch das Wort Gottes stärkten.

FREITAG 12. MAI

Beide wurden in Frieden von den Brüdern entlassen, nachdem sie ihren Auftrag in Antiochien erfüllt hatten. Judas kehrte nach Jerusalem zurück, Silas hingegen gab dem Werk unter den Nationen den Vorrang und wurde ein Mitarbeiter von Paulus.

Nach einer gewissen Zeit verlangte das Hirtenherz des Apostels danach, die Versammlungen in Kleinasien zu besuchen. Er wollte sehen, wie sich die jungen Christen dort geistlich entwickelten. Durch den Dienst des Wortes Gottes sollten sie im christlichen Glauben weitergebracht werden. Sofort gab Barnabas seine Zustimmung zu diesen Plänen, wollte aber auch seinen Neffen Markus auf die Reise mitnehmen (Kolosser 4,10). Man hat den Eindruck, dass er sich dabei von familiären Neigungen leiten liess.

Doch Paulus war dagegen, weil Markus sich im Dienst nicht bewährt hatte. Zudem hatte Markus einen Zug nach Jerusalem (Kapitel 13,13). Er war noch zu wenig vom Judentum gelöst, um am Werk unter den Nationen mitarbeiten zu können. So trennten sich die beiden treuen Diener. Wie demütigend, dass zwischen ihnen eine Erbitterung entstand! Es fällt auf, dass Paulus – im Gegensatz zu Barnabas – bei seiner Abreise von den Brüdern der Gnade Gottes anbefohlen wurde.

Von Kapitel 16,1 – 18,22 wird die zweite Missionsreise des Apostels Paulus beschrieben. Seine Begleiter waren Silas, Timotheus und Lukas (Kapitel 15,40; 16,3.10). Sobald im biblischen Bericht die Wir-Form gebraucht wird, können wir annehmen, dass Lukas mit dabei war.

Paulus reiste nach Derbe und Lystra, um die Versammlungen im Glauben zu befestigen. Dort traf er Timotheus. Von diesem jungen Christen wird dreierlei gesagt:

- Er war ein Jünger des Herrn Jesus, der sich zu Ihm bekannte und Ihm nachfolgte.
- Er hatte ein gutes Zeugnis von den Brüdern in Lystra und Ikonium. Durch sein positives Verhalten hatte er sich an diesen Orten das Vertrauen der Glaubensgeschwister erworben.
- Er war der Sohn einer gläubigen jüdischen Frau und eines griechischen Mannes. Seine Mutter hatte ihn mit dem Wort Gottes bekannt gemacht und ihm einen ungeheuchelten Glauben vorgelebt (2. Timotheus 1,5; 3,15). Sein Vater war vermutlich ungläubig.

Paulus beschnitt Timotheus, um ihm im Dienst einen besseren Zugang zu den Juden zu verschaffen (1. Korinther 9,20).

- Das war keine Handlung, die das Gesetz erforderte, denn Timotheus war kein reiner Jude und stand deshalb nicht unter Gesetz.
- Es war auch keine Handlung, die den Beschluss von Jerusalem in Kapitel 15 untergrub, denn Timotheus war kein Heide, sondern ein halber Jude.

In den Versen 6-10 erkennen wir, dass der Geist Gottes den Apostel und seine Mitarbeiter in ihrem Dienst leitete. Das ist ein typisch christliches Merkmal.

- Zuerst hinderte der Heilige Geist sie daran, das Wort in Asien zu reden. Er versperrte den Weg, schloss eine Tür, so dass ein Weitergehen unmöglich war.
- Dann erlaubte ihnen der Geist Jesu nicht, nach Bithynien zu reisen. Seine Weisung war deutlich, aber ohne Druck. Er leitete sie sanft.
- Schliesslich hatte Paulus eine Vision. Ein mazedonischer Mann sprach zu ihm: «Komm herüber nach Mazedonien und hilf uns!» Damit zeigte der Geist Gottes klar, welchen Weg sie einschlagen sollten.

SONNTAG 14. MAI

Diese drei Beispiele der Leitung des Geistes helfen auch uns, im Leben und im Dienst den Weg nach seiner Weisung zu gehen.

Nun ging die Reise nach Europa. In Philippi gab es keine Synagoge. Jeden Sabbat trafen sich jedoch einige fromme Frauen am Fluss, um zu beten. Paulus setzte sich zu ihnen und verkündete ihnen die gute Botschaft der Errettung.

Lydia, eine Stoffhändlerin, hörte ihm aufmerksam zu. Der Herr tat ihr Herz auf, so dass sie das Evangelium aufnahm und zum christlichen Glauben geführt wurde. Wir erkennen hier einerseits die *Verantwortung des Menschen,* das Wort Gottes bereitwillig aufzunehmen, und anderseits die *göttliche Gnade,* die im Herzen wirkt. Sofort zeigte sich in Lydias Verhalten, dass sie eine Christin geworden war. Sie lud die Missionare in ihr Haus ein und verpflegte sie.

Satan stellte sich dem Werk des Herrn in zweifacher Weise entgegen:

- Als Engel des Lichts versuchte er, sich in die Evangelisationsarbeit einzumischen (Verse 16-18).
- Als brüllender Löwe griff er die Diener des Herrn an und brachte sie ins Gefängnis (Verse 19-24).

MONTAG 15. MAI

Die Frau, die Paulus folgte, war als Wahrsagerin bekannt. Die Worte, die sie ihm nachrief, sollten den Anschein erwecken, als gäbe es eine Verbindung zwischen dem christlichen Glauben und den bösen Mächten des Teufels. Durch diese Vermischung wollte der Feind das Werk Gottes zerstören.

Paulus ging nicht auf die Worte der Magd ein und ertrug diesen Angriff viele Tage. Doch es kam der Zeitpunkt, wo er im Namen des Herrn Jesus, der den Teufel am Kreuz besiegt hatte, handelte und den bösen Geist austrieb. Damit wurde öffentlich klar, dass der Apostel nicht mit den okkulten Mächten in Verbindung stand.

Nun griff der Feind frontal an. Er benutzte die Habsucht der Herren dieser Wahrsagerin, die aufgehetzte Volksmenge und die ungerecht handelnde Behörde, um die Verkündigung des Evangeliums zu stoppen. Satan konnte nicht direkt gegen den Sohn Gottes vorgehen, denn Dieser ist stärker als er. Darum gebrauchte er seinen mächtigen Einfluss in der Welt, um die Leidenschaften und Begierden der Menschen zu erregen, damit sie sich durch Gewalt an den Dienern des Herrn entluden. Mit Verleumdung, Massenmobilisation, Schlägen und Verhaftung sollten sie zum Schweigen gebracht werden. War das nun das Ende ihrer Mission in Philippi?

Schweigend ertrugen Paulus und Silas die brutalen Schläge. Im Gebet übergaben sie ihre Sache Gott und kamen innerlich zur Ruhe. Darum konnten sie im Gefängnis trotz Verletzungen Gott loben. So legten sie vor den anderen Häftlingen ein eindrückliches Zeugnis von ihrem Glauben ab.

DIENSTAG 16. MAI

Nun griff der Herr durch ein starkes Erdbeben ein, um das Zeugnis seiner Diener zu unterstreichen und das Gewissen des Gefängnisaufsehers wachzurütteln. Weil dieser mit seinem Leben für die Gefangenen haftete, wollte er sich umbringen, als er sah, dass alle Türen des Gefängnisses offen standen. Doch Paulus, der seine Absicht erkannte, hielt ihn mit lauter Stimme vom Selbstmord ab. Obwohl er schuldig und verloren war, gab es Gnade für ihn, denn alle Häftlinge waren noch da. So wurde der Kerkermeister zur Buße geführt. Demütig fragte er: «Was muss ich tun, um errettet zu werden?»

Die göttliche Antwort lautete: Nicht gute Werke, nicht ein religiöses Bekenntnis, sondern nur der persönliche Glaube an den Herrn Jesus rettet vor dem göttlichen Strafgericht. Weil der Heiland am Kreuz gestorben ist, werden sündige Menschen, die ihr Vertrauen auf Ihn setzen, errettet.

Der Gefängnisaufseher nahm das Evangelium im Glauben an. Sofort wurde für alle sichtbar, dass bei ihm eine gründliche Wandlung erfolgte. Früher hatte er seine Gefangenen gewissenlos und grausam behandelt, doch jetzt erwies er den Predigern christliche Barmherzigkeit. Er wusch ihnen die Striemen ab und setzte ihnen einen Imbiss vor.

Die römischen Hauptleute wollten Paulus und Silas, die sie tags zuvor ohne Gerichtsverhandlung geschlagen hatten, heimlich freilassen oder abschieben. Doch der Apostel ging nicht darauf ein. Er verlangte eine öffentliche Wiederherstellung ihres Ansehens vor den Menschen durch eine offizielle Entlassung aus dem Gefängnis. Die Bewohner von Philippi sollten wissen, dass er und Silas ungerechtfertigterweise geschlagen und inhaftiert worden waren. Warum war ihm das so wichtig?

MITTWOCH 17. MAI

- Einerseits wollte er nicht, dass der christliche Glaube, den er verkündete, als etwas Kriminelles betrachtet wird.
- Anderseits sollten die Christen in Philippi, die als Versammlung zusammenkamen, nicht als eine gesetzeswidrige Gruppe angesehen werden.

Es ging Paulus also nicht um sich und seine Rechte als Römer, sondern um die Sache des Herrn und das Wohl der Glaubenden.

Nach ihrer Freilassung gingen Paulus und Silas zu Lydia, wo sie auch die übrigen Christen trafen. Daraus können wir schliessen, dass die Zusammenkünfte der Versammlung von Philippi im Haus von Lydia stattfanden. Ihr Beispiel zeigt uns, wie wichtig und nützlich die Schwestern in einer örtlichen Versammlung sind. Für das Gedeihen einer Versammlung braucht es Brüder und Schwestern, die sich treu und unermüdlich für die Glaubenden und für die Zusammenkünfte einsetzen.

Paulus fügte sich den Weisungen der römischen Behörde und verliess die Stadt, nachdem er von den Christen in Philippi Abschied genommen hatte.

Paulus und Silas reisten nach Thessalonich weiter und verkündeten auch dort freimütig das Evangelium, obwohl sie zuvor in Philippi gelitten hatten und misshandelt worden waren (1. Thes 2,2).

DONNERSTAG
18. MAI

An drei Sabbaten predigte Paulus den Juden Jesus Christus, indem er seine Botschaft mit dem Wort Gottes belegte. Seine Predigt enthielt drei Schwerpunkte:

1) *Der Christus musste leiden.* Viele Psalmen und vor allem Jesaja 53 machen klar, dass der angekündigte Messias Leiden bis in den Tod erdulden würde.
2) *Der Christus musste aus den Toten auferstehen.* Die Auferstehung des Messias wird in Psalm 16 bezeugt. Sie beweist, dass Er – der von den Menschen abgelehnt wurde – von Gott geehrt und angenommen ist.
3) *Jesus ist der Christus.* In Ihm erfüllten sich alle Verheissungen, die den Messias betrafen. Folglich gab es für die Juden, die auf den kommenden König warteten, nur eins: Jesus Christus im Glauben annehmen.

Einige Juden glaubten den Worten von Paulus und Silas. Bei den Nationen fand das Evangelium, das sich an alle Menschen richtet, jedoch einen grösseren Eingang.

Wieder regte sich der Widerstand der ungläubigen Juden. Sie starteten mit einigen bösen Männern einen Volksauflauf, um die Verkündiger des Evangeliums mit der Stimme des Volkes vor der Regierung zu verleumden. Was sie vor den Obersten der Stadt gegen Paulus und Silas vorbrachten, stimmte nicht. Obwohl der Apostel das Reich Gottes verkündete, forderte er die Glaubenden auf, sich der Regierung unterzuordnen (Röm 13,1).

Von Thessalonich führte die Reise nach Beröa weiter. Dort gingen Paulus und Silas ebenfalls in die Synagoge und verkündeten das Evangelium von Jesus Christus. Die Juden in Beröa hatten eine edlere Einstellung als die Juden in Thessalonich. Anstatt in einer vorgefassten Meinung die Botschaft, die Paulus predigte, zu verwerfen, nahmen sie das Wort bereitwillig auf. Gleichzeitig prüften sie es anhand der Schriften des Alten Testaments. Sie sind uns ein nachahmenswertes Beispiel. Auch wir sollen das Wort Gottes, wenn wir es lesen oder wenn es verkündigt wird, ohne inneren Widerstand aufnehmen (Jakobus 1,21).

FREITAG 19. MAI

Im Gegensatz zu Thessalonich glaubten in Beröa viele Juden dem Evangelium. Auch vornehme Griechen nahmen den Herrn Jesus als persönlichen Heiland an, denn ihr Geld und ihr Ansehen hatten die inneren Bedürfnisse nicht stillen können.

Als die Juden aus Thessalonich nach Beröa kamen und dort die Volksmengen gegen das Evangelium aufhetzten, musste Paulus weiterziehen. Seine nächste Station war Athen. In dieser Stadt hielten sich die Denker und Philosophen auf. Weil sie den lebendigen Gott aus ihren Gedanken ausschlossen, führte ihre Weisheit die Menschen in moralische Finsternis und Götzendienst (Epheser 4,17.18).

Paulus wurde durch den Götzenkult innerlich erregt, denn er hatte auch für diese Menschen, die so weit von Gott entfernt waren, eine gute Botschaft. Darum sprach er auf dem Markt die Menschen an und erzählte ihnen vom Herrn Jesus.

Paulus fand auch bei den Athenern einen Anknüpfungspunkt für das Evangelium: den Altar mit der Aufschrift «Dem unbekannten Gott». Dann sprach er über den einzig wahren und lebendigen Gott, den sie trotz ihrer Weisheit nicht kannten. Daraus wird klar, dass der Mensch mit der grössten geistigen Kapazität und Anstrengung nicht in der Lage ist, Gott zu erkennen. Nur wenn er demütig an das glaubt, was Gott von sich offenbart hat, lernt er Ihn kennen.

SAMSTAG 20. MAI

In den Versen 24-28 spricht Paulus über den lebendigen Gott und über das Verhältnis des Menschen zum Allmächtigen. Gott ist der Schöpfer von Himmel und Erde. Er ist die Quelle und der Erhalter des Lebens. Die Menschen aus allen Völkern der Erde haben einen gemeinsamen Ursprung. Sie stammen alle vom ersten Menschenpaar ab, das Gott selbst geschaffen hat. Der Allmächtige ist nicht weit weg von seinen Geschöpfen. Der Mensch kann seine Grösse und Weisheit in der Schöpfung erkennen (Römer 1,20). In seinem gerechten Handeln mit den Menschen tritt Er direkt in ihr Leben ein (Römer 2,4).

Der grosse und allmächtige Gott steht über den Menschen und ist kein Produkt ihrer Einbildung. Darum kann Er ihnen durch das Evangelium gebieten, Buße zu tun und zu Ihm umzukehren. Warum tut Er das? Weil Er bald durch Jesus Christus sein gerechtes Gericht über die Menschen bringen wird.

Unter den Zuhörern gab es *Spötter,* die sich lustig machten, *Interessierte,* die das Neue nochmals hören wollten, und *Glaubende,* die das Wort annahmen.

In Korinth wohnte Paulus bei dem jüdischen Ehepaar Aquila und Priszilla und arbeitete als Zeltmacher. So schlicht und unauffällig begann das grosse Werk, das Gott durch den Apostel in Korinth tun wollte.

Obwohl Paulus der Apostel der Nationen war, verlor er nie die Gunst Gottes für sein auserwähltes Volk aus den Augen. Deshalb predigte er auch in Korinth zuerst in der Synagoge das Wort Gottes.

SONNTAG
21. MAI

Als Silas und Timotheus nach Korinth kamen, widmete er sich ganz der Verkündigung des Wortes. Deutlich bezeugte er, dass Jesus der verheissene Messias ist. In der Folge widerstanden die Juden der göttlichen Botschaft, so dass sich der Apostel mit den Worten von ihnen abwandte: «Euer Blut komme auf euren Kopf! *Ich* bin rein; von jetzt an werde ich zu den Nationen gehen.» Weil er ihnen einige Male das Evangelium klar verkündet hatte, trugen sie die volle Verantwortung für die Ablehnung der göttlichen Gnade. Wie ernst ist es auch heute, wenn sich Menschen bewusst dem Evangelium verschliessen!

Justus, ein gottesfürchtiger Grieche, und Krispus, der Synagogenvorsteher, gehörten zur ersten Frucht in Korinth. Doch der Herr wollte noch viele Menschen in dieser Stadt retten. Deshalb ermutigte Er seinen Diener: «Fürchte dich nicht, sondern rede, und schweige nicht!» Die stolzen Korinther verachteten die Predigt von Paulus, weil er ihnen einen gekreuzigten Christus verkündete (1. Korinther 1,18). Trotzdem sollte er weiterpredigen, damit noch viele durch den Glauben an den Herrn Jesus gerettet würden.

Die Juden blieben in ihrem Widerstand gegen Gottes Gnade nicht untätig. Sie klagten Paulus vor dem Statthalter Gallion an, indem sie behaupteten, er verstosse in der Verkündigung des Evangeliums gegen das römische Gesetz.

MONTAG
22. MAI

Doch Gallion, der kein Interesse an den religiösen Fragen der Juden hatte, ging nicht auf ihre Anklage ein. In diesem Stück handelte er richtig. Seine Aufgabe als Richter und Statthalter bestand nicht darin, den jüdischen Glauben aufrechtzuerhalten, sondern im Land für Ruhe und Ordnung zu sorgen.

Nun entlud sich die Wut der aufgebrachten Juden an Sosthenes. Sie schlugen ihn vor dem römischen Richter. Dass Gallion jetzt untätig zusah, war nicht recht. Als Statthalter hätte er gegen diese ungerechte und gewalttätige Handlung einschreiten müssen.

Hinter allem stand der Herr, der dafür sorgte, dass der Apostel trotz dieses Tumults in Ruhe weiterarbeiten konnte. Nach einem Jahr und sechs Monaten verliess er Korinth in Frieden.

Zum einen schor Paulus in Kenchreä sein Haar, weil er ein Gelübde hatte. Zum anderen wollte er unbedingt für ein jüdisches Fest in Jerusalem sein. Beides zeugt von seiner Verbundenheit mit dem Volk Israel, die zwei Ursachen hatte:

a) Seine Liebe zum irdischen Volk Gottes trieb ihn an, die verblendeten Juden auf alle Weise für Christus zu gewinnen (1. Korinther 9,19.20).
b) Seine Gewohnheiten als gebürtiger Jude übten noch einen gewissen Einfluss auf sein Leben aus.

Mit Vers 23 beginnt die dritte Missionsreise von Paulus. Wieder besuchte er die örtlichen Versammlungen, die durch seinen früheren Dienst entstanden waren. Durch eine gute Belehrung im Wort Gottes befestigte der Apostel die Jünger im christlichen Glauben.

In gedrängter Form wird uns in den Versen 24 und 25 einiges über Apollos mitgeteilt:

DIENSTAG
23. MAI

- Er war ein Jude und kam aus Alexandrien.
- Er besass die Fähigkeit zu predigen und kannte die Schriften des Alten Testaments gut.
- Er hatte einen brennenden Eifer für die Sache des Herrn und lehrte sorgfältig, so dass die Zuhörer die geäusserten Gedanken nachvollziehen konnten.
- Er wusste nur, dass der Herr Jesus als Messias und Erretter zu seinem Volk gekommen war und dadurch die alttestamentlichen Verheissungen erfüllt hatte.

Priszilla und Aquila erkannten sofort, dass Apollos das volle Evangelium noch nicht kannte. Deshalb nahmen sie ihn zu sich und erklärten ihm, dass der Herr Jesus für unsere Sünden *gestorben* und zu unserer Rechtfertigung *auferweckt* worden ist. Sie teilten ihm auch mit, dass Christus *in den Himmel aufgefahren* und der Heilige Geist *auf die Erde gekommen* ist.

Apollos nahm diese Belehrung an und wurde ein nützlicher Mitarbeiter im Werk des Herrn. Für seinen Besuch in Achaja gaben ihm die Brüder von Ephesus einen Brief mit, der ihn in der Versammlung von Korinth zur herzlichen Aufnahme und zur Teilnahme am Brotbrechen empfahl. Durch den Dienst von Apollos konnte der Herr dort geistliches Wachstum bewirken (1. Kor 3,6).

Nachdem Paulus die galatische Landschaft und Phrygien durchzogen hatte, kam er nach Ephesus. Dort traf er zwölf Jünger, die nur die Taufe des Johannes kannten. Sie glaubten an Gott, wussten aber nicht, dass der Herr Jesus für sie am Kreuz gestorben war. Weil sich ihr Glaube mangels Belehrung nicht auf das Erlösungswerk des Heilands stützte, hatten sie den Heiligen Geist noch nicht bekommen.

MITTWOCH
24. MAI

Um sie zur vollen christlichen Errettung zu führen, knüpfte der Apostel bei der Predigt von Johannes dem Täufer an und verkündete ihnen das Evangelium von Jesus Christus. Durch die Taufe bekannten sie sich zum Herrn Jesus und als Paulus ihnen die Hände aufgelegt hatte, kam der Geist Gottes auf sie. Nun besassen sie die vollen Vorrechte des christlichen Glaubens.

Drei Monate lang konnte der Apostel in der Synagoge von Ephesus ungehindert predigen. Als sich der Widerstand gegen das Evangelium regte, verliess er die Juden.

In der Schule des Tyrannus fand er einen neuen Ort, wo er die gute Botschaft von Jesus Christus verkünden konnte. Paulus sonderte auch die Glaubenden von den Juden ab und entzog sie so dem jüdischen Einfluss. Dadurch waren sie freier, die christliche Wahrheit aufzunehmen.

Es fällt auf, wie stark sich die Kraft des Heiligen Geistes in dieser Stadt entfaltete. Durch aussergewöhnliche Wunder bestätigte Gott, dass Er durch den Apostel wirkte und dass Er mächtiger als der Teufel ist.

Einige Juden, die keine Glaubensbeziehung zu Jesus Christus hatten, meinten, sie könnten seinen Namen zur Austreibung von Dämonen benutzen. Doch der böse Geist wusste ganz genau, dass sie – im Gegensatz zu Paulus – keinen Glauben und deshalb keine Verbindung zur göttlichen Kraft besassen. So griff der besessene Mann die jüdischen Beschwörer an und überwältigte sie. Dadurch wurde öffentlich bekannt, dass die ungläubigen Juden keine echte Beziehung zu Gott hatten.

Donnerstag
25. Mai

Ab Vers 17 werden die Auswirkungen beschrieben, die auf die Entlarvung der jüdischen Beschwörer folgten:

1) Die Ungläubigen fürchteten sich, weil sie sowohl mit der Macht Gottes als auch mit der Macht des Feindes konfrontiert wurden.
2) Der Name des Herrn Jesus wurde erhoben, weil Er stärker als der Teufel ist und die Menschen von den okkulten Bindungen befreien kann.
3) Die Gläubigen wurden im Gewissen getroffen. Sie bekannten ihre Sünden, die sie vor ihrer Bekehrung begangen hatten, und räumten vollständig mit dem alten Leben auf.
4) Das Wort Gottes wirkte weiter. Es führte Menschen zur Bekehrung und befestigte die Erlösten im Glauben.

Paulus hatte die Absicht, die bedrängten Christen in Mazedonien zu besuchen. Doch für ihn war die Zeit noch nicht gekommen, Ephesus zu verlassen. Deshalb sandte er Timotheus und Erastus zu ihnen, damit diese Mitarbeiter ihnen im Glauben behilflich wären.

Noch einmal griff der Feind das Werk des Herrn in Ephesus an. Er benutzte dazu die Leidenschaften und egoistischen Interessen der Ungläubigen.

Freitag 26. Mai

Weil sich viele Menschen in Kleinasien von den Götzen zum lebendigen Gott bekehrt hatten, lief das Geschäft des Silberschmieds Demetrius nicht mehr so gut. Wie sollte er weiterhin grosse Gewinne erzielen, wenn immer weniger Menschen seine silbernen Tempel der Artemis kauften? So zettelte er mit seinen Berufskollegen eine Demonstration an. Die ganze Stadt kam in Bewegung und die Menschen stürmten ins Theater, wo sie zwei Stunden lang schrien: «Gross ist die Artemis der Epheser!» Damit kam ein weiterer Punkt ans Licht. Diese griechische Göttin verlieh den Ephesern eine gewisse Bedeutung. Je weniger dieser Götze jedoch beachtet wurde, desto weniger Ehre fiel auf die Bewohner von Ephesus.

Wir erkennen, wie Gott seine schützende Hand über seinem Werk hielt:

- Er sorgte dafür, dass Paulus nicht zum Theater ging. Sowohl die Glaubenden als auch die befreundeten Asiarchen hielten ihn davon ab (Verse 30.31).
- Er verhinderte einen Auftritt der Juden, die die Situation zu ihren Gunsten ausnutzen wollten (Verse 33.34).
- Er benutzte den Stadtschreiber, um die Christen zu schützen und den Aufruhr friedlich zu beenden (Verse 35-40).

So lief der Angriff des Feindes ins Leere. Paulus erkannte darin jedoch einen Wink von Gott, dass seine Zeit in Ephesus abgelaufen war.

Der Apostel reiste von Ephesus nach *Mazedonien.* Dort gab es in Philippi, Thessalonich und Beröa örtliche Versammlungen. Er besuchte diese Christen, um sie im christlichen Glauben zu belehren und auf dem Weg der Jüngerschaft zu ermutigen.

SAMSTAG
27. MAI

Dann reiste er nach *Griechenland* weiter und besuchte die Glaubenden in Korinth. Zuvor hatte er ihnen zwei Briefe geschrieben: den ersten von Ephesus aus (1. Korinther 16,8) und den zweiten von Mazedonien aus (2. Korinther 7,5-7).

Durch einen Anschlag der Juden sah sich Paulus gezwungen, wieder über *Mazedonien* zurückzureisen. Wie müssen sich die Glaubenden dort über seinen nochmaligen Besuch gefreut haben!

Paulus war ein besonderes Werkzeug in der Hand des Herrn. Durch seinen Dienst bekehrten sich viele Menschen und an manchen Orten entstanden Versammlungen. Deshalb begleiteten ihn auf seinen Reisen verschiedene Brüder, denen er Aufgaben übertrug. Als Apostel besass er die Autorität, sie in seinem Auftrag in Versammlungen zu senden, damit sie dort das Werk weiterführten. In Vers 4 werden einige Mitarbeiter von Paulus aufgezählt. *Aristarchus* war in den Tumult von Ephesus verwickelt gewesen (Kapitel 19,29). Er begleitete den Apostel später nach Rom und war dort sein Mitgefangener (Kapitel 27,2; Kolosser 4,10). *Tychikus* überbrachte die Briefe, die Paulus später an die Epheser und an die Kolosser schrieb. Bei dieser Gelegenheit berichtete er ihnen, wie es Paulus in seiner Gefangenschaft ging (Epheser 6,21; Kolosser 4,7).

Paulus blieb sieben Tage in Troas (Vers 6), um am ersten Tag der Woche mit den Glaubenden zum Brotbrechen zusammenzukommen. Wir lernen daraus zweierlei:

a) Es war unter den Christen Gewohnheit geworden, sich am Sonntag zu versammeln, um das Brot zu brechen.
b) Das Mahl des Herrn war der Hauptzweck der Zusammenkunft, d. h. das Zentrale ihres Gottesdienstes.

SONNTAG
28. MAI

Beides gilt auch für uns heute, wenn wir uns zum Namen des Herrn Jesus hin versammeln, um das Brot zu brechen.

Es scheint, dass Paulus auch den Sonntag abgewartet hatte, um den Glaubenden das Wort Gottes zu verkünden. Warum tat er das? Weil sie an diesem Tag als Versammlung zusammenkamen. – So haben auch wir immer wieder die Gelegenheit, uns im Namen des Herrn zu versammeln, um das Wort Gottes zu hören.

Eutychus, der am Fenster sass, illustriert uns, wie wir durch den Einfluss der Welt geistlich einschlafen können und dann in grosser Gefahr stehen, zu Fall zu kommen. Aber wir lernen von ihm auch, dass Gott in seiner Barmherzigkeit immer eine Wiederherstellung bewirken kann.

Paulus wollte mit seinem Gott allein sein. Darum schickte er seine Mitarbeiter mit dem Schiff voraus und ging selbst den Weg zu Fuss. In diesen Tagen nahm er sich Zeit für die persönliche Gemeinschaft mit seinem Gott. Auf seiner Reise nach Jerusalem besuchte der Apostel die Versammlung in Ephesus nicht. Er hätte sich sonst längere Zeit dort aufhalten müssen, um den Glaubenden zu dienen.

Die Rede des Apostels an die Ältesten von Ephesus lässt sich in zwei Teile gliedern:

- In den Versen 17-27 hält Paulus Rückschau auf seine Aufbauarbeit in Ephesus. Er erinnert die Ältesten daran, *wie* er gearbeitet und *was* er verkündet hat.
- In den Versen 28-38 gibt der Apostel einen Ausblick auf den Niedergang nach seinem Abschied.

MONTAG
29. MAI

In Vers 18 wird sein *Verhalten* und in Vers 19 sein *Dienst* beschrieben. Bei allem Einsatz für die Menschen hatte er immer den Herrn vor sich: Ihm diente er mit aller Demut. Seine Tränen zeugen davon, dass er die Not des Sünders und die Schwierigkeiten auf dem Glaubensweg mitempfand. Obwohl Paulus in seinem Dienst viel Widerstand erfuhr, hielt er nichts von seiner Botschaft zurück, sondern teilte den Ephesern alles mit, was ihnen nützlich war.

Ein zentrales Thema seiner Botschaft war die *Buße zu Gott* und der *Glaube an den Herrn Jesus* (Vers 21). Beides ist nötig, damit ein Mensch errettet wird.

Paulus bezeugte auch das Evangelium der *Gnade Gottes* (Vers 24). Das betrifft einerseits unsere Errettung. Wir sind aus Gnade gerechtfertigt worden. Das hat anderseits auch mit unserem Glaubensleben zu tun, denn die Gnade unterweist uns, gottesfürchtig und gerecht zu leben.

Der Apostel Paulus war das besondere Werkzeug, um den *Ratschluss Gottes* zu verkünden und zu erklären (Vers 27; Epheser 3,2-7). Dieser ewige Vorsatz Gottes beinhaltet den reichen Segen, den wir als Glaubende in der Zeit der Gnade besitzen.

Am Anfang der christlichen Zeit setzte der Apostel – oder sein Beauftragter – unter der Führung des Heiligen Geistes in der Versammlung Brüder als Älteste ein (Kapitel 14,23; Titus 1,5). Heute gibt es dieses gewählte Amt eines Aufsehers nicht mehr. Wohl aber ist es nötig und richtig, dass Brüder in einer örtlichen Versammlung den Ältestendienst verrichten. Sie sollen auf sich selbst und auf die Glaubenden Acht haben, damit sie die Gefahren und Probleme im Volk Gottes frühzeitig erkennen und entsprechend helfen können.

DIENSTAG
30. MAI

Der Apostel wies im Voraus auf zwei Gefahren hin, die der Versammlung nach seinem Abschied drohen würden:

- Menschen würden von aussen ins Volk Gottes hineinkommen, sich unter die Christen mischen und Schaden anrichten.
- Aus der Mitte der Glaubenden würden Menschen aufstehen und verkehrte Dinge reden, um die Schafe vom guten Hirten abzuziehen.

Beides ist im Lauf der christlichen Zeit immer wieder vorgekommen. Darum ist es nötig, dass wir wachsam sind.

In Vers 32 wird klar, dass es keine apostolische Nachfolge gibt, denn Paulus befahl die Glaubenden in Ephesus *Gott* und dem *Wort seiner Gnade* an. Diese beiden Hilfsquellen besitzen wir auch heute noch.

Durch seinen hingebungsvollen Dienst gibt Paulus allen, die sich für die Versammlung Gottes einsetzen, ein nachahmenswertes Beispiel. Er ist nie jemand zur Last gefallen und hat dabei den christlichen Grundsatz verwirklicht: Geben ist seliger als Nehmen.

Paulus und seine Mitarbeiter nahmen Abschied von den Brüdern aus Ephesus und reisten nach Jerusalem weiter. Der Ausdruck «nachdem wir uns von ihnen losgerissen hatten» zeigt einerseits, wie innig die Erlösten durch den Glauben an den Herrn Jesus miteinander verbunden sind. Anderseits macht er klar, dass es den Glaubenden in Ephesus schwerfiel, ohne die Unterstützung des Apostels auszukommen. Sie hatten sich durch seinen Dienst bekehrt und geistliche Fortschritte gemacht. Nun mussten sie den Glaubensweg ohne ihn weitergehen.

MITTWOCH
31. MAI

Die Schiffsreise verlief bis Tyrus ohne besondere Vorkommnisse. Dort hielten sich Paulus und seine Begleiter sieben Tage bei den Christen auf. Diese sagten dem Apostel durch den Geist Gottes, er solle nicht nach Jerusalem hinaufgehen. In Kapitel 20,23 hatte Paulus gesagt, «dass der Heilige Geist mir von Stadt zu Stadt bezeugt und sagt, dass Fesseln und Bedrängnisse mich erwarten». Jetzt wird die göttliche Botschaft deutlicher: Durch die Jünger in Tyrus bekommt der Apostel eine Warnung, nicht nach Jerusalem zu gehen. Doch Paulus sah sich aus Liebe zu den Juden genötigt, eine materielle Gabe der Glaubenden aus den Nationen nach Jerusalem zu bringen (Röm 15,25-27). Darum achtete er nicht auf diese Warnung. Er handelte zwar aus guten Beweggründen, aber nicht in der Kraft des Heiligen Geistes.

Ausserhalb der Stadt folgte ein bewegender Abschied. Alle knieten nieder und beteten. Dieses Beispiel spornt uns an, wann und wo auch immer wir uns als Glaubende treffen, mit Gebet auseinanderzugehen.

DONNERSTAG
1. JUNI

Paulus suchte auf seiner Reise immer wieder die Gemeinschaft mit den Glaubenden auf. In Tyrus, Ptolemais und Cäsarea genoss er ihre Gastfreundschaft.

Philippus, der Evangelist, hatte in Cäsarea einen neuen Wohnort gefunden. Seine vier Töchter weissagten. Gemäss ihrer Stellung als Frauen übten sie diesen Dienst aber nicht in der Versammlung oder in der Öffentlichkeit aus, sondern im häuslichen Bereich. Gott benutzte sie auch nicht, um Paulus eine Botschaft zu übermitteln. Nein, Er sandte dafür den Propheten Agabus nach Cäsarea. Durch Wort und Tat machte dieser dem Apostel klar, dass die Juden ihn in Jerusalem verhaften und an die Nationen überliefern würden. Doch Paulus liess sich nicht davon abbringen, nach Jerusalem zu gehen.

Es ging hier um seinen persönlichen Weg, für den er selbst vor Gott verantwortlich war. Darum handelten seine Begleiter richtig, als sie aufhörten, ihn von seinem Vorhaben abzuhalten.

Wir müssen zwischen dem *Dienst* und dem *Leben* des Apostels unterscheiden. In seinem Dienst war er ein Verwalter Gottes. Er wurde durch den Geist geleitet, so dass seine Worte von Gott kamen. In seinem Leben handelte er jedoch nicht immer auf der Höhe der Leitung des Heiligen Geistes. Nur Jesus Christus war sowohl in seinem Dienst als auch in seinem Leben vollkommen.

Von Mnason lernen wir, dass Jüngerschaft auch im Alter seine volle Bedeutung hat. Unser ganzes Leben lang folgen wir dem Herrn Jesus nach.

Als Paulus in Jerusalem Jakobus und die Ältesten besuchte, bekam er die Gelegenheit, vom Wirken Gottes unter den Nationen zu erzählen. Die Reaktion der Zuhörer war zweifach:

- Sie verherrlichten Gott, der so viele Menschen zum Glauben an den Herrn Jesus geführt hatte.
- Sie wiesen auf die vielen gläubigen Juden hin, die mit Eifer am Gesetz festhielten.

Sie wollten nun, dass Paulus sich in Jerusalem als ein guter Jude sehen liess. Durch das Verrichten einer jüdischen Sitte sollte er seine Treue zum Gesetz beweisen (Vers 24). Doch von den Glaubenden aus den Nationen verlangten sie die Beachtung des Gesetzes nicht (Vers 25).

**FREITAG
2. JUNI**

Als Paulus auf ihren Vorschlag einging, handelte er nach menschlicher Überlegung und unterwarf sich den Gewohnheiten der Juden. Er tat es nicht, um sie für das Evangelium zu gewinnen, sondern um zu zeigen, dass er ein treuer Jude war.

Es war bestimmt richtig, die gläubigen Juden in ihrem Eifer für das Gesetz und für den israelitischen Gottesdienst zu ertragen. Auch Gott hatte mit ihnen noch Geduld, bis Er sie aufforderte, das jüdische Lager zu verlassen und zu Jesus Christus hinauszugehen (Hebräer 13,13).

Doch es war verkehrt, dass Paulus selbst die jüdischen Gebräuche verrichtete und Opfer darbrachte. Damit widersprach er in seinem Verhalten dem Evangelium der Gnade, das er verkündete. Dieses gründet sich nur auf den Opfertod des Herrn Jesus.

SAMSTAG
3. JUNI

Gott verhinderte in seiner Gnade, dass Paulus die jüdische Reinigung vollenden konnte. Mit der Darbringung des Opfers hätte er die Alleingültigkeit des Opfertodes von Jesus Christus zur Errettung von Sündern infrage gestellt.

Als die Tage der Reinigung beinahe erfüllt waren, sahen ihn die Juden aus Asien im Tempel und meinten, er habe Trophimus – der kein Jude war – in den Tempel geführt und so die heilige Stätte verunreinigt. Sofort ergriffen sie Paulus, lösten einen Volksauflauf aus und wollten ihn töten.

Seine Unterordnung unter die jüdischen Gewohnheiten bewirkte letztlich das Gegenteil von dem, was sich die Ältesten von Jerusalem erhofft hatten. Anstatt die gesetzestreuen Juden damit gewinnen zu können, nahmen diese es zum Anlass, um gegen Paulus vorzugehen. So rufen menschliche Massnahmen, wenn sie im Widerspruch zu Gottes Wort stehen, oft mehr Schwierigkeiten hervor, als dass sie Probleme lösen.

Obwohl Paulus nicht auf der Höhe des christlichen Glaubens handelte, führte Gott seine Pläne mit ihm aus. Er sorgte dafür, dass die Römer rechtzeitig eingriffen, so dass der Apostel am Leben blieb. Er befand sich nun in römischer Gefangenschaft, bekam jedoch mehrere Gelegenheiten für ein Zeugnis vor den Juden.

Im Allgemeinen verachteten die Römer das jüdische Volk. Zudem waren sie es gewohnt, dass in der rebellischen Stadt Jerusalem Tumulte entstanden. Doch Paulus gewann durch die Art und Weise, wie er den römischen Obersten ansprach, dessen Achtung. So wurde ihm erlaubt, zu den Juden zu reden.

Paulus sprach die Juden in Hebräisch an, um sich mit ihnen auf eine Stufe zu stellen und wenn möglich ihre Herzen zu erreichen. In seiner Rede versuchte er immer wieder, seine Verbundenheit zum Judentum aufzuzeigen. Zuerst sprach er über sein Leben vor der Bekehrung:

- Er war ein gebürtiger Jude aus Tarsus in Zilizien.
- Seine jüdische Ausbildung hatte er in Jerusalem beim angesehenen Pharisäer Gamaliel gemacht.
- In seinem Eifer für den jüdischen Glauben hatte er die Christen bis zum Tod verfolgt.

SONNTAG
4. JUNI

Als er nach Damaskus reiste, um dort die Gläubigen zu verhaften, trat ihm der Herr Jesus in den Weg. Es umstrahlte ihn plötzlich ein grosses Licht aus dem Himmel und eine Stimme sprach zu ihm: «Saul, Saul, was verfolgst du mich?» In diesem Moment erkannte Paulus, dass er in der Verfolgung der Christen gegen Jesus Christus, den Sohn Gottes, gekämpft hatte. Dieser Autorität musste er sich beugen, wenn er die göttliche Gnade für sich in Anspruch nehmen wollte. Er tat es mit zwei Fragen, die auch sein weiteres Leben prägten:

- «Wer bist du, Herr?» (Vers 8). Diese herrliche Person, die er vor Damaskus gesehen hatte, wollte er immer besser kennen lernen.
- «Was soll ich tun, Herr?» (Vers 10). Nicht sein eigener Wille, sondern der Wille des Herrn sollte von nun an für ihn ausschlaggebend sein.

Ein Vergleich von Vers 9 mit Kapitel 9,7 macht klar, dass die Begleiter von Paulus nur das Licht wahrnahmen und die Stimme hörten. Aber sie sahen weder den Herrn Jesus noch verstanden sie seine Worte.

Paulus sprach zuerst über die Gottesfurcht von Ananias und das gute Zeugnis, das dieser von den Juden in Damaskus hatte. Die Achtung, die Ananias aufgrund seines positiven Verhaltens bei seinen Landsleuten besass, verlieh seinen Worten ein grosses Gewicht. Aus seiner Mitteilung an Paulus konnten die Juden erkennen, dass bei der Begebenheit vor Damaskus alles von dem *Gott ihrer Väter* ausgegangen war. Er hatte dafür gesorgt, dass Paulus den Herrn Jesus gesehen und dessen Stimme gehört hatte. Ananias übermittelte Paulus auch den göttlichen Auftrag, ein Zeuge vom verherrlichten Christus im Himmel zu sein.

Montag
5. Juni

Paulus war als Verfolger der Versammlung nach Damaskus aufgebrochen. Doch er kehrte als gläubiger Christ nach Jerusalem zurück. Dort geriet er im Tempel beim Beten in Verzückung und sah in einer Vision den Herrn Jesus. Dieser forderte ihn auf, Jerusalem zu verlassen, weil die Juden sein Zeugnis nicht annehmen würden. Da brachte Paulus freimütig seine Einwände vor. Er meinte, er sei durch seinen früheren Eifer für das Judentum und seinen ehemaligen Widerstand gegen die Christen ein geeignetes Werkzeug zur Verkündigung des Evangeliums an die Juden. Doch der Herr hatte einen anderen Plan: Paulus sollte sein Zeugnis vor den Menschen aus den Nationen ablegen. Das war sein Hauptauftrag.

Mit dem Bericht dieser Vision im Tempel verurteilte Paulus seine jetzige Anwesenheit in Jerusalem. Warum hielt er sich in dieser Stadt auf, wenn der Herr ihn geheissen hatte, sie zu verlassen?

Sobald Paulus von seiner Sendung zu den Nationen sprach, protestierten die Juden. Der Apostel erfuhr nun die Wahrheit der Worte seines Herrn: «Sie werden dein Zeugnis über mich nicht annehmen» (Vers 18).

DIENSTAG 6. JUNI

Aufs Neue offenbarte sich der unversöhnliche Hass der Juden gegen Jesus Christus und seine Zeugen. Die Ursache dafür waren ihr Stolz auf ihre religiösen Vorrechte und der Widerstand gegen die Gnade Gottes, die allen Menschen gilt. Drei bedeutsame Ereignisse brachten ihren Hass gegen die göttliche Gnade ans Licht:

- Sie kreuzigten den Herrn Jesus, der in Gnade und Wahrheit zu seinem Volk gekommen war.
- Sie steinigten Stephanus, der von der Herrlichkeit des Sohnes des Menschen zur Rechten Gottes zeugte.
- Sie wollten Paulus töten, der die göttliche Gnade im Evangelium den Menschen aus den Nationen brachte.

In 1. Thessalonicher 2,14-16 beschreibt der Apostel diesen vehementen Widerstand der Juden, «die sowohl den Herrn Jesus als auch die Propheten getötet und uns durch Verfolgung weggetrieben haben ..., indem sie uns wehren, zu den Nationen zu reden, damit sie errettet werden, um so ihre Sünden allezeit voll zu machen.»

Beunruhigt durch die Gewalt im Volk befahl der Oberste, Paulus ins römische Lager zu bringen und ihn unter Geisselhieben zu verhören. Um der Geisselung wenn möglich zu entgehen, wies Paulus auf seine Rechte als römischer Bürger hin. Tags darauf versuchte der Oberste auf einem anderen Weg mehr über seinen Gefangenen zu erfahren: Er führte Paulus vor das Synedrium.

Vor dem Synedrium bezeugte Paulus, dass er sein Leben vor Gott mit einem guten Gewissen geführt hatte (2. Tim 1,3). Das war für die jüdischen Führer – falls sich ihr schlechtes Gewissen noch bemerkbar machte – eine indirekte Anklage.

MITTWOCH 7. JUNI

Gereizt durch den beleidigenden Schlag auf den Mund, verkündete Paulus dem Hohenpriester das Gericht Gottes. Sobald er jedoch informiert wurde, dass Ananias der Hohepriester sei, entschuldigte er sich mit seiner Unwissenheit und verurteilte seine übereilte Aussage mit dem Zitat aus 2. Mose 22,27. Wie war er doch darauf bedacht, ein gutes Gewissen zu haben!

Mit einem raffinierten Schachzug brachte Paulus die Ratsmitglieder gegeneinander auf: Er schnitt das Thema der Auferstehung an, so dass ein Zwiespalt unter den Pharisäern und Sadduzäern entstand.

Auch Jesus Christus stand einst vor dem Synedrium. Doch im Gegensatz zu Paulus verhielt Er sich vollkommen ruhig. Er bezeugte die Wahrheit über seine Person und ertrug still die falschen Anschuldigungen und ungerechtfertigten Faustschläge (Lk 22,63-71).

Wir wissen nicht, wie sich Paulus nach seinem Auftritt vor dem Synedrium fühlte. Aber der Herr sah sein aufrichtiges Herz und seine Beschämung über die unbedachten Worte. Darum trat Er in der folgenden Nacht zu ihm und sprach: «Sei guten Mutes!» So richtete Er seinen niedergeschlagenen Knecht wieder auf und anerkannte sein Zeugnis in Jerusalem, auch wenn es mangelhaft gewesen war. – Wie gut, dass auch wir es mit einem gnädigen Herrn zu tun haben, der uns nie aufgibt!

Die ungläubigen Juden in Jerusalem offenbarten immer deutlicher ihre verdorbene und niederträchtige Gesinnung:

- Nach dem Zeugnis von Paulus über seinen Auftrag an den Nationen schrien sie, schleuderten die Kleider weg und warfen Staub in die Luft (Kapitel 22,23).
- Im Synedrium erhoben diese würdigen Räte ein grosses Geschrei, so dass der Oberste fürchtete, Paulus könnte von ihnen zerrissen werden (Verse 9.10).
- Am nächsten Tag verfluchten sie sich und sagten, sie würden nichts mehr essen und trinken, bis sie Paulus getötet hätten (Vers 12). Mit einem listigen Plan wollten sie den Apostel den Händen der Römer entreissen und umbringen.

Doch Gott wachte über seinen Knecht. In seiner Vorsehung sorgte Er dafür, dass ein Neffe von Paulus von dieser Verschwörung hörte. Nachdem er seinem Onkel davon erzählt hatte, wurde der Jüngling vor den Obersten geführt, der die Nachricht über den geplanten Anschlag ernst nahm.

Es fällt uns auf, dass Gott hier nicht wie bei Petrus durch einen Engel oder wie in Philippi durch ein Erdbeben eingriff (Kapitel 12,7-10; 16,26). Er befreite seinen Knecht auch nicht aus der Haft. Aber Er bewahrte Paulus vor dem Tod und sorgte dafür, dass er als sein Zeuge nach Rom kam.

Gott steht alles zur Verfügung, um den Seinen zu helfen. Hier benutzte Er einen Verwandten von Paulus, von dem wir weder vorher noch nachher etwas lesen. Wir wissen nicht einmal, ob er ein Christ war.

Sofort traf der Oberste Vorbereitungen, um Paulus unter dem Schutz einer grossen militärischen Eskorte nach Cäsarea zu bringen. 470 Soldaten sollten den Apostel bei Nacht im Geleitschutz nach Antipatris bringen.

FREITAG 9. JUNI

- Zum einen sehen wir darin, wie bevorzugt die römischen Bürger im Römischen Reich behandelt wurden.
- Zum anderen erkennen wir in dieser ausserordentlichen Aufmerksamkeit, die dem einfachen Knecht des Herrn entgegengebracht wurde, wie Gott ihm vor den Menschen seine Gunst erwies.

Im Brief, den der Oberste Klaudius Lysias dem Statthalter Felix schrieb, versuchte er sich in ein möglichst gutes Licht zu rücken. Er behauptete, dass er Paulus den Juden entrissen habe, weil er vernommen hatte, dass dieser ein Römer sei. Doch diese Information bekam er erst, als er Paulus geisseln wollte (Kap. 22,25-27). – Darin erkennen wir ein Merkmal der uns umgebenden Welt. Jeder ist in seinem Egoismus bestrebt, vor den anderen gut dazustehen. Als Christen werden wir jedoch aufgefordert, die Lüge und allen Trug abzulegen (Eph 4,25; 1. Pet 2,1).

Dieser Brief verschaffte dem Apostel einen guten Eingang beim Statthalter, weil der Oberste ausdrücklich erwähnt hatte, dass Paulus ein Römer sei. Felix behandelte ihn nicht wie einen Verbrecher, sondern war bereit, ihn anzuhören.

Die unnachgiebige Feindschaft der Juden war nur ein Mittel in der Hand Gottes, um seine Pläne zu erfüllen. Bald würde der Apostel vor Statthaltern und Königen das Evangelium verkünden (Kap. 9,15).

Die jüdische Führungsschicht reiste sofort nach Cäsarea, um Paulus vor dem römischen Statthalter anzuklagen. Der Redner Tertullus trug ihre Sache mit schönen Worten vor.

Er schmeichelte Felix und rühmte dessen Einsatz für das jüdische Volk. Zudem heuchelte er Unterwürfigkeit unter das römische Regime. In den Herzen der Juden sah es jedoch ganz anders aus: Am liebsten hätten sie sich vom Joch der römischen Herrschaft befreit.

SAMSTAG
10. JUNI

Dann brachte Tertullus zwei Anklagepunkte gegen Paulus vor:

- Er behauptete, Paulus würde durch die Verkündigung des Evangeliums unter den Juden im Römischen Reich einen Aufruhr erregen (Vers 5).
- Er beschuldigte ihn, dass er versucht habe, den Tempel in Jerusalem zu entheiligen (Vers 6).

Am Schluss bezogen sich die Ankläger auf den Obersten Lysias. Sie meinten, dieser könne ihre Anschuldigungen gegen Paulus bestätigen.

In Vers 9 kommt einmal mehr die Feindschaft der Juden zum Ausdruck. Sie griffen Paulus vor dem römischen Statthalter vehement mit Worten an, um ihn möglichst schlecht hinzustellen.

Dieser Abschnitt zeigt uns, wie der Mensch durch schöne Reden die Wahrheit verdreht und durch schmeichelnde Worte Leute für sich gewinnen will, um eine faule Sache durchzubringen (Römer 16,18; Psalm 12,3). – Doch Felix kannte die Juden und war für ihre Schmeichelei nicht zugänglich.

Nun bekam Paulus die Möglichkeit, zur Anklage der Juden Stellung zu nehmen. Er brachte dem römischen Statthalter den Respekt entgegen, der ihm gebührte. Aber er blieb unabhängig von ihm und sprach mit einem guten Gewissen eines Menschen, der unschuldig ist.

SONNTAG
11. JUNI

Paulus ging nur auf die Tatsachen ein, die zu seiner Verhaftung geführt hatten. In den zwölf Tagen, die er in Jerusalem verbracht hatte, hatte er sich weder politisch noch religiös etwas zuschulden kommen lassen. Er hatte keine Demonstration angezettelt und keinen Heiden in den Tempel geführt. Darum war es den Juden auch nicht möglich, Beweise für ihre Anklage vorzubringen.

In seiner Verantwortung vor Felix bekannte sich der Apostel freimütig zum christlichen Glauben, den die Juden eine Sekte nannten. Er machte klar, dass dieser Glaube nicht im Widerspruch zum Alten Testament steht, obwohl er Elemente enthält, die zur Zeit des Gesetzes nicht bekannt waren.

Die Hoffnung auf die Auferstehung wirkte sich ganz konkret auf das Leben von Paulus aus. Er wusste, dass er einmal auferstehen und vor Gott erscheinen würde. Darum bemühte er sich, vor Gott und den Menschen so zu leben, dass ihn das Gewissen nicht anklagte.

Die einzige Sache, die die Juden als Anklage gegen Paulus hätten vorbringen können, war seine Aussage über die Auferstehung, die einen Tumult im Synedrium ausgelöst hatte (Kapitel 23,6-10). Doch dieses Ereignis sprachen sie nicht an, weil sie sich damals durch ihr aggressives Verhalten selbst schuldig gemacht hatten.

Felix kannte sowohl die jüdischen Gewohnheiten als auch das christliche Bekenntnis. Deshalb merkte er, dass die Anklage der Juden ungerechtfertigt war. Aber er wollte noch keine Entscheidung für die Wahrheit treffen. Dennoch befahl er, die Haftbedingungen von Paulus zu erleichtern.

Weil sich der christliche Glaube immer mehr ausbreitete, zeigten Felix und seine Frau Drusilla Interesse dafür. Nun hatten sie Gelegenheit, durch den Apostel mehr darüber zu erfahren. Dieser sprach nicht nur allgemein über den Glauben an Jesus Christus, sondern stellte die Zuhörer ins göttliche Licht. Er erklärte ihnen, dass Gott einmal von jedem Menschen Rechenschaft über sein Leben fordert. Dadurch wurde das Gewissen von Felix angesprochen. Nochmals stand er vor einer Entscheidung – doch er schob sie wieder hinaus. Als Begründung gab er an: «Wenn ich ... gelegene Zeit habe, werde ich dich rufen lassen.» Das Wort Gottes sagt jedoch: «Siehe, *jetzt* ist die wohlangenehme Zeit, siehe, *jetzt* ist der Tag des Heils» (2. Korinther 6,2).

MONTAG
12. JUNI

Felix hoffte vergeblich, dass Paulus ihm Geld geben würde, um aus der Haft freizukommen. Der Apostel wollte sich die Freiheit nicht mit Bestechungsgeld erkaufen. Vor der Amtsübergabe an Festus musste sich Felix aufs Neue entscheiden. Auch jetzt setzte er sich nicht für die Gerechtigkeit ein, sondern suchte die Gunst der Juden. So liess er Paulus gefangen zurück.

Wie ernst, wenn sich ein Mensch dreimal bewusst gegen Gott und die Wahrheit entscheidet!

Obwohl seit der Festnahme von Paulus zwei Jahre vergangen waren, war die Feindschaft der Juden gegen ihn und seinen Dienst unter den Nationen unverändert geblieben. Sobald Festus, der neue römische Statthalter, Jerusalem besuchte, klagten sie Paulus an und starteten einen neuen Versuch, ihn umzubringen.

DIENSTAG
13. JUNI

Doch Festus ging nicht auf ihren Vorschlag ein. Um sich selbst Wichtigkeit zu verleihen, zitierte er die Ankläger nach Cäsarea. Dahinter stand Gott, der seinen Knecht den Juden nicht preisgeben wollte.

Die Ankläger konnten ihre schweren Beschuldigungen, die sie vor dem Richterstuhl des römischen Statthalters gegen Paulus vorbrachten, nicht beweisen. Trotzdem war Festus nicht bestrebt, gerecht zu urteilen, sondern die Gunst der Juden zu erlangen. Als neuer Statthalter wollte er sich beim Volk beliebt machen. Darum sprach er zu Paulus: «Willst du nach Jerusalem hinaufgehen?» Darauf bezeugte Paulus mutig die Wahrheit: «Den Juden habe ich kein Unrecht getan, wie auch *du* sehr wohl weisst.» Deshalb hatte Festus kein Recht, ihn seinen Feinden auszuliefern. Weil Paulus keinen anderen Ausweg sah, berief er sich aufgrund seines römischen Bürgerrechts auf den Kaiser.

Diese Berufung war nicht nach den Gedanken von Festus und noch weniger nach dem Sinn der Juden. Gott, der alles in der Hand hat, benutzte sie, damit sein Wille ausgeführt wurde: Der Apostel sollte vor dem Kaiser ein Zeugnis von Jesus Christus ablegen.

König Agrippa und seine Frau Bernice kamen nach Cäsarea, um den neuen römischen Statthalter zu begrüssen. Bei dieser Gelegenheit legte Festus dem König den Fall von Paulus vor, da Agrippa mit dem Judentum besser vertraut war als er. Er erzählte ihm die ganze Geschichte, wobei er sich selbst in einem edlen und gerechten Charakter darstellte. Diese Verhaltensweise können wir überall in dieser Welt erkennen: Man versucht sich selbst in ein möglichst gutes Licht zu stellen.

Festus war ein Heide. Wegen seines Unglaubens konnte er nichts mit Jesus Christus anfangen (Vers 19). Die Auferstehung des Herrn Jesus betrachtete er als eine abergläubische Legende. Das Herz dieses Römers war für die Wahrheit verschlossen. Sein einziges Problem bestand darin, dass er Paulus nicht ohne Beschuldigungsgrund zum Kaiser senden konnte.

Bei König Agrippa war es anders. Er bekannte sich zum Judentum und interessierte sich für die Botschaft, die Paulus verkündete. Darum erklärte er: «Ich möchte auch selbst den Menschen hören.»

Aus diesem Grund führte der römische Statthalter den inhaftierten Apostel tags darauf vor König Agrippa und dessen Frau Bernice. Auch alle vornehmen und angesehenen Leute der Stadt wollten diesen besonderen Häftling sehen und hören. In den einleitenden Worten bezeugte Festus vor allen, dass Paulus unschuldig war. Dennoch hatte er die Absicht, ihn zum Kaiser zu senden.

In diesem Kapitel bekommt der Apostel die Gelegenheit, vor einem König von Jesus Christus zu zeugen. Damit erfüllte sich eine Prophezeiung des Herrn (Kapitel 9,15).

DONNERSTAG 15. JUNI

König Agrippa kannte den jüdischen Glauben und stand dem christlichen Glauben nicht ablehnend gegenüber. Darum erzählte ihm Paulus seine eigene Geschichte, wie er sich aus dem Judentum zum Herrn Jesus Christus bekehrt hatte und wie er von Ihm den Auftrag bekommen hatte, den Menschen aus den Nationen das Evangelium zu verkünden.

Paulus hatte von Jugend auf als strenggläubiger Jude gelebt. Er war ein Pharisäer gewesen und hatte seine Hoffnung auf die Erfüllung der göttlichen Verheissungen im Alten Testament gesetzt. Diese jüdische Hoffnung beinhaltete die Wiederherstellung des zwölfstämmigen Volkes unter der Herrschaft des Messias und die nationale Herrlichkeit Israels im Tausendjährigen Reich.

Nun war Jesus Christus zu seinem Volk gekommen, um diese Verheissungen zu erfüllen. Doch Er war abgelehnt und gekreuzigt worden. Hatte sich damit die Hoffnung Israels für immer zerschlagen? Nein! Gott hatte den Herrn Jesus auferweckt und damit klargemacht, dass Dieser die Hoffnung Israels blieb. Leider lehnten die meisten Juden auch das Zeugnis über den auferstandenen Christus ab. Paulus selbst war vor seiner Bekehrung ein Gegner von Jesus, dem Nazaräer, gewesen. Er hatte die Menschen, die an Ihn glaubten, bis in die ausländischen Städte verfolgt.

Auf dem Weg nach Damaskus sah Paulus plötzlich ein Licht aus dem Himmel, das den Glanz der Sonne übertraf. Es war Jesus Christus, der ihm in seiner himmlischen Herrlichkeit erschien. Sofort unterordnete sich Paulus der Autorität des Herrn. Er erkannte, dass er in der Verfolgung der Gläubigen dem Sohn Gottes widerstanden hatte. Das führte ihn zu einer gründlichen Umkehr.

FREITAG 16. JUNI

Der Herr, der Paulus die Augen für seinen verkehrten Weg öffnen musste, wollte ihn nun als Verkündiger des Evangeliums gebrauchen. Abgesondert vom jüdischen Volk und von den Nationen sollte Paulus ein besonderer Zeuge des himmlischen Christus an die Menschen aus den Nationen sein. Das Ziel seiner Mission war klar: Er sollte das Evangelium verkünden,

- damit sich die Menschen von der Gewalt des Satans zu Gott bekehren,
- damit sie die Vergebung ihrer Sünden bekommen und in den christlichen Segen eingeführt werden.

Doch die Verkündigung allein genügt nicht. Der Mensch muss die Botschaft auch im Glauben annehmen, damit er errettet wird.

Paulus erfüllte mit ganzer Hingabe den Auftrag, den er vom Herrn bekommen hatte. In seiner Predigt forderte er die Menschen überall auf, Buße zu tun und zu Gott umzukehren. Dabei erfuhr er den Widerstand der Juden, der darin gipfelte, dass sie ihn ermorden wollten. Doch Gott erhielt seinen Diener am Leben, damit er auch vor König Agrippa von einem gestorbenen und auferstandenen Christus zeugen konnte.

Festus verstand das meiste nicht, was der Apostel verkündete. Weil sein Gewissen von dieser göttlichen Botschaft nicht angesprochen wurde, kam er zum Schluss, der Gefangene sei ausser sich geraten. Darum unterbrach er Paulus.

SAMSTAG 17. JUNI

Doch die bescheidene Antwort des Apostels zeigte, dass er völlig besonnen und nüchtern handelte. Er predigte die Wahrheit mit grosser Überzeugungskraft und wollte den König für Jesus Christus gewinnen. So sprach er ihn direkt an: «Glaubst du, König Agrippa, den Propheten? Ich weiss, dass du glaubst.» Damit wurde der König vor eine Entscheidung gestellt. Wenn er sich zum Judentum bekannte und den Propheten des Alten Testaments glaubte, gab es nur eine folgerichtige Konsequenz: der Glaube an den Herrn Jesus, der im Alten Testament an vielen Stellen angekündigt wird.

Um einer öffentlichen Entscheidung für Jesus Christus auszuweichen, erklärte Agrippa: «In kurzem überredest du mich, ein Christ zu werden.»

Die Antwort des Apostels offenbart das Glück eines Christen, der in Gemeinschaft mit Gott lebt. Paulus war ein alter, armer Häftling – doch gleichzeitig unendlich reich in Gott. In seiner Liebe zu den Verlorenen wünschte er sich, dass alle Zuhörer Christen würden, um den Segen einer lebendigen Glaubensbeziehung mit dem Herrn Jesus zu geniessen. Welch ein Zeugnis!

König Agrippa stand auf, um die Gerichtssitzung zu beenden. In einer privaten Besprechung bezeugten sowohl er als auch der römische Statthalter die Unschuld von Paulus.

Dass der Apostel nach Jerusalem gekommen war, hatte nicht dem Willen Gottes entsprochen. Als Folge dieses Weges musste er nun als Gefangener nach Rom reisen. Doch in seiner Beziehung zu Gott war Paulus durch die Gnade völlig wiederhergestellt worden. Er lebte in Gemeinschaft mit Ihm und stand deshalb über den widrigen Umständen dieser Schiffsreise.

SONNTAG 18. JUNI

Sowohl Lukas als auch Aristarchus begleiteten Paulus auf der Reise nach Rom. Die Gemeinschaft mit ihnen war bestimmt eine Ermutigung für den gefangenen Apostel (Röm 1,12). Zudem erfuhr er durch den Hauptmann Julius eine wohlwollende Behandlung. War das nicht eine Folge davon, dass Festus und König Agrippa ihn für unschuldig hielten? So durfte er in Sidon seine Freunde besuchen, die ihn in Liebe aufnahmen und für ihn sorgten.

Auch wir erfahren in schwierigen Lebenssituationen – die manchmal wie bei Paulus auch eine Folge unserer eigenen Wege sind –, wie der Herr uns durch andere Christen im Glauben stärkt. Ist das nicht eine grosse Gnade?

Die Reise nach Rom hatte Gott verordnet (Kap. 23,11). Trotzdem kämpften sie von Anfang an mit Gegenwind. Endlich erreichte das Schiff einen Ort mit Namen Schönhafen. Doch dieser Hafen hatte nur einen schönen Namen, war aber zum Überwintern ungeeignet.

Uns kann es auch so gehen. Wir möchten unseren Lebensweg in Abhängigkeit vom Herrn Jesus gehen und kommen trotzdem in Schwierigkeiten. Lassen wir uns davon nicht irritieren! Probleme müssen kein Zeichen dafür sein, dass wir auf einem falschen Weg sind.

In der damaligen Zeit wurde die Schifffahrt den Winter über eingestellt. Nun war es schon spät im Herbst und sie waren noch nicht am Ziel, weil sich die Fahrt durch die Gegenwinde verzögert hatte. Deshalb suchten sie einen geeigneten Hafen zum Überwintern.

Paulus besass von seinen Missionsreisen viel Erfahrung mit dem Wetter. Doch das war es nicht, was ihn in erster Linie bewog, die Schiffsleute vor einer Weiterfahrt zu warnen. Vielmehr wies er aus seiner gelebten Gemeinschaft mit Gott auf die bevorstehenden Gefahren hin.

Montag
19. Juni

Der Hauptmann schenkte den Worten der Schiffsleute mehr Vertrauen. Nun musste er durch schmerzliche Erfahrung erkennen, dass es besser gewesen wäre, auf Paulus zu hören. Dieser war eben kein gewöhnlicher Häftling, sondern ein Diener des lebendigen Gottes (Vers 23). – Da fragen wir uns persönlich: Nehmen wir die Warnungen von geistlich gesinnten Christen ernst oder stützen wir uns mehr auf die Ratschläge der Welt?

Ein sanft wehender Südwind bestärkte die Schiffsleute, ihren Vorsatz umzusetzen und nach Phönix zu fahren, um dort zu überwintern. Bald geriet das Schiff jedoch in einen schrecklichen Sturm, der tagelang wütete. Mit allen Mitteln versuchten sie das heftige Unwetter zu überstehen, bis sie an den Punkt kamen, an dem sie alle Hoffnung auf Rettung aufgaben.

Oft handeln wir auch so. Wir stemmen uns mit aller Kraft gegen die auftürmenden Schwierigkeiten in unserem Leben, anstatt uns unter die mächtige Hand Gottes zu beugen und auf seine Hilfe zu hoffen (1. Pet 5,6.7).

Als die Schiffsleute ihre Hoffnung aufgegeben hatten, war die Zeit für Gott gekommen, in das Geschehen einzugreifen. Durch eine Mitteilung an Paulus machte Er allen Menschen auf dem Schiff Mut. Wegen ihrer eigenwilligen Entscheidung würden sie zwar Schiffbruch erleiden, doch keiner von ihnen würde umkommen.

DIENSTAG 20. JUNI

Aus *menschlicher Sicht* brachte der römische Hauptmann Julius mit diesem Schiff den gefangenen Apostel nach Rom. Doch aus *göttlicher Sicht* sah es anders aus: Paulus musste vor dem Kaiser erscheinen und alle auf dem Schiff Anwesenden fuhren mit ihm nach Italien (Vers 24).

Durch die göttliche Zusage gestärkt, konnten Paulus und seine Begleiter ruhig und vertrauensvoll auf Gottes Eingreifen warten (Vers 25).

In der vierzehnten Nacht meinten die Matrosen, dass sie auf ein Land zutrieben. Die Tiefenmessungen bestätigten es. Nachdem sie das Schiff verankert hatten, versuchten sie mit dem Beiboot zu fliehen. Dieses Vorhaben der Matrosen offenbart den Egoismus des menschlichen Herzens. Sie dachten nur an die eigene Sicherheit, was den Passagieren zustossen würde, interessierte sie nicht. Paulus erkannte ihren Plan und informierte sofort den Hauptmann, so dass die Flucht der Matrosen vereitelt werden konnte.

Wie steht das selbstlose Verhalten des Herrn Jesus im Gegensatz zum Egoismus dieser Schiffsleute. Als Ihn seine Feinde verhaften wollten, dachte Er nicht an sich, sondern an seine Jünger: «Wenn ihr nun mich sucht, so lasst diese gehen!» (Johannes 18,8).

Paulus lebte mit Gott und wusste von Ihm, was mit ihnen geschehen würde. Durch sein selbstloses Verhalten hatte er sich das Vertrauen der Menschen auf dem Schiff erworben. Nun ermahnte er sie, Nahrung zu sich zu nehmen, um sich für die nächsten Stunden zu stärken. Dann ging er selbst mit gutem Beispiel voran: Er dankte Gott für das Brot und begann zu essen. Darauf fassten auch die anderen neuen Mut und frühstückten.

MITTWOCH
21. JUNI

Das Dankgebet von Paulus spornt uns an, in der Öffentlichkeit Gott für das Essen zu danken. Dadurch zeugen wir von unserem Glauben an den lebendigen Gott, der ein Erhalter aller Menschen ist und uns die täglichen Mahlzeiten gibt.

Als es hell wurde, versuchten die Seeleute das Schiff so nah wie möglich an den Strand zu manövrieren. Schliesslich liessen sie es stranden. Nun sollte sich jeder auf eigene Faust ans Land retten.

Um eine Flucht der Häftlinge zu verhindern, wollten die Soldaten alle Gefangenen töten. Doch der Hauptmann griff ein und hielt sie davon ab, weil er Paulus retten wollte. Wiederholt versuchte Satan dem Apostel das Leben zu nehmen: zuerst durch die Feindschaft der Juden, dann durch den gewaltigen Sturm und schliesslich durch die Soldaten, die ihn töten wollten. Doch Gott durchkreuzte die Pläne des Teufels und sorgte dafür, dass sein eigener Vorsatz in Erfüllung ging: Paulus sollte nach Rom kommen, um dort vor dem Kaiser für Jesus Christus zu zeugen. Daran konnte Ihn niemand hindern.

Gleichzeitig sorgte Er in seiner Gnade dafür, dass alle 276 Menschen ans Land gerettet wurden.

Die Schiffbrüchigen erlebten auf der Insel Melite einen aussergewöhnlich freundlichen Empfang. Am Feuer, das die Bewohner angezündet hatten, konnten sie wieder trocken werden und sich aufwärmen. Als es zu regnen begann, wurden sie sogar in die Häuser aufgenommen.

Tatkräftig half der Apostel beim Sammeln von Brennholz mit, um das wärmende Feuer zu unterhalten. Welch ein Beispiel ist er auch in seinem praktischen Verhalten für alle Diener des Herrn!

Donnerstag 22. Juni

Um sich in seinem Knecht zu verherrlichen, liess Gott nicht zu, dass das Schlangengift im Körper von Paulus seine Wirkung tat. Dadurch konnten alle erkennen, dass der Apostel die besondere Gunst des allmächtigen und lebendigen Gottes besass. Zudem erfüllte sich das Wort des Herrn: Sie «werden Schlangen aufnehmen, und wenn sie etwas Tödliches trinken, wird es ihnen *nicht* schaden» (Markus 16,18).

Die Bewohner von Melite waren in Götzenkult und Aberglauben verstrickt:

- Als die Schlange den Apostel biss, meinten sie, er sei ein *Mörder,* den die griechische Göttin der Vergeltung nicht am Leben lassen wolle.
- Als der Schlangenbiss keine negativen Auswirkungen zeigte, änderten sie ihre Meinung und sagten, Paulus sei ein *Gott.*

In ihrer wechselhaften Ansicht glichen sie den Menschen von Lystra, jedoch in umgekehrter Reihenfolge. Jene wollten Paulus zuerst als Gott verehren. Nachdem sie aber von den Juden gegen ihn aufgehetzt worden waren, steinigten sie ihn (Kapitel 14,11.19).

Gott belohnte die Gastfreundschaft, die Publius den Glaubenden erwies: Sein Vater, der krank war, wurde durch die Hand des Apostels geheilt. In der Folge kamen auch die übrigen kranken Menschen zu Paulus und wurden geheilt.

FREITAG
23. JUNI

Es wird nicht erwähnt, dass der Apostel den Menschen auf der Insel Melite das Evangelium verkündet hätte. Warum wohl? Vielleicht weil die Zeit seines öffentlichen Dienstes in Kapitel 20 zu Ende gegangen war? Daraufhin hatte er als Gefangener vor den Juden in Jerusalem ein letztes Zeugnis von Jesus Christus abgelegt. Nun war er auf der Reise nach Rom, wo er auch vor dem Kaiser das Evangelium Gottes bezeugen würde. Beides war mehr eine Verantwortung als eine Verkündigung der guten Botschaft.

Nachdem der Winter vorüber war, reiste der Hauptmann mit seinen Gefangenen auf einem anderen Schiff weiter Richtung Rom. In Puteoli fanden Paulus und seine Begleiter einige Christen und pflegten sieben Tage Gemeinschaft mit ihnen. Die Versammlung in Rom war nicht durch den Dienst eines Apostels entstanden. Sie bestand schon, als der gefangene Paulus nach Rom reiste. Einige Brüder kamen ihm über 100 Kilometer entgegen, um ihm ihre Liebe zu bezeugen. Wir lesen von zwei Reaktionen des Apostels, als er mit diesen Glaubenden zusammentraf:

- Er dankte seinem Gott, der ihm in seiner Gnade diese Ermunterung schenkte.
- Er fasste Mut für seinen weiteren Glaubensweg und für die Aufgabe, die ihn in Rom erwartete.

Gott sorgte dafür, dass Paulus auch in Rom wohlwollend behandelt wurde. Er durfte allein bleiben mit dem Soldaten, der ihn bewachte. So war es ihm möglich, Besuch zu empfangen.

SAMSTAG
24. JUNI

Nach allem, was er von den Juden auf seinen Missionsreisen und in Jerusalem erduldet hatte, hätte man denken können, der gefangene Apostel sei bitter gegen sie geworden. Doch das Gegenteil war der Fall. Schon drei Tage nach seiner Ankunft lud er die einflussreichen Juden von Rom zu sich ein, um ihnen das Evangelium zu verkünden. Unvermindert brannte in seinem Herzen eine Liebe zu ihnen, wie er es in Römer 10,1 zum Ausdruck bringt: «Brüder! Das Wohlgefallen *meines* Herzens und mein Flehen für sie zu Gott ist, dass sie errettet werden.»

Zuerst erklärte Paulus den versammelten Juden, warum er als Gefangener nach Rom gekommen war. Er bezeugte klar, dass er unschuldig sei und die römische Justiz keine Todesschuld an ihm gefunden habe. Gleichzeitig versuchte er, seine Landsleute aus Jerusalem nicht unnötig schlecht hinzustellen.

Der Grund, warum er inhaftiert war, lag in seinem Glauben an die «Hoffnung Israels». Er glaubte, dass der Herr Jesus der Messias ist, der die Verheissungen an das Volk Israel erfüllen wird.

Den Juden in Rom war bis zu diesem Zeitpunkt nichts Negatives über Paulus berichtet worden. Darum waren sie bereit, von ihm etwas über die Christen zu hören, die an den Herrn Jesus glaubten. Sie nannten sie eine Sekte, die überall angegriffen wurde.

Während eines ganzen Tages hatte Paulus die Gelegenheit, den Juden von Rom das Evangelium vorzustellen. Er knüpfte beim Reich Gottes an, das sie erwarteten, und stellte ihnen den Herrn Jesus vor. Er war der verheissene Christus, an den sie glauben mussten, um errettet zu werden. Dabei stützte er sich auf die Aussagen des Alten Testaments, um sie aus dem Wort Gottes von der Wahrheit zu überzeugen.

SONNTAG 25. JUNI

Wie reagierten die Zuhörer auf diese Predigt? Die einen nahmen die Botschaft an, die anderen lehnten sie ab. Bei den einen zeigte sich Glauben, bei den anderen offenbarte sich Unglauben.

Nach diesem letzten Zeugnis an die Juden in der Apostelgeschichte, kündigte Paulus mit einem Zitat das göttliche Gericht über dieses ungläubige Volk an. Weil es im Unglauben verharrte, sollten nun die Menschen aus den Nationen das Evangelium der Gnade Gottes hören.

In seinem eigenen gemieteten Haus konnte Paulus allen, die ihn besuchten, die Botschaft von Jesus Christus verkünden. Sein Wirkungskreis war zwar eingeschränkt, aber die Juden konnten ihn an seinem Dienst nicht mehr hindern, weil er als Gefangener unter dem Schutz der Römer stand.

Die Apostelgeschichte berichtet uns, wie sich das Evangelium der Gnade und der christliche Glaube am Anfang ausbreiteten. Der letzte Vers zeigt uns, dass dieses Werk auch nach der Berichterstattung weiterging. Bis heute dauert es an. Noch immer können Menschen durch den Glauben an den Herrn Jesus errettet werden.

Schreiber

- Hesekiel stammte wie Jeremia aus der priesterlichen Familie Aarons (Hesekiel 1,3).
- Er war verheiratet. Doch seine Frau starb an dem Tag, als die Chaldäer Jerusalem angriffen (Hesekiel 24,1.2.18).
- Er wurde mit König Jojakin und vielen Edlen des Volkes Juda bei der zweiten Wegführung im Jahr 597 v. Chr. nach Babel gebracht (Hesekiel 1,3; 2. Könige 24,14).
- Er siedelte sich vermutlich am Fluss Kebar in Tel-Abib an und wohnte dort in einem eigenen Haus (Hesekiel 3,15; 8,1).

Zeit und Inhalt

Hesekiel war ein Zeitgenosse Jeremias und Daniels. Das wird auch aus seinen Prophezeiungen ersichtlich:

- Wie Jeremia kündigte er die kurz bevorstehende Zerstörung Jerusalems als Gericht Gottes an.
- Wie Daniel sagte er die ferne Zukunft voraus, wobei sein Thema mehr das Volk Israel war, während Daniel vor allem über die Nationen sprach.

Einteilung

Das Buch des Propheten Hesekiel lässt sich klar in vier Abschnitte gliedern:

- Kapitel 1 – 24: die Zerstörung Jerusalems
- Kapitel 25 – 32: sieben Nachbarvölker Israels
- Kapitel 33 – 39: die Wiederherstellung Israels
- Kapitel 40 – 48: das Tausendjährige Reich

Bei seinen Zeitangaben bezieht sich Hesekiel immer auf den Zeitpunkt der Wegführung des Königs Jojakin nach Babel. Das charakterisiert seine prophetische Botschaft. Seit diesem Ereignis steht das Volk Israel wegen seiner Untreue unter der züchtigenden Hand Gottes und muss noch schwere Wege gehen, bis es in den Segen des Tausendjährigen Reichs eingehen wird.

MONTAG
26. JUNI

In Kapitel 1 hat der Prophet eine Vision, in der er etwas von der Herrlichkeit des HERRN sieht (V. 28). Die vier lebendigen Wesen, die in den Versen 4-14 beschrieben werden, stellen nicht Gott dar. Sie zeigen vielmehr seine Eigenschaften in seiner Regierung und in seinem Gericht, wie sie sich auf der Erde entfalten.

Jedes Wesen hatte vier Gesichter, die vier göttliche Merkmale im Gericht vorstellen:

- Das Angesicht eines *Menschen* spricht von der göttlichen Weisheit.
- Das Angesicht eines *Löwen* beschreibt die göttliche Kraft.
- Das Angesicht eines *Stieres* stellt die Ausdauer Gottes dar.
- Das Angesicht eines *Adlers* deutet die Plötzlichkeit des göttlichen Gerichts an.

Das Aussehen der vier lebendigen Wesen war wie brennende Feuerkohlen oder Fackeln (V. 13). Sie weisen darauf hin, dass der göttliche Richter alles sieht. Nichts bleibt Ihm verborgen. – Das Feuer, das rings um die vier lebendigen Wesen war (V. 4), und die Blitze, die aus dem Feuer hervorgingen (V. 13), sind Symbole des Gerichts.

In den Versen 15-21 werden die Räder beschrieben. Sie weisen darauf hin, dass Gottes Handeln in seiner Regierung und in seinem Gericht seinen bestimmten Lauf nimmt. Niemand auf der Erde kann es beeinflussen oder aufhalten.

DIENSTAG
27. JUNI

Die Ausdehnung über den Häuptern des lebendigen Wesens macht klar, dass dieses Gebilde das göttliche Handeln *auf der Erde* darstellt. Doch es wird *vom Himmel her* gesteuert: Oberhalb der Ausdehnung sieht Hesekiel einen Thron und auf dem Thron eine Gestalt wie das Aussehen eines Menschen (Vers 26). Alles geht von Gott aus. Durch seinen Geist wirkt Er auf der Erde und führt seine Pläne aus.

Es fällt auf, dass der Thron Gottes nicht mehr mit dem Tempel in Jerusalem in Verbindung steht. Weil das Volk Israel seinen Gott verworfen hat, hat Er sich in den Himmel zurückgezogen und regiert von dort aus durch Vorsehung auf der Erde.

Zur Zeit Hesekiels fanden in der Welt grosse Umwälzungen statt. Die Babylonier eroberten viele Länder und drangen auch in Israel ein. Doch hinter diesen politischen Veränderungen stand Gott und lenkte alles nach seinem Willen. Oft schien sein Handeln für die Glaubenden seltsam und unbegreiflich. Doch sie sollten daran festhalten, dass nichts seinen Händen entgleitet. Sein Vorsatz würde sich bestimmt erfüllen.

Das war die Lektion, die der junge Prophet durch diese Vision bekam, bevor er seinen Dienst beginnen konnte. – Auch wir wollen Gott vertrauen, dass Er in unserer Zeit seine Pläne auf der Erde ausführt.

Die Vision in Kapitel 1 beeindruckte Hesekiel so stark, dass er auf sein Angesicht fiel. So erging es auch Johannes, als er den Herrn Jesus in seiner richterlichen Herrlichkeit gesehen hatte (Offenbarung 1,17). Es war Gott, der den Propheten durch seinen Geist wieder aufrichtete, damit er aufmerksam zuhören konnte, was der HERR ihm sagen wollte. Nur wenn er selbst das Wort Gottes hörte und es ins Herz aufnahm (Vers 8), konnte er ein nützlicher Prophet sein. – Genauso ist es heute für jeden Diener des Herrn nötig, dass er sich viel mit dem Wort beschäftigt und die biblischen Aussagen zuerst auf sich selbst anwendet. Nur so kann er zum Segen für andere sein.

MITTWOCH
28. JUNI

Der HERR war von Israel verworfen worden und hatte seinen Thron nicht mehr im Tempel in Jerusalem (Kapitel 1,26). Darum sollte auch der Prophet Hesekiel seinen Platz ausserhalb dieser Stadt einnehmen – nämlich im babylonischen Exil. Von dort sandte Gott ihn mit einer Botschaft zu seinem Volk.

Es war für Hesekiel bestimmt nicht einfach, die göttlichen Mitteilungen den Israeliten zu verkünden, die sich vom HERRN abgewandt hatten und durch ihr sündiges Leben harte Herzen besassen. Er musste sogar davon ausgehen, dass sie das Wort Gottes nicht annehmen würden. Deshalb sprach der HERR ihm für seine Aufgabe Mut zu: «Fürchte dich nicht vor ihren Worten, und erschrick nicht vor ihrem Angesicht.» Gleichzeitig ermahnte Er Hesekiel, sich nicht von der aufsässigen Einstellung seiner Landsleute anstecken zu lassen.

Der Prophet bekam von Gott eine Buchrolle. Darauf stand die Botschaft, die er dem Volk Israel verkünden musste. Doch zuerst wurde er aufgefordert, diese Rolle zu essen. Diese Handlung spricht davon, dass Hesekiel das Wort Gottes ins Herz aufnehmen und es sich zu eigen machen sollte (Vers 10).

DONNERSTAG 29. JUNI

Die Rolle war in seinem Mund süss wie Honig. Das spricht davon, dass die Beschäftigung mit dem Wort Gottes immer belebend und wohltuend ist. Diese Erfahrung machte auch Jeremia: «Deine Worte waren vorhanden, und ich habe sie gegessen, und deine Worte waren mir zur Wonne und zur Freude meines Herzens» (Jer 15,16).

Hesekiel wurde mit der göttlichen Botschaft zum Volk Israel gesandt. Dieses Volk verstand seine Sprache und stand in einer äusseren Beziehung zum HERRN. An sich sollte eine Verständigung zwischen dem Propheten und Israel kein Problem sein. Das Volk *konnte* auf ihn hören. Aber es *wollte* nicht. – Das war zur Zeit, als der Sohn Gottes auf die Erde und zu seinem Volk kam, nicht anders. Die Menschen in Israel verstanden die Worte des Herrn Jesus sehr wohl, aber sie weigerten sich, auf Ihn zu hören. Sie wollten nicht an Ihn glauben (Joh 12,37-40).

Es scheint, dass die ablehnende Haltung seines Volkes der Grund war, warum der Prophet innerlich erbittert war. Doch der HERR legte die Hand auf ihn, um ihn vor einer fleischlichen Äusserung zu bewahren. Darauf sass Hesekiel sieben Tage in der Mitte seines Volkes betäubt da – so stark beschäftige ihn der hartnäckige Unglaube der Juden!

FREITAG
30. JUNI

Für Israel als gesamtes Volk gab es damals kein Heilmittel mehr. Darum sollte Hesekiel das Wort Gottes an Einzelne richten und sie warnen:

- Der *Gottlose* ging auf seinem sündigen Weg dem göttlichen Gericht entgegen. Wenn der Prophet ihn nicht davor warnte, war er am Tod des Gottlosen mitschuldig. Wies der Prophet ihn jedoch zurecht, so war es möglich, dass der Gottlose auf ihn hörte und von seinem verkehrten Weg zu Gott umkehrte. Wenn der Gottlose nicht auf die Warnung hörte und nicht umkehrte, so war der Prophet seiner Verantwortung enthoben.
- Wenn der *Gerechte* einen falschen Weg einschlug, musste der Prophet ihn davor warnen. Tat er es nicht, so machte er sich schuldig. Wenn er aber seiner Verantwortung nachkam und der Gerechte sich vom Propheten zurechtweisen liess, so hatte er ihn von der Verirrung seines Weges zurückgeführt (Jak 5,19.20).

Diese Beispiele sprechen auch uns an. Wenn der Herr uns den Auftrag gibt, Ungläubige vor dem Gericht zu warnen oder verirrte Gläubige zurechtzubringen, wollen wir uns dieser Verantwortung nicht entziehen.

Hesekiel sieht nochmals die Herrlichkeit des HERRN. Das tiefe Empfinden der Erhabenheit Gottes sollte seinen Prophetendienst prägen. Von diesem grossen, allmächtigen Gott brachte er eine Botschaft zu den Menschen. Dann heisst es: «Der Geist kam in mich.» Der Heilige Geist wohnte nicht in ihm – wie Er heute in den Glaubenden wohnt –, sondern kam vorübergehend auf ihn, um ihm die nötige Kraft für den Dienst zu geben.

Hesekiel war vor der Einnahme und Zerstörung Jerusalems in das babylonische Exil geführt worden. Nun sollte er dort dem Volk Israel die Belagerung und Eroberung der Stadt Jerusalem anhand eines Modells bildlich ankündigen.

Der Prophet musste selbst zum Zeichen für Israel werden:

- Zuerst sollte er sich 390 Tage auf seine linke Seite legen und so die Ungerechtigkeit des Hauses Israel tragen. Diese Tage repräsentieren 390 Jahre – das ist ungefähr die Zeit von König Salomo bis zur Zerstörung Jerusalems.

SAMSTAG
1. JULI

- Danach sollte sich Hesekiel 40 Tage auf seine rechte Seite legen und die Ungerechtigkeit des Hauses Juda tragen. Vielleicht stellen diese Tage die 40-jährige Regierungszeit von König Salomo dar.

Gott verlangte für den Götzendienst, den Salomo öffentlich einführte und der sich danach voll in Israel entfaltete, eine Strafe. Doch Hesekiel konnte sie nicht für sein Volk erdulden. Weist er in seinem Zeichen nicht auf Jesus Christus hin? Als der grosse Sündenträger nahm Dieser am Kreuz auch die Schuld des Volkes Israel auf sich (Jesaja 53,5.6).

Während Hesekiel viele Tage auf der Seite lag, ass er nur eine abgewogene Portion Brot und trank nur eine abgemessene Wasserration. Damit wies er auf die Zeit der Eroberung Jerusalems hin, in der die eingeschlossenen Menschen vor Hunger verschmachten würden.

Dieses Kapitel beschreibt, welches Strafgericht die Menschen in Jerusalem während der Belagerung und Eroberung erleiden würden.

SONNTAG
2. JULI

Hesekiel musste sich das Haupt- und das Barthaar abscheren. So entwürdigend es für ihn war, kahl geschoren zu sein, so entehrt stand das Volk Israel da, nachdem Gott es der Verachtung und Verfolgung durch die Nationen preisgegeben hatte.

Was der Prophet mit seinen Haaren machen musste, symbolisiert das Schicksal, das die Bewohner von Jerusalem treffen würde:

- Der erste Drittel würde in der Stadt durch Hunger und Pest sterben,
- der zweite Drittel bei der Eroberung durchs Schwert fallen,
- der letzte Drittel in alle Himmelsrichtungen zerstreut werden, ohne dabei vor weiteren Verfolgungen sicher zu sein.

Vom letzten Drittel würde es einen kleinen glaubenden Überrest geben, den Gott beschützen und segnen wollte (Vers 3).

Jerusalem hätte ein Zeugnis für den Namen Gottes inmitten der Nationen sein sollen (Vers 5). Stattdessen hatten es seine Bewohner in ihrer Gottlosigkeit schlimmer getrieben als die Völker um sie her. Deshalb würde Gott das Strafgericht über diese götzendienerische Stadt als ernste Warnung vor den Augen der Nationen ausführen. Damit wollte Er ihnen klarmachen: «In denen, die mir nahen (oder nahe sind), will ich geheiligt werden» (3. Mose 10,3).

Das göttliche Gericht beschränkte sich nicht auf Jerusalem. Auch die Berge Israels sollte es treffen. Dort auf den Höhen hatten die Menschen Götzenkult getrieben und damit den HERRN, ihren Gott, gereizt. Nun suchte Er sie deswegen mit Gericht heim. Die Kultstätten würden verwüstet und die Götzenanbeter erschlagen werden. Das ganze Land Israel sollte entvölkert werden.

Doch mitten in der Ausübung dieses gerechten Strafgerichts würde Gott seine Barmherzigkeit nicht vergessen. Von den Zerstreuten wollte Er einen kleinen Überrest verschonen. Diese wenigen, die das Gericht überlebten, würden über ihren Götzendienst Buße tun und an sich selbst Ekel empfinden wegen der bösen Taten, die sie begangen hatten.

- Das erfüllte sich im babylonischen Exil, als einige Juden echt Buße über die Sünden ihres Volkes taten. Denken wir nur an Daniel, wie er sich in Daniel 9 vor Gott demütigte und die Sünden seines Volkes bekannte.
- Das wird sich auch in der Zukunft erfüllen, wenn ein Überrest aus Israel in der Drangsalszeit zu Gott umkehren und auf den verheissenen Messias hoffen wird.

Wie schwer Israel den HERRN durch den Götzenkult beleidigte, kommt in den Versen 11-14 nochmals zum Ausdruck. Keiner konnte dem Strafgericht entrinnen. Was Gott bereits in 3. Mose 26,30-33 angekündigt hatte und nun durch Hesekiel bestätigte, würde sich wörtlich erfüllen, damit sie «wissen, dass ich der HERR bin» (Verse 10.14).

Jetzt kündigte der Prophet das Gericht über das ganze Land Israel an. Lange hatte der HERR in seiner Gnade und Geduld das Strafgericht zurückgehalten: «Er aber war barmherzig, er vergab die Ungerechtigkeit und vertilgte sie nicht; und oftmals wandte er seinen Zorn ab und liess nicht erwachen seinen ganzen Grimm» (Ps 78,38). Doch nun war das Mass der Bosheit voll und der Tag der Abrechnung nahe, so dass Gott zweimal erklärte: «Mein Auge wird dich nicht verschonen; und ich werde mich nicht erbarmen; sondern ich will deine Wege über dich bringen» (Verse 4.9).

DIENSTAG
4. JULI

Es handelt sich hier um ein *zeitliches* Gericht über das Volk Israel, in dem Gott nicht mehr schonend an ihm vorüberging (Amos 8,2). – Wie dankbar können wir sein, dass Gott uns, die wir an den Herrn Jesus glauben, vor dem *ewigen* Gericht verschont. Doch das ist nur möglich, weil der Heiland am Kreuz stellvertretend die göttliche Strafe für unsere Sünden trug. Da konnte Ihn der heilige Gott nicht schonen, sondern legte Ihm unsere ganze Schuld zur Last.

So wie zur Zeit Hesekiels das Strafgericht für Israel vor der Tür stand, so stehen wir heute kurz vor dem Tag des HERRN, der mit furchtbaren Gerichten eingeläutet wird. Zuvor wird der Herr Jesus jedoch zur Entrückung der Seinen wiederkommen. Danach wird Gott die Bosheit und den Abfall in unseren einst christlichen Ländern bestrafen, wie die Offenbarung klar voraussagt. Dieses prophetische Wort aus dem Neuen Testament wird sich ebenso erfüllen wie die Weissagungen Hesekiels im Alten Testament.

Wo sich die Menschen auch befinden – auf dem Land oder in der Stadt –, es wird sie ein furchtbares Gericht treffen. Wer die Pest, den Hunger und die feindlichen Angriffe überlebt, wird beschämt und hoffnungslos umherirren. Das Gold und das Silber, worauf sie ihr Vertrauen gesetzt haben, wird sie vor dem Zorn des HERRN nicht retten können. Denn ihr Reichtum ist eine Ursache für ihre Ungerechtigkeit gewesen (Vers 19). Sie haben in ihrem Wohlstand Gott vergessen und sich dem Götzenkult zugewandt.

MITTWOCH
5. JULI

Heute herrscht in unseren Ländern eine ähnliche Situation. Der grosse Reichtum führt die Menschen von Gott weg und verführt sie zu einem genusssüchtigen, egoistischen Leben. Als Christen stehen wir in Gefahr, uns von diesem Zeitgeist anstecken zu lassen (2. Timotheus 3,1-4).

In den Versen 20-22 spricht der HERR über den Tempel in Jerusalem. Er nennt ihn den «zierenden Schmuck» und «meine verborgene Stätte». Auch sein Haus wird Er den Feinden preisgeben, weil das Volk diesen heiligen Ort für den Götzendienst missbraucht hat.

Gott wird ein böses und grausames Volk benutzen, um sein Gericht über Jerusalem zu bringen. Die Kette in Vers 23 deutet an, dass die Bewohner, die die Eroberung überleben, ins Exil verschleppt werden.

Wie ernst ist die Aussage: «Sie werden Frieden suchen, aber da ist keiner.» Weil sie dem HERRN den Rücken gekehrt haben, werden sie vergeblich Frieden suchen. Sie werden erfahren, was Gott in Jesaja 48,22 erklärt: «Kein Friede den Gottlosen!»

Die Kapitel 8 – 11 bilden einen neuen Abschnitt im Propheten Hesekiel. Sie zeigen, warum die Herrlichkeit des HERRN den Tempel in Jerusalem verlässt und warum Gott ein furchtbares Gericht über diese Stadt bringt.

DONNERSTAG
6. JULI

Der Geist Gottes bringt Hesekiel in einer Vision nach Jerusalem. Dort sieht der Prophet zuerst die Herrlichkeit des Gottes Israel. Dann zeigt ihm der HERR fünf Gräuel, die nicht zu seiner Herrlichkeit passen. Sie sind die Ursache für das Strafgericht:

1) Nördlich vom Tor des Altars sieht Hesekiel das Götzenbild der Eifersucht (V. 5.6). Vermutlich hat König Manasse diesen Götzen dort aufgestellt (2. Kön 21,7).
2) In einem geheimen Raum stehen 70 führende Männer von Israel und verehren mit Räucherpfannen fremde Götter (V. 7-13). Sie meinen, der HERR sehe sie nicht, weil sie ihren Götzenkult im Dunkeln ausüben. Doch Gott nimmt alles wahr, auch die Sünden, die im Verborgenen geschehen (Ps 139,12; Heb 4,13).
3) Am nördlichen Eingang des Tempels sitzen Frauen, die fremden Göttern dienen (V. 14.15).
4) Im inneren Vorhof des Hauses des HERRN verneigen sich 25 Männer vor der Sonne (V. 16). Gott hat das jedoch ausdrücklich verboten (5. Mo 4,19). Wahrscheinlich sind es die 24 Priester, die im Dienst stehen, zusammen mit dem Hohenpriester.
5) Der HERR erklärt dem Propheten, dass neben dem abscheulichen Götzendienst auch Gewalttat im Land herrscht (V. 17). Was die Welt schon immer geprägt hat, nimmt nun im Volk Gottes überhand (1. Mo 6,11).

In diesem Kapitel sieht der Prophet zum einen sechs Männer mit zerstörerischen Werkzeugen und zum anderen einen Mann, der in Leinen gekleidet ist und Schreibzeug bei sich hat.

- Der Mann mit dem Schreibzeug bekommt den Auftrag, alle Menschen in Jerusalem, die über den schlimmen Götzendienst trauern, an der Stirn zu kennzeichnen. Er vertritt die *Gnade Gottes,* die alle vom Gericht verschont, die über ihre Sünden Buße tun. Werden wir da nicht an den Herrn Jesus erinnert, der in Gnade zu uns Menschen gekommen ist, um Sünder zur Buße zu rufen und zu erretten (Lukas 5,32; 19,10)?

Freitag
7. Juli

  Wir lernen aus der Handlung dieses Mannes auch, was in einer Zeit moralischen Niedergangs die Zustimmung des Herrn findet: eine echte Demütigung über das Versagen im Volk Gottes.

- Die Männer mit den Werkzeugen werden aufgefordert, alle zu erschlagen, die kein Zeichen an der Stirn haben. Sie repräsentieren das *Gericht Gottes,* das alle trifft, die nicht Buße tun. Vielleicht weisen sie auf die Engel hin, die das göttliche Strafgericht ausführen, wie es in der Offenbarung oft beschrieben wird.

  Aus dem Strafvollzug erhalten wir auch eine Lektion. Das Gericht fängt bei denen an, die Gott am nächsten stehen (Vers 6; 1. Petrus 4,17). Das grosse Vorrecht, zum Haus Gottes zu gehören, macht uns umso mehr verantwortlich, zu seiner Ehre zu leben. Wenn wir jedoch seine Heiligkeit vernachlässigen, wird Er mit zeitlichem Gericht eingreifen.

Die Herrlichkeit des HERRN, die Hesekiel im babylonischen Exil gesehen hat (Kapitel 1), befindet sich jetzt in Jerusalem (Kapitel 8,4). Sie nimmt alles Böse wahr, das in dieser Stadt geschieht, und beurteilt es am Massstab der absoluten Heiligkeit Gottes. Wieder ist über der Ausdehnung ein Thron sichtbar. Aber Den, der auf dem Thron sitzt, sieht man nicht. Nur seine Stimme wird gehört. Sie gebietet dem Mann, der in Leinen gekleidet ist, seine Hände mit Kohlen zu füllen und sie über Jerusalem auszustreuen. Damit kündigt Gott symbolisch an, dass die ganze Stadt dem Gericht und der Vernichtung preisgegeben wird.

SAMSTAG 8. JULI

Wie schon in Kapitel 9 weist dieser weiss gekleidete Mann auf den Herrn Jesus hin. Doch in Kapitel 10 übt Er nicht Gnade, um einen bußbereiten Überrest zu bewahren. Er ist jetzt der Mann, der das göttliche Gericht über Jerusalem ausführt.

Ein Cherub streckt seine Hand aus und gibt dem Mann in Leinen das Feuer, das zwischen den Cherubim ist (Vers 7). Im Einklang damit heisst es in Johannes 5,27, dass der Vater dem Herrn Jesus «Gewalt gegeben hat, Gericht zu halten, weil er des Menschen Sohn ist». In Apostelgeschichte 17,31 erklärt Paulus, dass Gott «einen Tag festgesetzt hat, an dem er den Erdkreis richten wird in Gerechtigkeit durch einen Mann, den er dazu bestimmt hat». Es ist Jesus Christus, den Gott auferweckt hat und den der Apostel Johannes in seiner richterlichen Herrlichkeit gesehen hat (Offenbarung 1,12-16).

Heute stellt Er sich noch allen Menschen als Heiland vor. Aber bald wird Er als Richter erscheinen.

In den Versen 9-17 wird nochmals der Wagen mit den lebendigen Wesen und ihren Rädern beschrieben, der die Herrlichkeit Gottes in seiner Regierung und in seinem Gericht darstellt (siehe Kapitel 1,4-28). Die ausführliche Schilderung der Augen weist darauf hin, dass sie die Ausführung des Gerichts überwachen. Alles soll so ablaufen, wie der HERR es vorgesehen hat.

SONNTAG
9. JULI

Bevor Jerusalem vom angekündigten Gericht getroffen wird, verlässt die Herrlichkeit des Gottes Israels den Tempel und die Stadt:

- In Kapitel 9,3 begibt sich die Herrlichkeit des HERRN, die bei der Einweihung den Tempel erfüllt hat (1. Kön 8,10.11), zur Schwelle des Hauses.
- In Kapitel 10,18 verlässt sie die Schwelle des Hauses und stellt sich über die Cherubim. Darauf setzen sich die Cherubim mit der Herrlichkeit des Gottes Israels in Bewegung und stellen sich an den Eingang des östlichen Tores des Hauses des HERRN.
- In Kapitel 11,23 entfernt sie sich dann endgültig von Jerusalem.

Einst hatte der HERR zu Salomo gesagt: «Ich habe dieses Haus, das du gebaut hast, geheiligt, um meinen Namen dahin zu setzen in Ewigkeit; und meine Augen und mein Herz sollen dort sein alle Tage» (1. Kön 9,3). Wenn sie jedoch seine Gebote nicht hielten und anderen Göttern dienten, «so werde ich Israel ausrotten aus dem Land, das ich ihnen gegeben habe; und das Haus, das ich meinem Namen geheiligt habe, werde ich von meinem Angesicht wegwerfen» (1. Kön 9,7). Das traf nun ein.

Der Prophet wird durch den Geist zum östlichen Tor des Tempels gebracht. Dort sieht er die Fürsten des Volkes, die eine führende Rolle im Abfall von Gott und im Bösestun einnehmen. Besonders schwerwiegend ist ihr Widerstand gegen das Wort Gottes:

- Der Prophet Jeremia hat die verschleppten Juden aufgefordert, im Exil Häuser zu bauen und zu bewohnen, denn es sollen 70 Jahre vergehen, bis sie nach Jerusalem zurückkehren werden (Jeremia 29,5-10). Doch die Fürsten, die noch in Jerusalem wohnen, behaupten: «Es ist nicht an der Zeit, Häuser zu bauen.»
- Der Prophet Jeremia hat die Juden in Jerusalem aufgefordert, sich zu ergeben und zu Nebukadnezar hinauszugehen (Jeremia 21,8-10). Aber diese hartnäckigen Führer des Volkes meinen, die Stadt Jerusalem sei uneinnehmbar. Sie erklären: «Sie ist der Topf, und wir sind das Fleisch.» So wie das Fleisch durch den Topf vor der direkten Einwirkung des Feuers geschützt ist, so glauben sie, hinter den starken Mauern von Jerusalem vor dem Feind sicher zu sein.

Montag
10. Juli

Wie ernst ist die Botschaft, die Gott den Fürsten durch Hesekiel mitteilen lässt! Zuerst macht Er sie für die Menschen verantwortlich, die während der Belagerung bereits gestorben sind (Verse 6.7). Dann kündigt Er ihnen das Gericht an: Sie werden an der Grenze Israels durchs Schwert fallen (Verse 10.11). Diese Prophezeiung erfüllte sich wörtlich (2. Könige 25,18-21). Mit dem plötzlichen Tod Pelatjas bekräftigt der Herr sein Wort. Doch diese deutliche Sprache scheint ausser Hesekiel niemand beeindruckt zu haben.

Ab Vers 14 beantwortet der HERR die Frage des Propheten «Willst du dem Überrest Israels den Garaus machen?» mit einem «Nein».

DIENSTAG 11. JULI

Die übriggebliebenen Juden in Jerusalem meinen, sie seien gegenüber ihren verschleppten Landsleuten im Vorteil. Doch das ist nicht der Fall.

- Erstens sagt Gott, dass Er den Israeliten in der Fremde ein wenig zum Heiligtum geworden ist (Vers 16). Sie können auch dort zu Ihm beten sowie mit seiner Nähe und Hilfe rechnen.
- Zweitens verheisst der HERR ihnen eine Rückkehr in das Land Israel (Vers 17). Er wird sie aus den Völkern sammeln und dorthin zurückbringen.

Die Verse 18-20 beschreiben, wie diese heute noch zukünftige Wiederherstellung Israels erfolgen wird. Es wird eine nationale Wiedergeburt stattfinden. Gott wird ein Werk in den bußfertigen Juden tun, indem Er ihnen ein neues Herz und einen neuen Geist geben wird. Als Folge davon werden sie seine Gebote gern befolgen und in einer glücklichen Beziehung zu Ihm stehen.

Es scheint, dass sich die Warnung in Vers 21 an die Juden in Jerusalem richtet, die an ihren bösen Handlungen festhalten. Vers 22 macht klar, dass ihr Standpunkt nicht mehr besser ist als die Position der Juden im Exil: Die Herrlichkeit des HERRN verlässt Jerusalem und stellt sich auf den Berg. Damit distanziert sich Gott öffentlich von dieser sündigen Stadt und ihren bösen Bewohnern.

Hesekiel kommt durch den Geist zu den Weggeführten nach Babel zurück und erzählt ihnen alle Worte des HERRN.

Mit Kapitel 12 beginnt ein neuer Abschnitt im Buch des Propheten Hesekiel, der mit Kapitel 19 endet. Weil die

MITTWOCH
12. JULI

Juden widerspenstig waren und nicht auf die göttliche Botschaft hörten, musste Hesekiel sie nochmals eindringlich warnen. Diesmal sollte er ihnen durch sein Verhalten ein Wahrzeichen sein:

- Zuerst zog er am Tag wie ein Auswanderer mit Sandalen, einem Stab und einem Bündel auf dem Rücken zum Haus hinaus, als wolle er von dort wegziehen.
- Darauf durchbrach er am Abend die Mauer und trug die Auswanderergeräte im Dunkeln hinaus und nahm sie auf die Schulter.

Beide Handlungen konnten die weggeführten Juden mit ihren Augen verfolgen. Doch sie verstanden die Symbolik nicht und fragten: «Was tust du?» Nun erklärte ihnen der Prophet, was sie bedeuteten:

- Die Juden, die noch in Jerusalem wohnten, würden auch in die Verbannung kommen. Sie sollten sich am Tag, d. h. öffentlich, ergeben und zum König von Babel hinausgehen. Dann würden sie zwar ins Exil kommen, aber dafür am Leben bleiben.
- Doch König Zedekia – der in Vers 12 «der Fürst» genannt wird – wollte sich Nebukadnezar nicht unterwerfen. Er versuchte in der Nacht aus Jerusalem zu fliehen. Doch die Chaldäer spürten ihn auf und verhafteten ihn. Nebukadnezar liess ihm die Augen blenden, so dass Zedekia als Blinder nach Babel kam.

Es ist beeindruckend, dass sich alles, was in den Versen 12-16 beschrieben wird, genauso zutrug. Wir können es in 2. Könige 25,1-7 nachlesen.

Gott hatte mit seinem Volk viel Geduld gehabt. Doch jetzt war der Moment gekommen, an dem Er das Gericht über Jerusalem brachte. Weil die Bewohner nicht auf seine Warnungen hörten und in ihrem Leben nicht vom verkehrten Weg zu Ihm umkehrten, musste der HERR sie bestrafen.

DONNERSTAG 13. JULI

In Hebräer 10,31 heisst es: «Es ist furchtbar, in die Hände des lebendigen Gottes zu fallen!» Das erfuhren die Bewohner von Jerusalem, als sein Gericht sie erreichte. Deshalb erfüllten Angst und Entsetzen ihre Herzen.

Als Hesekiel diese schreckliche Gerichtszeit ankündigte, meinten viele Juden: «Die Tage werden sich in die Länge ziehen» (Vers 22). Oder anders ausgedrückt: Es wird noch lange gehen, bis das Gericht eintrifft, wenn es überhaupt kommt! Wahrscheinlich waren es falsche Propheten, die das Volk mit diesen Worten im Unglauben bestärkten. Als Folge davon nahmen sie die göttlichen Warnungen durch den Propheten nicht ernst und lebten, wie sie wollten.

Was sich damals im Volk Israel zutrug, wiederholt sich heute in der Christenheit. Es gibt Spötter, die sagen: «Wo ist die Verheissung seiner Ankunft?» (2. Petrus 3,4). Damit stellen sie das Kommen des Herrn infrage. Sie glauben nicht, dass Er zum Gericht wiederkommen wird. Die Masse der bekennenden Christen lässt sich durch solche Behauptungen verführen und in falscher Sicherheit wiegen. Die praktischen Folgen sind fatal: Wer nicht glaubt, dass der Herr zum Gericht wiederkommt, lebt nach seinen eigenen Begierden.

In diesem Kapitel teilt Hesekiel den falschen Propheten eine göttliche Botschaft mit. Zuerst stellt er sie bloss: Obwohl sie behaupten, im Auftrag des HERRN zu weissagen, reden sie das, was sie in ihren eigenen Herzen ausgedacht haben. Dabei suchen sie nicht das Wohl der Stadt, sondern ihre eigene Ehre (Vers 5).

FREITAG 14. JULI

Ab Vers 8 kündigt Hesekiel das Gericht über die falschen Propheten an:

- Sie werden nicht im Rat des Volkes Gottes stehen, sondern von dieser Gemeinschaft ausgeschlossen sein.
- Ihre Namen werden nicht im Buch des Hauses Israel eingeschrieben werden, so dass ihr Andenken völlig ausgelöscht sein wird.
- Sie werden nicht ins Land Israel kommen. Nur ein Überrest, der sich in Buße und Glauben an den HERRN wenden wird, wird dorthin zurückkehren.

Ihre falschen Ansichten und Lehren werden mit einer schön angestrichenen Mauer verglichen. Ihre wohlklingenden Reden tönen überzeugend und ihre Friedensbotschaft mag bei den Zuhörern Beifall hervorrufen. Aber wenn die Stürme des Lebens kommen, geben ihre Theorien keinen Halt, sondern fallen in sich zusammen.

Auch in der Christenheit gibt es falsche Propheten und Lehrer, die ihre eigenen Ideen verbreiten und viele unbefestigte Seelen hinter sich herziehen (2. Petrus 2,1.14; Apostelgeschichte 20,30). Wie können wir vor ihrem irreführenden Einfluss bewahrt bleiben? Indem wir uns eine gute Bibelkenntnis aneignen und alles ablehnen, was im Widerspruch zum Wort Gottes steht.

In Israel gab es auch falsche Prophetinnen. Sie übten durch ihre okkulten Praktiken einen verderblichen Einfluss auf das Volk aus. Hesekiel richtete eine ernste Botschaft von Gott an sie. Zuerst prangerte er ihr böses und verkehrtes Tun an:

- Sie weissagten, was sie sich in ihren eigenen Herzen ausgedacht hatten.
- Sie fingen die Seelen, indem sie die Menschen durch Wahrsagerei unter die Macht Satans brachten.
- Sie belogen das Volk, denn sie behaupteten das Gegenteil von dem, was Gott sagte.
- Sie bestärkten die Gottlosen auf ihrem verkehrten Weg, so dass sie nicht umkehrten.

Die Gerechten waren über das böse Werk dieser Frauen betrübt (Vers 22). Sie erkannten, wie schädlich diese religiöse Verführung für das Volk war.

Doch Gott würde diese falschen Prophetinnen bestrafen. Zweimal erklärte Er: «Ich werde mein Volk aus eurer Hand erretten» (Verse 21.23). Durch sein Gericht an diesen bösen Frauen würde Er Israel von ihrer Verführung befreien.

Heute erkennen wir in unseren einst christlichen Ländern eine ähnliche Entwicklung. Der Okkultismus nimmt immer mehr zu. Wahrsagerinnen, Hellseherinnen und Kartenlegerinnen treiben ihr Unwesen. Gleichzeitig werden die Menschen durch verkehrte Lehren im Bösestun bestärkt. Man behauptet, es gäbe weder ein zukünftiges Gericht noch eine ewige Verdammnis. Darum könne jeder leben, wie er wolle. Doch wie täuschen sie sich! Gottes Wort wird sich bestimmt erfüllen.

Die führenden Männer aus dem Volk Israel kamen zum Propheten Hesekiel, um durch ihn Gott zu befragen. Diese Handlung machte – äusserlich betrachtet – einen guten und frommen Eindruck. Doch der HERR sah in ihre Herzen und wusste um ihre innere Einstellung:

SONNTAG
16. JULI

- Obwohl der Prophet das Gericht über Jerusalem angekündigt hatte, glaubten sie ihm nicht. Stattdessen hofften sie, der HERR würde ihnen eine bessere Mitteilung machen.
- Sie hatten sich vom lebendigen Gott abgewandt und waren den Götzen sehr ergeben. Wie konnten sie mit dieser Einstellung eine positive Botschaft vom HERRN erwarten?

So bekamen sie nur eine kurze Antwort von Gott: «Kehrt um und wendet euch ab von euren Götzen» (Vers 6). Das war die einzige Möglichkeit, um mit dem HERRN ins Reine zu kommen.

Wie war dem HERRN das fromme Doppelleben verhasst: Einerseits beteten sie Götzen an und anderseits gingen sie zum Propheten, um Gott für sich zu befragen. Darum warnte Er auch den Propheten, ja nichts zu sagen, um diese scheinheiligen Fragesteller zu befriedigen. – Dieser Abschnitt enthält auch zwei Lektionen für uns:

- Wenn uns der Wille Gottes in einer Sache klar ist, sollen wir deswegen nicht weiter zu Ihm beten, sondern ihn tun. Denn Gott ändert seine Ansicht nicht.
- Ungerichtete Sünden in unserem Leben sind ein Hindernis für die Erhörung der Gebete. Darum müssen wir sie zuerst vor Gott und Menschen in Ordnung bringen.

Dieses Kapitel macht klar, dass der HERR das Volk Israel als Nation verworfen hatte. Er erkannte es nicht mehr als sein Volk an und behandelte es wie alle anderen Völker. Vier verschiedene Gerichte sollten bald über Jerusalem und Israel hereinbrechen:

1) Eine Hungersnot wird die Menschen und das Vieh heimsuchen, so dass viele daran sterben werden.
2) Böse Tiere werden das Land durchziehen und es entvölkern. Sie sind ein Symbol für die Chaldäer, die das Land Israel erobern und zur Wüste machen werden.
3) Das Schwert spricht vom Krieg, der in Israel wüten und zahllose Opfer fordern wird.
4) Die Pest wird sich unter der Bevölkerung von Jerusalem ausbreiten und viele Menschenleben kosten.

MONTAG 17. JULI

Diese furchtbaren Gerichte konnten nicht aufgehalten werden. Selbst wenn sich gerechte und gottesfürchtige Männer wie Noah, Daniel oder Hiob in Jerusalem befänden, würden sie durch ihre Gerechtigkeit nur ihre eigenen Seelen erretten.

Obwohl die Eroberung und Zerstörung Jerusalems unabwendbar war, sollten dabei nicht alle Menschen umkommen. Einige würden dem Gericht entrinnen können und zu den Weggeführten nach Babel kommen. Diese Entronnenen sollten ihnen vom Unglück berichten, das der HERR über diese Stadt gebracht hatte. Aus ihrer Erzählung würden die Gottesfürchtigen verstehen, dass dieses Gericht notwendig war, weil der Name des HERRN durch den Götzendienst aufs Schlimmste verunehrt worden war.

Das Volk Israel wird in der Bibel mehrmals mit einem Weinstock verglichen. In Psalm 80,9 lesen wir: «Einen Weinstock zogst du aus Ägypten, vertriebst Nationen und pflanztest ihn.» Gott konnte mit Recht Frucht von Israel erwarten, nachdem Er so viel für sein Volk getan hatte. Doch der Weinstock brachte keine Trauben hervor.

Lange hatte der HERR mit Israel Geduld. Er sandte Propheten, um die Menschen zur Umkehr vom Götzendienst und zu einem gottesfürchtigen Leben aufzufordern. Doch die Frucht blieb aus.

DIENSTAG 18. JULI

In unserem Kapitel wird die Stadt Jerusalem mit einem unfruchtbaren Weinstock gleichgesetzt. Weil er keine Frucht trägt, ist er völlig unnütz. Aus seinem Holz kann man weder einen Pfahl noch ein Werkzeug machen. So wie man das Holz des Weinstocks nur als Brennmaterial braucht, so blieb für Jerusalem nur das Feuer des Gerichts übrig.

Bereits zweimal hatte Nebukadnezar die Stadt angegriffen und viele Bewohner nach Babel geführt. Dabei waren die beiden Enden des Holzes vom Feuer verzehrt worden. Nun stand das endgültige Gericht kurz bevor. Durch die Zerstörung Jerusalems würde das Holz des unfruchtbaren Weinstocks völlig verbrannt werden.

In Johannes 15,1 sagt der Herr Jesus: «*Ich* bin der wahre Weinstock.» Er ist an die Stelle von Israel getreten und hat Frucht für Gott gebracht. Zu den Reben gehören alle, die sich zu Christus bekennen. Wenn sie in Ihm bleiben, bringen sie Frucht. Leider gibt es auch bekennende Christen, die kein Leben aus Gott haben. Sie bringen keine Frucht und kommen ins Feuer des Gerichts.

MITTWOCH
19. JULI

In diesem Kapitel erzählt der HERR in bildlicher Sprache die Geschichte der Stadt Jerusalem. Er spricht über ihre Vergangenheit, ihre Gegenwart und ihre Zukunft.

Die Amoriter und Hethiter hatten einst die Stadt Jerusalem erbaut. Bei der Eroberung des Landes unter der Führung von Josua kämpfte das Volk Israel gegen Adoni-Zedek, den König von Jerusalem (Josua 10,5). Bei der Verteilung des Landes wurde Jerusalem dem Stamm Juda oder Benjamin zugesprochen. Doch sie vermochten die Jebusiter nicht aus der Stadt zu vertreiben (Josua 15,63). Erst König David eroberte die Stadt Jerusalem und machte sie zum Hauptsitz seines Reichs (2. Samuel 5,6-9). Unter seinem Sohn Salomo erreichte sie ihre Glanzzeit. Da wurde wahr, was der HERR in Vers 14 sagt: «Dein Ruf ging aus unter die Nationen wegen deiner Schönheit, denn sie war vollkommen durch meine Herrlichkeit, die ich auf dich gelegt hatte.»

Wir erfahren aus diesem Kapitel, dass Gott hinter dieser geschichtlichen Entwicklung Jerusalems stand. Er nahm sich dieser Stadt an und sprach die bedeutenden Worte: «Lebe!» Er machte einen Bund mit ihr und erwählte sie zum Ort, wo Er seinen Namen wohnen liess. Er verlieh ihr Schönheit, Wohlstand und Ehre. Alles entsprang der göttlichen Gnade, in der Er sich über Jerusalem erbarmte und sie mit Herrlichkeit ausstattete.

Diese Bildersprache lässt uns auch an das gnädige Handeln Gottes mit uns denken, als Er sich über unseren elenden Zustand erbarmte und uns errettete.

Der HERR hatte sich über Jerusalem erbarmt und diese Stadt reich gesegnet. Wie vergalt sie Ihm diese Gnade? Durch frevelhafte Untreue! Obwohl sie die Stadt Gottes war (Psalm 87,3), wandte sie sich von Ihm ab und führte den Götzenkult ein. So glich Jerusalem einer ehebrecherischen Frau, die ihren Mann hintergeht und Hurerei treibt.

DONNERSTAG 20. JULI

Die Bewohner kehrten dem HERRN den Rücken und gaben sich dem Götzendienst hin. Anstatt den lebendigen Gott im Tempel anzubeten, machten sie sich Höhen, um dort die heidnischen Götter zu verehren. Alles, was der HERR der Stadt Jerusalem an Reichtum geschenkt hatte, verwendeten die Bewohner für ihren Götzenkult: Mit dem *Gold* und dem *Silber* machten sie Götzenbilder. Das *Öl* und das *Räucherwerk* weihten sie ihren Göttern.

Sie fügten eine schwerwiegende Sünde hinzu, indem sie ihre Kinder den Göttern opferten (Verse 20-22). Gott hatte das ausdrücklich verboten: «Es soll niemand unter dir gefunden werden, der seinen Sohn oder seine Tochter durchs Feuer gehen lässt» (5. Mose 18,10).

In den Versen 23-29 werden die Götter Ägyptens, Assyriens und Babels erwähnt, die in Jerusalem angebetet wurden. Man hat den Eindruck, dass sich die Israeliten mit der Verehrung dieser Götzen die Freundschaft und Gunst dieser Völker erwerben wollten.

In Jakobus 4,4 wird die Freundschaft mit der Welt als Ehebruch gegenüber Gott bezeichnet. So lernen wir aus Hesekiel 16, wie schwerwiegend es ist, wenn wir die Welt und das, was sie bietet, lieb gewinnen. Unser Herz gehört doch dem Herrn Jesus, der uns erlöst hat!

In diesem Abschnitt kündigt der HERR das Gericht über die Stadt Jerusalem an. Er nennt sie nicht die geliebte Stadt, sondern spricht sie mit «Hure» an. Denn sie hat Gottes Liebe mit Füssen getreten und Ihn durch ihren Götzendienst zutiefst beleidigt.

FREITAG 21. JULI

Gerade jene Völker, deren Götter in Jerusalem angebetet wurden, würden diese Stadt angreifen. Der König von Babel sollte mit seiner Armee das besondere Werkzeug in der Hand Gottes sein, um sie zu zerstören.

Der HERR würde Jerusalem nach «den Rechten der Ehebrecherinnen» richten. Das Gesetz forderte für solche Fälle den Tod durch Steinigung (3. Mo 20,10; Joh 8,5). Darum erklärt Gott hier: «Sie werden eine Versammlung gegen dich heraufführen und dich steinigen und dich mit ihren Schwertern durchbohren.»

Der HERR war durch den Götzendienst in Jerusalem, der teilweise sogar in seinem Tempel ausgeübt wurde (2. Kön 21,7), furchtbar verunehrt worden. Was diese Sünde besonders schwerwiegend machte, war die Gnade, die diese Stadt zu Beginn von Gott erfahren hatte. Darum forderte Er in seinem Grimm eine gerechte Vergeltung.

Am Ende der Zeit wird es noch einmal eine Hure geben: Babylon, die abtrünnige Christenheit. Sie weist manche Parallelen zum abtrünnigen Jerusalem auf:
- Sie ist ebenfalls eine Brutstätte des Götzendienstes und ein Ort der Unmoral (Off 17,3-5).
- Gott wird auch dann die Völker benutzen, um das Strafgericht an ihr zu vollziehen (Off 17,15.16).

Obwohl Gott die Stadt Jerusalem für sich geheiligt hatte, fiel sie in den Götzendienst der früheren Bewohner Kanaans zurück, die diese Stadt einst erbaut hatten. Darum sagt der HERR zu ihr: «Wie die Mutter, so ihre Tochter.» Dieses Sprichwort ist heute noch gültig:

SAMSTAG
22. JULI

- Im positiven Sinn stellt es uns die Frage: Ahmen wir das gottesfürchtige Verhalten unserer Eltern nach?
- Im negativen Sinn warnt es uns, die gleichen Fehler wie unsere Vorfahren zu machen. Wir tragen eine grössere Verantwortung als sie, weil wir die Folgen dieser Fehltritte vor Augen haben.

Ab Vers 46 wird Jerusalem mit Samaria und Sodom verglichen. Diese Städte werden als ihre Schwestern bezeichnet, weil sie in ähnlicher Weise gegen Gott gesündigt hatten:

- Samaria wird als die grössere Schwester Jerusalems bezeichnet, weil das Nordreich Israel wesentlich ausgedehnter war als das Südreich Juda.
- Sodom ist die kleinere Schwester. Es fällt auf, dass Stolz und Hochmut als erste Sünden dieser Stadt erwähnt werden. Sie bildeten den Anfang einer negativen Entwicklung, die zu den Gräueln des Götzendienstes und der Unmoral führten.

Der Vergleich mit diesen Städten zeigt, wie schuldig sich Jerusalem gemacht hatte. Sie hatte das Beispiel von Samaria und Sodom – die für ihre Ungerechtigkeit gerichtet worden waren – vor Augen und versündigte sich trotzdem, und zwar noch schlimmer. Als Stadt Gottes, die sogar seinen Tempel besass, rechtfertigte sie durch ihre Gräueltaten die Sünden von Samaria und Sodom.

Das Kapitel endet mit der zukünftigen Wiederherstellung Jerusalems. Diese Stadt und ihre Bewohner stehen eine lange Zeit unter der Züchtigung Gottes und tragen die Folgen ihrer Untreue (V. 58.59). Doch es wird der Moment kommen, an dem der HERR «ihre Gefangenschaft wenden» wird.

SONNTAG 23. JULI

- Ein Überrest der Juden – der Jerusalem repräsentiert – wird zur Einsicht seiner Schuld vor Gott kommen und über seine Sünden Buße tun. Er wird sich über seine bösen Wege schämen und die Züchtigung Gottes als gerecht anerkennen. Auch seine hochmütige Einstellung wird einer echten Demut Platz machen (Zeph 3,11).
- Gott wird sich an seinen bedingungslosen Bund erinnern, den Er einst mit Jerusalem eingegangen ist, und sich wieder in Gnade seinem bußbereiten Volk zuwenden. Er wird Jerusalem seine Ungerechtigkeit vergeben und diese Stadt aufs Neue segnen.

Auch für Samaria und Sodom wird es eine Wiederherstellung geben. Sie werden wieder als Städte in Israel aufblühen. Die Krönung der göttlichen Gnade wird die Oberherrschaft Jerusalems über Samaria und Sodom sein. Obwohl diese Stadt am schlimmsten gesündigt hat (V. 48.51), werden ihr im Tausendjährigen Reich diese Städte als «Töchter» gegeben werden.

Auf uns übertragen lernen wir aus diesen Versen, dass es – solange wir auf der Erde leben – immer einen Weg der Umkehr und Wiederherstellung gibt. Gott ist in seiner Gnade bereit, uns zu vergeben, wenn wir über unsere Fehltritte Buße tun und sie Ihm aufrichtig bekennen (1. Joh 1,9).

In diesem Kapitel übermittelt Hesekiel dem Volk Israel anhand eines Gleichnisses eine prophetische Botschaft von Gott. Wir erkennen drei Abschnitte:

- In den Versen 1-10 erzählt der Prophet die Geschichte.
- Die Verse 11-21 beinhalten die Deutung des Gleichnisses.

MONTAG
24. JULI

- Ab Vers 22 wird das Gleichnis um eine zukünftige Szene erweitert.

Der erste Adler, der in Vers 3 erwähnt wird, ist ein Bild von Nebukadnezar, dem König von Babel. So sagt auch ein anderer Prophet über ihn: «Siehe, wie der Adler fliegt er daher und breitet seine Flügel aus über Moab» (Jeremia 48,40). Er wird mit einem Adler verglichen, weil er mit seinen Soldaten schnell und plötzlich viele Länder eroberte.

Die Zeder des Libanon spricht von der königlichen Familie Davids. Nebukadnezar besiegte sie und brachte König Jojakin (= einen Schössling der Zeder) nach Babel. Gleichzeitig ernannte er Zedekia (= der Same des Landes) zum König über Juda. Dieser durfte weiter in Jerusalem regieren, sollte jedoch die Oberherrschaft des Königs von Babel anerkennen.

Doch Zedekia empörte sich gegen Nebukadnezar und wollte das babylonische Joch abschütteln. Zu diesem Zweck suchte er Hilfe beim König von Ägypten (= der andere Adler). Als Folge davon eroberte Nebukadnezar die Stadt Jerusalem ein weiteres Mal und machte der königlichen Dynastie Davids ein Ende (= man wird seine Wurzeln ausreissen und seine Frucht abschneiden).

Nun folgt die Erklärung des Gleichnisses. Nebukadnezar setzte König Jojakin ab und führte ihn mit der Oberschicht des Volkes nach Babel (Vers 12). Gleichzeitig machte er mit Zedekia, dem nachfolgenden König von Juda, einen Bund. Dieser musste mit einem Eid die Herrschaft Nebukadnezars über sich und sein Volk anerkennen.

DIENSTAG 25. JULI

Gott sah, welche Verpflichtung Zedekia gegenüber dem König von Babel einging. Diese Unterordnung entsprach seinem Willen, denn Er hatte Nebukadnezar die Weltherrschaft gegeben (Daniel 2,37). Gott nahm auch wahr, wie Zedekia den Eid verachtete, den Bund brach und politische Beziehungen zu Ägypten knüpfte. Wie schlimm war es, dass ein König aus Gottes irdischem Volk so treulos und verräterisch handelte! Darum prophezeite Er Zedekia ein tragisches Ende: Er würde nach Babel gebracht werden und dort sterben.

Ab Vers 22 wird das Gleichnis fortgesetzt. Die Zeder ist immer noch ein Bild der königlichen Familie Davids. Gott wird aus dieser Dynastie einen Schössling nehmen und ihn auf den hohen Berg Israels pflanzen. Dieser Schössling weist auf Christus, den Sohn Davids, hin (Jesaja 11,1; 53,2). Zu Beginn des Tausendjährigen Reichs wird der Herr Jesus in Jerusalem als König eingesetzt werden. Von dort aus wird Er über alle Völker der Erde und ihre Machthaber (= alle Bäume des Feldes) regieren. Auch die Grossen der Erde (= die hohen Bäume) werden sich seiner Oberherrschaft beugen müssen. Das Volk Israel, das in seinem Unglauben einem dürren Baum glich, wird aufs Neue sprossen und gedeihen.

Gott hatte begonnen, das Gericht über sein untreues Volk zu bringen: Jerusalem stand unter der Fremdherrschaft von Babel. Die Vornehmen aus Israel waren bereits ins Exil verschleppt worden. Da behaupteten die betroffenen Menschen, sie müssten die Folgen der Sünden tragen, die ihre Vorfahren begangen hatten. Sie unterstrichen diese Auffassung mit dem Sprichwort: «Die Väter essen unreife Früchte, und die Zähne der Söhne werden stumpf.»

MITTWOCH 26. JULI

Doch der HERR macht in diesem Kapitel klar, dass sie wegen ihrer eigenen Sünden betraft wurden. Dabei stellt Er den wichtigen Grundsatz auf: Jeder ist persönlich vor Gott verantwortlich und muss selbst die Folgen seines Verhaltens tragen. Mit drei Beispielen veranschaulicht Er dieses Prinzip:

- Ein gerechter und gottesfürchtiger Mensch, der sich von seiner sündigen Umgebung nicht zum Bösen verleiten lässt, soll gewiss leben.
- Ein gewalttätiger Sohn, der zwar einen rechtschaffenen Vater hat, aber selbst gottlos und ungerecht lebt, soll gewiss sterben.
- Ein gottesfürchtiger Sohn, der sich vom sündigen Leben seines Vaters abwendet und selbst ein gerechtes Verhalten an den Tag legt, soll gewiss leben.

Es geht hier nicht um das ewige Leben oder die ewige Verdammnis, sondern um die zeitlichen Folgen unseres Verhaltens auf der Erde: Wir ernten, was wir säen (Galater 6,7.8). Dazu gehört auch der leibliche Tod, der wegen einer Sünde als zeitliches Gericht eintreffen kann (1. Korinther 11,29.30; 1. Johannes 5,16).

Wenn es in unserem Abschnitt heisst: «Er soll sterben», oder: «Er soll leben», dann handelt es sich um ein zeitliches Gericht oder einen zeitlichen Segen von Gott. Das galt in besonderer Weise für die Menschen aus dem Volk Israel, die unter dem Gesetz standen:

Donnerstag 27. Juli

- Wer von einem sündigen Weg umkehrte und von da an die göttlichen Gebote befolgte, stand in der Gunst Gottes, der ihm ein langes Leben schenkte (Verse 21-23).
- Wer sich vom geraden Weg der Nachfolge des Herrn abwandte und ein sündiges Leben führte, hatte Gott gegen sich. Es konnte sein, dass er mit dem plötzlichen, vorzeitigen Tod für seine Untreue bestraft wurde (Vers 24).

Das Volk masste sich an, Gott ein ungerechtes Handeln vorzuwerfen (Verse 25.29). Doch das stimmte überhaupt nicht. Der Herr war *gerecht,* wenn Er den Menschen bestrafte, der gegen Ihn sündigte. Er handelte *gnädig,* wenn Er den Menschen, der von seinem bösen Weg umkehrte, nicht richtete. Er hatte wirklich kein Gefallen am Tod des Gottlosen. Vielmehr wünschte Er, dass der Sünder umkehrte und lebte.

Das traf damals auf das untreue Volk Israel zu. Wie gern hätte der Herr es gesegnet, wenn es eine Kehrtwende gemacht hätte!

Heute ist das Herz Gottes immer noch gleich. Er freut sich, wenn ein Mensch über seine Sünden Buße tut und zu Ihm umkehrt. Wie der Vater im Gleichnis des verlorenen Sohnes steht Er bereit, ihn in seine Arme zu schliessen (Lukas 15,20).

In diesem Kapitel stimmt Hesekiel ein Klagelied an. Mit zwei Bildern schildert er den Zusammenbruch der königlichen Dynastie Davids.

Zuerst vergleicht der Prophet den königlichen Stamm Juda mit einer Löwin. Schon Jakob erklärte, als er seine zwölf Söhne segnete: «Juda ist ein junger Löwe» (1. Mose 49,9). Aus diesem Stamm entsprangen König David und seine Nachkommen, die in Jerusalem regierten.

FREITAG 28. JULI

Der erste junge Löwe weist auf König Joahas hin (Verse 3.4). Er wurde vom Pharao Neko gefangen nach Ägypten gebracht, wo er schliesslich starb (2. Könige 23,31-34). Der zweite junge Löwe spricht von König Jojakin (Verse 5-9). Nebukadnezar deportierte ihn zusammen mit dessen Mutter und allen Obersten des Volkes nach Babel (2. Könige 24,15). Diese bildhaften Worte warnten König Zedekia. Wenn er nicht Buße tat, würde ihn das gleiche Schicksal treffen.

Der Weinstock, von dem ab Vers 10 die Rede ist, stellt Israel dar. Während der Regierung von David und Salomo gedieh dieses Volk unter dem göttlichen Segen. Die starken Zweige sprechen von den Königen, die in Jerusalem herrschten. Doch wegen der Untreue des Volkes erweckte Gott die Chaldäer (= Ostwind) gegen Jerusalem. Israel wurde aus seinem Land ausgerissen und in die Wüste (= Exil in Babel) gepflanzt. Seither gibt es in Jerusalem kein Zepter zum Herrschen mehr. Zedekia war der letzte Regent, der von David abstammte. Das wird so bleiben, bis Christus als König kommen und die Herrschaft antreten wird (Jesaja 9,5.6; Psalm 24,7-10).

Mit diesem Kapitel beginnt die letzte Serie von Weissagungen Hesekiels *vor* dem Fall und der Zerstörung Jerusalems. Wie in Kapitel 14 kamen auch hier führende Männer aus dem Volk Israel zum Propheten, um Gott zu befragen. Obwohl sie sich wie Hesekiel im babylonischen Exil befanden, hatten sie über die Untreue und den Götzendienst in Israel nicht Buße getan. Der HERR sah, dass ihre innere Einstellung unverändert schlecht war. Darum sprach Er nochmals mit ernsten Worten ihre Gewissen an. Aus der Geschichte des Volkes Israel zeigte Er ihnen die Sünde des Götzenkults und der Rebellion gegen Gott auf.

SAMSTAG
29. JULI

Als der HERR im Begriff stand, sein Volk aus Ägypten zu befreien, um es nach Kanaan – ins Land der Zierde – zu bringen, forderte Er die Israeliten auf, die fremden Götter wegzuschaffen. Doch sie waren eigensinnig und gehorchten Ihm nicht. Sie behielten ihre Götzen, obwohl sie in den Plagen an den Ägyptern einen deutlichen Beweis der Macht Gottes bekommen hatten.

Weil der HERR sich selbst und seinem Wort treu blieb, richtete Er sein widerspenstiges Volk nicht, sondern führte es aus dem Land Ägypten heraus und brachte es in die Wüste. Dort gab Er den Israeliten das Gesetz und den Sabbat als Zeichen seines Bundes mit ihnen. Nun waren sie äusserlich ein für Gott abgesondertes Volk. Doch wie sah es in ihrem Innern aus? Waren ihre Herzen nun aus Dankbarkeit für seine Rettung und Fürsorge ganz auf den HERRN ausgerichtet? Die Antwort darauf finden wir im nächsten Abschnitt.

Obwohl die Israeliten Gottes Güte in der Befreiung aus Ägypten erfahren hatten, missachteten sie die Gebote, die der HERR ihnen in der Wüste Sinai gab. Anstatt Ihn zu ehren und Ihm zu gehorchen, beteten sie das goldene Kalb an. Trotzdem vernichtete Gott sein Volk nicht, sondern führte es in seiner Langmut durch die schreckliche Wüste.

SONNTAG
30. JULI

In Kades hob der HERR seine Hand und warnte die Israeliten (Vers 15; 4. Mose 13). Doch sie waren widerspenstig und verharrten in ihrem Unglauben. So mussten sie 40 Jahre in der Wüste umherziehen, bis diese Generation gestorben war.

Darauf wandte sich Gott an ihre Kinder und forderte sie auf, den Götzendienst ihrer Vorfahren nicht weiterzuführen, sondern das Gesetz zu halten. Leider verhielt sich die neue Generation nicht besser. Sie hörten nicht auf die Stimme Gottes und beachteten seine Gebote nicht.

Im Land Moab – kurz vor dem Eintritt ins Land Kanaan – hob der HERR wieder warnend seine Hand (Vers 23). Er erklärte den Israeliten, dass Er sie wegen ihres Ungehorsams und wegen ihres Götzendienstes unter alle Völker zerstreuen werde (5. Mose 28,15.64). Weil sie so hartnäckig am Götzenkult festhielten, würde Gott sie zu ihrer Bestrafung auf diesem Weg weiter laufen lassen. Sie würden Sklaven ihrer Götzen sein, die sie über Generationen verehrt hatten. Das scheint die Bedeutung der Verse 25 und 26 zu sein.

Die Geschichte Israels zeigt uns deutlich, wie verdorben das menschliche Herz ist (Jeremia 17,9).

MONTAG
31. JULI

Trotz ihrer Untreue in der Wüste brachte Gott die Israeliten ins verheissene Land und liess sie das Erbteil in Besitz nehmen. Doch sie setzten ihren bösen Weg fort: Auf jedem hohen Hügel richteten sie eine Kultstätte ein und opferten ihren Götzen. Das Buch der Richter beschreibt uns, wie sich die Generation, die nach Josua kam, von Gott abwandte und den Göttern diente (Richter 2,10-13). Später verschrieben sich auch manche Könige von Juda dem Götzenkult (2. Könige 16,1-4; 21,1-6).

Auch die Israeliten, die sich zur Zeit Hesekiels im babylonischen Exil befanden, betrieben Götzendienst. Darum war der HERR nicht bereit, sich von ihnen befragen zu lassen. Er sah in ihre Herzen und erkannte ihre Überlegungen: Sie wollten *wie die Nationen sein* und den Göttern aus Holz und Stein dienen (Vers 32). Das stand jedoch in krassem Gegensatz zum göttlichen Vorsatz: Der HERR hatte sich Israel zum Eigentumsvolk erwählt und wollte eine totale Vermischung mit anderen Völkern nicht zulassen.

Darum wird Er sein Volk in der Zukunft aus den Ländern, wohin es zerstreut sein wird, sammeln. Er wird Israel nochmals in die Wüste führen, um es zu züchtigen. Wie ein Hirte beim Zählen der Schafe alle Tiere unter seinem Stab hindurchziehen lässt, so wird der HERR sein Volk läutern. Alle Israeliten, die sich gegen Gott empören und durch Götzendienst von Ihm abfallen werden, werden ins Gericht kommen. Sie werden weder ins Land Israel zurückkehren noch am Segen des Tausendjährigen Reichs teilhaben.

Obwohl der HERR die Israeliten zur Zeit Hesekiels in ihrem Götzenkult laufen liess, gab Er sein Volk doch nicht auf. In der Zukunft, nachdem Er die Abtrünnigen bestraft haben wird (Vers 38), wird das wiederhergestellte Volk Israel auf seinen Gott hören und seinen heiligen Namen nicht mehr entweihen. Das ganze Haus Israel – bestehend aus allen zwölf Stämmen – wird dem HERRN auf dem Berg Zion Opfer darbringen. Dann wird Gott diese Verehrung und Anbetung, die Er von seinem Volk empfangen wird, wohlgefällig annehmen.

DIENSTAG
1. AUGUST

Die Verse 41-44 zeigen, wie dieses herrliche Ziel erreicht werden wird:

- Einerseits wird Gott in seiner *Gnade* handeln. Er wird einen Überrest seines Volkes aus den Ländern herausführen und ins Land Israel bringen.
- Anderseits wird dieser Überrest über seine Abgötterei *Buße* tun. Wegen seiner bösen Taten wird er Ekel an sich selbst empfinden. So tief und echt wird die Reue über seine Sünden sein.

Der HERR wird die bußbereiten Israeliten nicht für ihre Sünden bestrafen. Weil Er ein barmherziger Gott ist, wird Er sie begnadigen und segnen.

Genauso gnädig handelt Gott heute mit Menschen, die über ihre Sünden Buße tun und mit einem echten Bekenntnis zu Ihm umkehren. Er bestraft sie nicht, wie sie es verdient hätten, sondern vergibt ihnen ihre Ungerechtigkeiten. Die Grundlage dazu ist das Erlösungswerk des Herrn Jesus, der am Kreuz die Strafe für jeden, der an Ihn glaubt, auf sich genommen hat.

In diesem Kapitel kündigt der Prophet Hesekiel die vollständige Eroberung des Südreichs Juda an. Zuerst vergleicht er sie mit einem Waldbrand. Ein Feuer, das der HERR im Süden anzündet und das niemand auslöschen kann, wird jeden grünen und jeden dürren Baum verzehren.

MITTWOCH 2. AUGUST

Damit die Menschen nicht sagen konnten: «Wir verstehen dieses Gleichnis nicht!», folgt ab Vers 6 eine Botschaft, die die Bedeutung des Waldbrands angibt. Mit dem «Wald des Gebietes im Süden» ist das Land Juda und die Stadt Jerusalem gemeint. Der HERR stand im Begriff, sein Schwert aus seiner Scheide zu ziehen und es gegen die Menschen zu richten, die dort wohnten. Damit machte der Prophet klar, dass das Gericht über Juda und Jerusalem von Gott ausging, obwohl die babylonische Armee das Werkzeug dazu war.

Es würde ein schonungsloses Gericht sein, das sowohl den Gerechten (= den grünen Baum) als auch den Gottlosen (= den dürren Baum) treffen würde. Der Prophet Jeremia ist ein Beispiel für einen Gerechten, der die Belagerung und Eroberung Jerusalems mitmachen musste. In dieser Zeit litt er genauso Hunger wie seine gottlosen Landsleute.

Hesekiel bekam von Gott den Auftrag, über die angekündigte Bedrohung bitterlich zu seufzen, damit jeder merken sollte, wie ernst die Lage war. – Heute wissen wir über das Gericht Bescheid, das bald jeden trifft, der nicht mit Gott im Reinen ist. Darum wollen wir unsere Mitmenschen bitten: «Lasst euch versöhnen mit Gott!» (2. Korinther 5,20).

Nachdem das Schwert Gottes geschärft und geschliffen worden ist, wird es in die Hand des Würgers gegeben. Das weist darauf hin, dass der HERR die Ausführung seines Strafgerichts über Juda und Jerusalem in die Hand Nebukadnezars legt (Vers 24).

DONNERSTAG
3. AUGUST

Nach der Ankündigung dieses schrecklichen Gerichts, das Gottes Volk treffen wird, ist jede Freude unangebracht. Der Prophet soll sich nicht darüber freuen, dass seine gottlosen Landsleute eine gerechte Strafe bekommen werden. Er wird vielmehr aufgefordert, über das Unglück zu schreien und zu heulen.

Diese Gott gemässen Empfindungen offenbarte auch der Herr Jesus. Er weinte über die Stadt Jerusalem, weil sie die göttliche Gnade ablehnte und deshalb von den Römern zerstört wurde (Lukas 19,41-44).

Der König von Babel wird mit seiner Armee von Norden her kommen und an einer Weggabelung stehen bleiben. Durch okkulte Praktiken wird er seine Entscheidung fällen, ob er gegen Rabbat (eine Stadt der Ammoniter) oder gegen Jerusalem ziehen soll. Doch diese Wahrsagerei wird für Gott kein Hindernis sein, seine Pläne zu erfüllen. Wie Er es durch Hesekiel bereits vorausgesagt hat, wird Nebukadnezar Jerusalem angreifen.

Die Bewohner dieser Stadt meinen jedoch, dass Nebukadnezar auf diesem okkulten Weg kein Gelingen haben werde. Deshalb glauben sie nicht an den Fall Jerusalems. Doch sie vergessen, dass ihre eigenen Sünden dieses göttliche Gericht durch den König von Babel hervorrufen.

Nebukadnezar machte mit der Eroberung Jerusalems dem Königtum der Nachkommen Davids ein Ende. Er setzte Zedekia, den letzten König, ab und führte ihn nach Babel.

FREITAG
4. AUGUST

In Vers 30 wird Zedekia ein Unheiliger und Gottloser genannt, weil er den Eid gebrochen hatte, mit dem er sich im Namen des HERRN verpflichtet hatte, dem König von Babel zu dienen. Darum sagt Gott: «Weg mit dem Kopfbund und fort mit der Krone!» Seit der Absetzung Zedekias hat kein Nachkomme Davids mehr als König in Jerusalem regiert. Das wird so bleiben, bis Christus kommt, dem das Recht des Königtums zusteht. Ihm wird Gott den Thron Davids geben (Lukas 1,32).

Ab Vers 33 richtet der HERR ein Wort an die Ammoniter. Sie blieben zunächst verschont, weil Nebukadnezar nicht Rabbat, sondern Jerusalem angriff. Es scheint, dass sie das Volk Israel verhöhnten, als sie sahen, wie es von den Chaldäern bedrängt wurde. Doch sie würden dem Gericht Gottes nicht entgehen. Sein gerechter Zorn würde auch sie treffen.

Zweimal wird in diesem Abschnitt von der «Zeit der Ungerechtigkeit des Endes» gesprochen (Verse 30.34). Daraus schliessen wir, dass diese Verse neben der geschichtlichen Bedeutung auch eine prophetische Mitteilung enthalten. So weist der abtrünnige König Zedekia auf den Antichristen hin, der unrechtmässig in Jerusalem regieren wird (Daniel 11,36-39). Doch der Herr Jesus wird ihn durch den Hauch seines Mundes vernichten (2. Thessalonicher 2,8) und darauf als rechtmässiger König die Herrschaft übernehmen.

Bevor Gott Jerusalem durch Nebukadnezar zerstören liess, stellte Er den Bewohnern dieser Stadt ihre vielen Sünden vor. Sie waren die Ursache für dieses schwere Gericht.

SAMSTAG 5. AUGUST

Die Verse 3 und 4 zeigen einen Zusammenhang zwischen Götzendienst und Gewalttat. Je mehr sich die Menschen den toten Göttern zuwandten, umso gewalttätiger wurden sie. Wie viel unschuldiges Blut wurde im Lauf der Zeit in Jerusalem vergossen! Der Höhepunkt dieser Bosheit bildete die Kreuzigung von Jesus Christus, dem einzigen Gerechten (Apostelgeschichte 7,52).

In den Versen 6-12 werden die Ungerechtigkeiten in den zwischenmenschlichen Beziehungen aufgezeigt. Sie stehen alle in direktem Widerspruch zum Wort Gottes:

- Verachtung der Eltern (Sprüche 23,22),
- Bedrückung der Waisen und Witwen (2. Mose 22,21),
- Unmoral und Inzest (3. Mose 20,10-21),
- Bestechung und Übervorteilung (3. Mose 25,36; 5. Mose 16,19).

Dieser traurige Abschnitt schliesst mit den Worten: «Mich aber hast du vergessen, spricht der Herr.» Sie hatten Gott aus ihrem Leben ausgeklammert. Das war die Ursache für die Fehlentwicklung im Volk Gottes, die so schlimme Resultate hervorbrachte. – Daraus erkennen wir eine allgemein gültige Tatsache, die auch in unserer Gesellschaft immer deutlicher zutage tritt: Wenn die Gottesfurcht schwindet, nimmt die Ungerechtigkeit zu. Darum wollen wir uns persönlich vor dieser negativen Entwicklung in Acht nehmen.

Gott benutzt den Vergleich mit einem Schmelzofen, um sein Missfallen an den Bewohnern von Jerusalem auszudrücken. Durch ihr sündiges Leben haben sie seinen berechtigten Unwillen hervorgerufen, so dass Er sie als Schlacke bezeichnet. Sie werden in das Feuer des Schmelzofens kommen, um weggeworfen zu werden.

In Maleachi 3,1-3 wird auch auf den Schmelzofen verwiesen. Dort geht es jedoch um den Reinigungsprozess des Edelmetalls. Gott wird in der Zukunft einen gläubigen Überrest aus den Juden im Feuer der Prüfung läutern, damit er bereit sein wird, Jesus Christus als seinen König anzunehmen.

SONNTAG
6. AUGUST

In den Versen 23-28 werden drei Personengruppen angesprochen, die im Volk Gottes eine besondere Verantwortung hatten:

- Die *falschen Propheten* wiegten die Menschen durch ihre Lügenworte in falscher Sicherheit.
- Die *Priester* unterliessen es, das Volk darüber zu belehren, was für Gott heilig und unheilig ist.
- Die *Fürsten* waren nur auf ihren eigenen Vorteil bedacht, anstatt das Volk wie Hirten zu führen.

Bei diesen schlechten Vorbildern ist es nicht verwunderlich, dass die Menschen in Jerusalem ein gottloses Leben führten. Gott fand keinen Mittler, der vor Ihm für das Volk in den Riss treten würde. Darum war das Gericht unausweichlich. – Erst als der Sohn Gottes Mensch wurde und am Kreuz sein Leben gab, konnte die Kluft zwischen dem heiligen Gott und den sündigen Menschen überbrückt werden. Darum lautet jetzt die Botschaft: Wer an Ihn glaubt, wird nicht gerichtet.

MONTAG
7. AUGUST

Dieses Kapitel beschreibt nochmals die Geschichte Israels. Die beiden Frauen stellen zwei Städte dar: Ohola ist Samaria, der Regierungssitz des Zehnstämme-Reichs im Norden. Oholiba ist Jerusalem, die Hauptstadt des Zweistämme-Reichs im Süden.

Schon als das Volk Israel in Ägypten war, diente es fremden Göttern und trieb damit geistliche Hurerei (Vers 3). Am Berg Sinai ging Israel einen Bund mit dem HERRN ein, so dass Gott hier sagen kann: «Sie wurden mein» (Vers 4).

Die Verse 5-10 schildern den Werdegang von *Samaria:* Nach der Reichsteilung stellte Jerobeam I. zwei goldene Kälber in Bethel und Dan auf. Damit wurde der Götzendienst im Nordreich offiziell eingeführt. Später verunreinigten sich die Israeliten auch mit den Göttern der umliegenden Nationen. Unter König Ahab wurde Samaria das Zentrum dieses Götzenkults (1. Könige 16,30-33). Schliesslich eroberten die Assyrer Samaria und verschleppten die zehn Stämme im Norden ins Exil (Vers 10).

Die Verse 11-21 beschreiben die Geschichte *Jerusalems:* Dort trieben es die Menschen mit dem Götzenkult noch schlimmer als die Bewohner von Samaria, obwohl sich der Tempel des HERRN in ihrer Stadt befand. Welche Beleidigung für den lebendigen Gott! Sie beteten die Götter der benachbarten Völker an und lebten in Unmoral. Vers 18 zeigt, wie Gott darauf reagierte: «Da riss sich meine Seele von ihr los.» Es schmerzte Ihn, sich von seinem untreuen Volk, das Er so geliebt hatte, zurückziehen zu müssen!

Unser Abschnitt schildert das göttliche Gericht über die Stadt Jerusalem. Gott benutzte gerade die Völker, mit denen sich das Südreich im Götzendienst verbunden hatte, um sein Volk zu züchtigen. Eine grosse Armee von Chaldäern und Assyrern griff Jerusalem an und ging grausam gegen ihre Bewohner vor:

- Sie töteten viele Menschen mit dem Schwert und verschleppten die jungen Leute nach Babel.
- Sie verbrannten die Stadt und zerstörten sie bis zu ihren Grundfesten.

DIENSTAG 8. AUGUST

Weil sich die Bewohner von Jerusalem durch das Schicksal von Samaria nicht warnen liessen, sondern sich unbeirrt weiter ihrem Götzenkult widmeten, erklärte ihnen der HERR: «Du wirst den Becher deiner Schwester trinken.» Gott gab die Stadt Jerusalem ebenso wie Samaria der Verwüstung preis, so dass sie unter den Nachbarvölkern zum Gelächter und zum Spott wurde.

Die Menschen in Jerusalem hatten ihren Gott vergessen und Ihm bewusst den Rücken gekehrt. Darum lieferte Er sie in die Hände erbarmungsloser Völker. Sie sollten die Folgen ihrer Sünden tragen, wie es ein anderer Prophet erklärt: «Deine Bosheit züchtigt dich, und deine Abtrünnigkeiten strafen dich; so erkenne und sieh, dass es schlimm und bitter ist, dass du den HERRN, deinen Gott, verlässt» (Jeremia 2,19).

Heute fordert Gott die Menschen durch sein Wort auf, zu Ihm umzukehren. Er spricht auch durch Unglücke und Katastrophen zu ihnen, um sie zur Buße zu leiten. Mögen noch viele auf seine Stimme hören und gerettet werden, bevor die Gnadenzeit abläuft!

In den Versen 36-42 werden die Sünden der Bewohner von Samaria und Jerusalem nochmals zusammengefasst:

- Sie haben mit ihren Götzen Ehebruch getrieben, und zwar im geistlichen als auch im buchstäblichen Sinn. Einerseits haben sie ihre Beziehung zu Gott durch ihren Götzenkult verunreinigt. Anderseits haben sie im Götzentempel ihre Ehe durch Hurerei gebrochen.
- Sie haben ihre Kinder den Götzen geopfert, was eine Gräueltat in den Augen Gottes ist (Jer 32,35).
- Sie haben den Tempel des HERRN verunreinigt. Zum einen sind sie – nachdem sie im Götzentempel Gewalttat verübt und Ehebruch getrieben hatten –, unverschämt ins Haus Gottes gegangen. Zum anderen haben sie sogar im Tempel Götzenbilder aufgestellt und angebetet.

MITTWOCH
9. AUGUST

Lange hatte Gott mit seinem Volk Geduld gehabt. Er hatte Propheten zu ihm gesandt und die Menschen zur Umkehr aufgefordert. Doch sie hatten ihren Nacken verhärtet und nicht auf Gottes Stimme gehört. Nun war der Zeitpunkt gekommen, an dem der HERR durch gerechte Strafgerichte dem bösen Treiben ein Ende machte.

Nach dem Recht der Ehebrecherinnen und Blutvergiesserinnen mussten sie gesteinigt werden. Darum führte der HERR eine Versammlung (= die Assyrer und die Chaldäer) gegen Samaria und Jerusalem herauf, damit diese Nationen das Gericht an seinem Volk vollzogen. Dadurch sollten die Menschen erkennen, dass Gott gerecht ist, und sich zurechtweisen lassen. Der Prophet Jesaja sagt es so: «Wenn deine Gerichte die Erde treffen, so lernen die Bewohner des Erdkreises Gerechtigkeit» (Jes 26,9).

Hesekiel befand sich bereits im Land der Chaldäer, als Nebukadnezar den letzten, entscheidenden Angriff gegen Jerusalem startete (Kapitel 1,3). Da teilte der HERR selbst dem Propheten den Tag mit, an dem diese verhängnisvolle Belagerung begann (2. Könige 25,1).

Mit einem Gleichnis sollte Hesekiel seinen Landsleuten erklären, was nun in Jerusalem geschehen würde:

DONNERSTAG
10. AUGUST

- Der Topf spricht von der Stadt Jerusalem, die dem Feuer des göttlichen Gerichts ausgesetzt werden würde.
- Die Fleischstücke im siedenden Kessel stellen die schuldigen Bewohner der Stadt dar.
- Der Rost am Topf ist ein Symbol für die Sünden Jerusalems, die trotz der göttlichen Zurechtweisungen durch die Propheten ungehindert weiter verübt worden waren.

In Kapitel 11,3 haben die führenden Männer der Stadt erklärt: «Sie ist der Topf, und wir sind das Fleisch.» Sie meinten, sie seien in Jerusalem sicher vor den Angriffen des Feindes. In unserem Kapitel benutzt der HERR dieses Bild vom Topf und vom Fleisch, um genau das Gegenteil zu sagen: Die Menschen, die sich in der Stadt befanden, würden durch Hunger, Pest und Schwert sterben (Vers 10). Jerusalem würde mitsamt den Götzenbildern und Kultstätten verbrannt werden (Vers 11).

Nachdem Gott die Menschen in Jerusalem mehrfach zur Buße und zur Umkehr aufgefordert hatte (Vers 13), war das Gericht nun besiegelt: «Es kommt, und ich werde es tun; ich werde nicht nachlassen und werde kein Mitleid haben.»

Nun musste Hesekiel selbst zu einem Zeichen für das Volk werden. Am gleichen Tag, an dem Nebukadnezar mit der Belagerung Jerusalems begann, starb die Frau des Propheten. Doch er durfte keine Totenklage anstellen und keine Träne vergiessen. Schweigend sollte er diesen schweren Verlust hinnehmen.

FREITAG
11. AUGUST

Seine Landsleute verstanden sein Verhalten nicht und fragten ihn: «Was soll das bedeuten, dass du dies tust?» Da erklärte ihnen Hesekiel: Genauso wie er nicht über den Heimgang seiner Frau weinte, so würden sie nicht über den Fall Jerusalems und die Zerstörung des Tempels trauern.

Obwohl sie fremden Göttern dienten, war der Tempel der Stolz ihrer Stärke, die Lust ihrer Augen und das Verlangen ihrer Seele. Sie waren stolz auf das Heiligtum, ohne eine persönliche Glaubensbeziehung zu Gott zu haben. Das Haus des HERRN war für sie nur ein Statussymbol, dessen sie sich rühmten. Nun würden sie erleben, wie die Chaldäer den Tempel zerstörten und ihre Kinder, die sie in Jerusalem zurückgelassen hatten, töteten. Dieser Schicksalsschlag würde sie in eine tiefe Verzweiflung stürzen, so dass sie weder klagen noch weinen könnten. Das Bewusstsein, dieses Unglück selbst verschuldet zu haben, und die fehlende Glaubensbeziehung zu Gott würden jede Hoffnung und jeden Trost in ihren Herzen ersticken.

Was der HERR dem Propheten in Vers 26 ankündigt, erfüllte sich drei Jahre später. Ein Entronnener kam aus Jerusalem und brachte die Nachricht: «Die Stadt ist geschlagen!» (Kapitel 33,21).

Der Schreiber

Jakobus nennt sich Knecht Gottes und des Herrn Jesus Christus (Kapitel 1,1). Er war der leibliche Bruder des Herrn. Doch zuerst glaubte er nicht an Ihn (Johannes 7,5). Erst nach dem Tod und der Auferstehung von Jesus Christus finden wir ihn in der Mitte der Glaubenden (Apostelgeschichte 1,14). Später war er eine starke, führende Persönlichkeit in der Versammlung von Jerusalem (Apostelgeschichte 15,13; Galater 1,19; 2,9).

Die Empfänger

Jakobus schreibt an das ganze Volk Israel (Kapitel 1,1). Doch er unterscheidet einzelne Gruppen:

- Er kennt solche, die *echte Christen* sind. Diese nennt er «meine Brüder» (Kapitel 1,2).
- Er weiss, dass es im Volk auch Menschen gibt, die nur *formell Christen* sind. Sie haben sich nie wirklich bekehrt. Darum bezeichnet er sie als «nichtige Menschen» (Kapitel 2,20).
- Er spricht auch solche an, die *völlig gottlos* sind. Er nennt sie «die Reichen» (Kapitel 5,1) und hat eine ernste Botschaft an sie.

Das Thema

Jakobus hat seinen Brief in der Übergangszeit von der jüdischen zur christlichen Zeit geschrieben. Er stellt uns das praktische Glaubensleben vor, das zu allen Zeiten verwirklicht werden kann. Dabei bezieht er sich mehrmals auf den Herrn Jesus, wie Er auf der Erde gelebt hat. Er ist unser grosses Vorbild für echten Glauben im Alltag.

Nachdem in Vers 1 der Schreiber und die Empfänger des Briefs erwähnt werden, spricht Jakobus in Vers 2 die Glaubenden im Volk Israel an. Sein Thema bis Vers 12 sind die Prüfungen und Versuchungen, die von aussen an uns herantreten. Es handelt sich um Krankheiten, Schwierigkeiten am Arbeitsplatz, Probleme im Dienst für den Herrn usw.

SAMSTAG 12. AUGUST

Gott verfolgt mit solchen Erprobungen immer eine Absicht. In der Schwierigkeit soll sichtbar werden, dass unser Glaube echt ist und an Ihm festhält. Das ist dann der Fall, wenn wir in der Prüfung ausharren und auf sein Eingreifen warten. Es ist Gottes Ziel, dass wir «vollkommen und vollendet» sind. Was meint Er damit? Er möchte, dass wir unseren Eigenwillen aufgeben und in seinem Willen für unser Leben zur Ruhe kommen. Wir geniessen dann eine ungetrübte Gemeinschaft mit Ihm, so dass wir im geistlichen Leben keinen Mangel leiden.

Wenn wir uns in schwierigen Situationen befinden, haben wir Weisheit nötig, um in der Prüfung den richtigen Weg zu finden und uns zu Gottes Ehre zu verhalten. Jakobus empfiehlt uns, diese Weisheit von Gott zu erbitten. Er verbindet diese Aufforderung mit einer *Ermutigung* und einer *Ermahnung:*

- Gott ist freigebig und schenkt uns gern, was wir an Weisheit für unseren Glaubensweg brauchen.
- Wir sollen mit Gottvertrauen beten. Anstatt uns von den Umständen hin- und herbewegen zu lassen, wollen wir auf den allmächtigen Gott blicken und Ihm alles zutrauen. Das macht uns in den Lebensstürmen ruhig.

Die Verse 9-11 beschreiben zwei verschiedene Lebenssituationen:

SONNTAG
13. AUGUST

- Der arme Glaubende steht sozial auf einer niedrigen Stufe. In der Erprobung darf er sich seiner Hoheit rühmen: Er hat eine persönliche Beziehung zum Herrn Jesus und kennt den allmächtigen Gott als seinen himmlischen Vater.
- Der reiche Glaubende, der eine höhere soziale Stellung einnimmt, wird auch erprobt. In der Prüfung soll er sich an seine Erniedrigung erinnern: Als er den Herrn Jesus als Heiland annahm, musste er sich demütigen und erkennen, dass sein Geld und seine irdische Stellung für die Errettung völlig wertlos sind. Der Gedanke daran hilft ihm, in den Schwierigkeiten nicht auf den vergänglichen Reichtum zu bauen, sondern auf Gott zu vertrauen.

In Vers 12 stellt Gott jedem Glaubenden, der die Prüfung von Ihm annimmt und darin ausharrt, eine Belohnung in Aussicht: Am Richterstuhl des Christus wird Er ihm die Krone des Lebens schenken!

In den Versen 13-15 geht es um Versuchungen von innen, die uns zu verkehrten Taten oder bösen Worten anregen wollen. Jakobus zeigt uns, wie es zu einer Sünde kommen kann, damit wir uns davor in Acht nehmen. Zuerst reizt mich die Begierde – Paulus nennt sie die in mir wohnende Sünde (Römer 7,17) – zu einer sündigen Tat. Solange ich in der Kraft des Heiligen Geistes diese Versuchung ignoriere, sündige ich nicht. Sobald ich aber der Begierde nachgebe, entstehen in Gedanken, Worten oder Taten Sünden, die Gott verunehren.

Wir haben aus den Versen 13-15 gelernt, dass das Böse in unserem Leben nie von Gott kommt, sondern seine Quelle in unseren Begierden hat. Nun macht uns Jakobus in den Versen 16-18 klar, dass all das Gute in unserem Leben immer von Gott kommt. Es entspringt nicht unserem Herzen, sondern ist ein Geschenk Gottes: Er hat uns seinen *Sohn* gegeben, seinen *Geist* gesandt und sein *Wort* geschenkt (Röm 8,32; Joh 14,26; 17,14).

MONTAG
14. AUGUST

Gott ist der «Vater der Lichter», denn jedes Licht hat seinen Ursprung in Ihm. Er hat das natürliche Licht erschaffen und gibt den Glaubenden geistliches Licht, damit sie sein Wort verstehen (1. Mo 1,3; Ps 43,3). Gott verändert sich nie, es gibt bei Ihm nicht die kleinste Spur eines Wechsels. Er ist gestern, heute und ewig der Gleiche.

Gott hat durch das Wort der Wahrheit, das wir im Glauben angenommen haben, die Neugeburt in uns bewirkt und uns ewiges Leben geschenkt (Vers 18). Seit wir diese gute Gabe – die auch von Gott kommt – besitzen, gehören wir zur neuen Schöpfung (2. Kor 5,17).

Ab Vers 19 folgen die praktischen Konsequenzen aus den Mitteilungen der Verse 13-18:

- Weil alles Gute von Gott kommt, sollen wir für sein Wort jederzeit ein offenes Ohr und ein aufnahmebereites Herz haben.
- Weil wir in Gefahr stehen, durch die Begierde in uns zur Sünde versucht zu werden, sollen wir uns beim Reden zurückhalten und uns nicht zum Zorn hinreissen lassen. Wir werden aufgefordert, alle Auswüchse der alten Natur zu verurteilen.

DIENSTAG
15. AUGUST

Nachdem Jakobus uns aufgefordert hat, das Wort Gottes bereitwillig zu hören und aufzunehmen, fügt er hinzu: «Seid aber Täter des Wortes und nicht allein Hörer.» Das Lesen und Hören der biblischen Botschaft ist wichtig, aber es genügt nicht. Wir müssen das Wort Gottes auch im Leben verwirklichen.

Wer sich auf das Hören des Wortes beschränkt, erkennt zwar seinen Zustand wie in einem Spiegel, nimmt aber keine Korrektur vor. Er geht weg und vergisst wieder, was er erkannt hat. So erzielt die Bibel keine Wirkung in seinem Leben.

Wer jedoch ins Wort «nahe hineinschaut und darin bleibt», liest die Bibel sorgfältig und ist bereit, nach ihren Anweisungen zu leben. Als Täter des Werkes erfährt er die Freude, die Gott dem schenkt, der seinem Wort gehorcht.

Der Ausdruck «Gott dienen» in Vers 26 bedeutet, dass wir Gott im Alltag durch Wort und Tat ehren möchten. Dabei gilt es dreierlei zu beachten:

a) «Die Zunge zügeln» – dazu braucht es *Selbstbeherrschung!* Nicht fromme Reden und lange öffentliche Gebete zeichnen unser Glaubensleben aus, sondern eine beherrschte Zunge.
b) «Waisen und Witwen besuchen» – das erfordert *Selbstlosigkeit!* Denn sie werden unsere Hilfe und Zuwendung nicht vergelten können.
c) «Sich selbst von der Welt unbefleckt erhalten» – das ist *Reinheit!* Nur in einer gelebten Glaubensbeziehung zum Herrn und durch eine klare Trennung von der Welt können wir uns rein erhalten.

Im zweiten Kapitel behandelt Jakobus das Glaubensbekenntnis. Es ist nur dann echt, wenn es im Alltag durch ein entsprechendes Verhalten bestätigt wird. So fordert er uns in Vers 1 auf, die gleichen Merkmale des Glaubens an Gott sichtbar werden zu lassen wie der Herr Jesus in seinem Leben auf der Erde:

MITTWOCH 16. AUGUST

- Einerseits liess sich Jesus Christus in seinem Tun nicht vom Prunk der reichen und vornehmen Menschen beeinflussen.
- Anderseits verachtete Er die armen und geringen Leute nicht, sondern setzte sich bewusst für sie ein.

Daraus wird klar, dass der Herr Jesus den Menschen ohne Ansehen der Person begegnete. Und wir? Verhalten wir uns wie Er und offenbaren seine moralische Herrlichkeit? Oder gleichen wir mehr dem Beispiel in den Versen 2 und 3? Dann benehmen wir uns wie die Welt, die Arm und Reich unterschiedlich behandelt.

In Vers 5 stellt Jakobus eine wichtige Tatsache zu diesem Thema vor: Gott hat ein besonderes Interesse an den Armen und möchte sie retten (1. Kor 1,26-28). Wenn sie Buße tun und zu Ihm umkehren, sind sie schon auf der Erde in ihrer Glaubensbeziehung zum Herrn Jesus reich. Zudem werden sie in der Zukunft am Reich teilhaben. – Wenn die Armen einen solchen Wert für Gott haben, wollen auch wir sie nicht verachten.

Im Gegensatz dazu zeigt Jakobus in den Versen 6 und 7, wie die ungläubigen Reichen in besonderer Weise den Glaubenden widerstehen und den Namen des Herrn Jesus verspotten. – Das ist für uns ein weiterer Grund, die Reichen den Armen nicht vorzuziehen.

Wenn Jakobus in unserem Abschnitt das Gesetz erwähnt, will er den Menschen nicht unter das Gesetz stellen. Denn es ist weder das Mittel zur Errettung noch die Richtschnur für den Glaubenden. Aber das Gesetz offenbart göttliche Prinzipien, die auch in unserem Leben sichtbar werden sollen.

DONNERSTAG 17. AUGUST

Wenn es um das Verhältnis der Menschen zueinander geht, gibt es im Gesetz ein Gebot, das alle anderen überblickt und umschliesst: «Du sollst deinen Nächsten lieben wie dich selbst.» Wer nun die Person ansieht und den Armen geringschätzig behandelt, übertritt dieses königliche Gebot und begeht eine Sünde.

In den Versen 10 und 11 hebt Jakobus einen wichtigen göttlichen Grundsatz hervor: Wer *ein* Gebot nicht befolgt, übertritt das ganze Gesetz und stellt die Autorität Gottes infrage, der der Gesetzgeber ist. Damit werden nochmals solche Bekenner angesprochen, die zwar Gesetzestreue vorgeben, aber die Armen verachten.

In Vers 12 werden wir aufgefordert, aus freien Stücken dem Wort Gottes zu gehorchen. Denn die biblischen Anweisungen sind für alle, die neues Leben besitzen, ein Gesetz der Freiheit. Wenn wir in der Kraft des Geistes Gottes die göttlichen Anordnungen in der Bibel befolgen, tun wir etwas, was dem Wunsch unseres Herzens entspricht. So stehen wir nicht unter Gesetz, sondern in der Freiheit der Gnade Gottes.

Der Abschnitt schliesst mit einer Warnung: Wenn wir die Armen hart und unbarmherzig behandeln, erfahren wir in unserem Leben, wie Gott in seinen gerechten Regierungswegen ebenfalls unbarmherzig mit uns ist.

Damit wir diesen Abschnitt richtig verstehen, müssen wir einen kurzen Vergleich mit dem Römer-Brief machen:

- Dort erklärt der Apostel Paulus, dass nur *der Glaube vor Gott* rechtfertigt (Römer 3,28). Wenn Gott sieht, wie ein Mensch in seinem Herzen Buße tut und an den Herrn Jesus glaubt, dann spricht Er ihn gerecht.
- In Jakobus 2 geht es um den Beweis des Glaubens *vor Menschen,* die nur das Äussere sehen. Zu diesem Zweck sind *Werke des Glaubens* erforderlich.

FREITAG 18. AUGUST

Vers 14 beschreibt einen Menschen, der zwar ein Glaubensbekenntnis hat, aber im Leben keine entsprechenden Werke zeigt. Da stellt sich die Frage: Kann ihn dieser formelle Glaube retten? Nein! Ein blosses Lippenbekenntnis hat keine Wirkung und bringt den Menschen nicht zu Gott. Daraus folgern wir: Echter Glaube zeigt sich durch Werke!

In den Versen 15-17 macht Jakobus diese wichtige Tatsache an einem Beispiel klar. Was nützt es, wenn man zu einem Bruder, der Hunger hat und friert, nur schöne Worte spricht, ihm jedoch nicht hilft? Solange diesen Worten keine Taten folgen, sind sie wie ein totes Glaubensbekenntnis, das im Leben keine Resultate zeigt.

Die Verse 18 und 19 stellen den unechten und den echten Glauben einander gegenüber:

- «Du hast Glauben.» Damit ist ein Bekenner gemeint, der zwar glaubt, dass Gott existiert. Aber dieses Wissen bewirkt bei ihm nichts. Darum geht er verloren.
- «Ich habe Werke.» Das ist ein Mensch, der sich wirklich bekehrt hat. Sein Verhalten zeigt deutlich, dass er eine echte Glaubensbeziehung zu Gott hat.

Jakobus zeigt uns anhand von zwei Beispielen, was Werke des Glaubens sind. Sie sind uns als Hilfe gegeben, um ein Glaubensbekenntnis nach seiner Echtheit prüfen zu können.

SAMSTAG 19. AUGUST

- Abraham zeigte aus Werken, dass sein Glaube echt war. Er bewies seine *Liebe zu Gott,* indem er Ihm gehorchte. Er opferte seinen Sohn, weil Gott dies von ihm verlangt hatte. Dieser Auftrag stand im Gegensatz zu jeder menschlichen Empfindung: Wie sollte Abraham den einzigen Sohn, den er von Herzen liebte, töten? Trotzdem gehorchte er sofort und zeigte mit dieser Tat seine Liebe zu Gott. Sein offensichtlicher Gehorsam bewies seinen echten Glauben. Schon in 1. Mose 15,6, worauf sich Jakobus in Vers 23 bezieht, anerkannte Gott den Glauben Abrahams. Aber im Land Morija wurde der Glaube Abrahams durch das Werk des Gehorsams sichtbar bestätigt (1. Mose 22,12).
- Auch Rahab bezeugte ihren Herzensglauben durch Werke. Sie zeigte ihre *Liebe zum Volk Gottes,* indem sie sich in der Welt klar auf die Seite Israels stellte. Was Rahab tat, war in den Augen ihrer Landsleute nichts anderes als Verrat. Aber es war ein Werk des Glaubens. Sie glaubte, dass Israel das Volk Gottes war und das Land Kanaan zum Besitz bekommen hatte (Josua 2,9). Darum verhalf sie den Boten zur Flucht.

In Vers 26 schliesst Jakobus dieses Thema ab. Er vergleicht das Glaubensbekenntnis mit einem *Körper* und die Werke, die den Glauben beweisen, mit dem *Geist.* Wenn nur ein Bekenntnis da ist und die entsprechenden Werke fehlen, ist alles tot und wertlos für Gott.

Die Verse 1-12 warnen uns vor dem falschen Gebrauch der Zunge, weil wir mit Worten grossen Schaden anrichten können.

«Seid nicht viele Lehrer!» Mit dieser Aussage ermahnt uns Jakobus, andere nicht dauernd zu belehren und zu korrigieren. Wer diesen Richtgeist offenbart, wird von Gott und Menschen strenger beurteilt.

SONNTAG
20. AUGUST

«Wir alle straucheln oft.» Wie wahr ist doch dieses Wort! Darum wollen wir uns in Acht nehmen, besonders vor einer Sünde mit der Zunge. Es ist schwerer, nichts Verkehrtes zu sagen als nichts Falsches zu tun. Darum sind wir – wenn wir unsere Zunge beherrschen können – auch fähig, unsere Hände und Füsse zu zügeln.

Mit zwei Beispielen erklärt uns Jakobus ab Vers 3 die Wirkung der kleinen Zunge:

- Wir legen dem Pferd ein Gebiss ins Maul, damit wir es lenken können. Es gehorcht uns, sobald wir an den Zügeln ziehen. Mit diesem kleinen Hilfsmittel bekommen wir das Pferd, das grösser und stärker ist als wir, in den Griff.
- Das Steuerruder ist relativ klein, hat aber einen grossen Einfluss. Der Steuermann kann damit mächtige Schiffe, die viele tausend Tonnen wiegen, dahin lenken, wohin er will. Trotz grosser Wasserverdrängung gehorcht das Schiff seinen Befehlen.

Genauso kann die Zunge, die ein kleines Glied ist, Grosses bewirken. Wie ein kleines Feuer, das einen grossen Wald anzündet, kann ein leichtfertig ausgesprochenes Wort eine verheerende Wirkung haben.

Wir können mit unseren Worten viel Unheil anrichten. In Vers 6 werden drei konkrete Gefahren der Zunge vorgestellt:

MONTAG 21. AUGUST

- *Sie befleckt den ganzen Leib.* Durch böse und schlechte Worte werden wir moralisch verunreinigt (Mt 15,18).
- *Sie zündet den Lauf der Natur an.* Mit Worten können wir die menschlichen Gefühle erregen und eine Aktivität hervorrufen, die nur einen emotionellen Ursprung hat.
- *Sie wird von der Hölle angezündet.* Leider ist es auch möglich, dass wir mit unseren Worten Werkzeuge des Teufels werden können, für den die Hölle bereitet ist.

Die Verse 7 und 8 zeigen uns, dass der Mensch mit Intelligenz und Willenskraft wilde Tiere bändigen kann. Aber er schafft es nicht, seine Zunge im Zaum zu halten. Sie ist völlig unberechenbar – wie eine Schlange, die plötzlich und unerwartet angreift und tödlich zubeisst. Darum wollen wir wie David zu Gott beten: «Setze, HERR, meinem Mund eine Wache, behüte die Tür meiner Lippen!» (Ps 141,3).

In den Versen 9-12 spricht Jakobus das Übel einer widersprüchlichen Zunge an. Zum einen loben wir Gott. Das ist eine Wirkung des neuen Lebens. Zum anderen beschimpfen wir die Menschen, weil wir der Begierde in uns nachgeben. Doch das sollte nicht so sein. Die Natur lehrt uns etwas anderes. Ein Feigenbaum trägt keine Oliven und aus einer salzigen Quelle sprudelt kein Süsswasser. Darum sollen wir nur Gutes reden, nämlich das, was das neue Leben unter der Leitung des Heiligen Geistes hervorbringt.

Dienstag
22. August

Als Glaubende zeigen wir echte Weisheit nicht durch geistreiche und intelligente Worte, sondern in einem klugen Verhalten, das auf den biblischen Anweisungen beruht. So heisst es in Sprüche 14,8: «Die Weisheit des Klugen ist, auf seinen Weg zu achten.»

Durch Neid und Streitsucht offenbaren wir nicht die göttliche Weisheit. Wir können zwar auf diesem Weg mit klugen, menschlichen Überlegungen ein Ziel erreichen, aber es steht im Widerspruch zur biblischen Wahrheit. Es treibt uns dann die *Weisheit von unten* an, die Gott völlig ausklammert:

- Sie beschränkt sich auf das Sichtbare und Zeitliche. – Sie wird von menschlichen Gefühlen und Überlegungen geprägt.
- Sie zeigt die Charakterzüge Satans, der ein Lügner und Menschenmörder ist.

Im Gegensatz dazu steht die *Weisheit von oben,* die uns als Glaubende kennzeichnen soll. Sie ist erstens rein. Deshalb unterweist sie uns zu einem reinen Leben, in dem die Sünde nicht zum Zug kommt. Dann strebt sie dem Frieden nach, bewirkt eine sanftmütige Gesinnung und weckt in uns die Bereitschaft, Gott zu gehorchen. Ausserdem leitet sie uns an, barmherzig, unparteiisch und wahrhaftig zu handeln.

Vers 18 zeigt uns das Ergebnis der Weisheit von oben, wenn sie sich auf unser Leben auswirkt. Praktische Gerechtigkeit im Befolgen des Wortes Gottes und die Bemühung, Frieden zu stiften, bringen eine herrliche Frucht: Frieden in der Ehe, in der Familie und im Volk Gottes.

Leider kann es in der Ehe, in der Familie, im zwischenmenschlichen Bereich und in der örtlichen Versammlung Streit geben. Die Ursache dafür liegt nicht in den schwierigen Umständen, sondern ist die Begierde in uns. Wenn sie sich entfaltet, entstehen *Unzufriedenheit, Neid, Rechthaberei, Selbstvertrauen* und *Egoismus* (Verse 2.3). Alle diese üblen Früchte der alten Natur erzeugen Streit. Anstatt mit dem zufrieden zu sein, was Gott uns gibt, beneiden wir die anderen, bestehen wir auf unseren vermeintlichen Rechten und erbitten uns von Gott die Erfüllung unserer selbstsüchtigen Wünsche. Wie traurig, wenn diese fleischliche Gesinnung bei uns zum Zug kommt!

MITTWOCH 23. AUGUST

Vers 4 zeigt uns, dass die *Welt* der Bereich ist, wo sich das Fleisch ungehemmt entfaltet. Darum sollen wir uns nicht mit der Welt verbinden.

Vers 5 lenkt unsere Gedanken auf das *Wort Gottes,* das jede Wirkung des Fleisches verurteilt, und den *Heiligen Geist,* der nie der Urheber von Neid oder Streit sein kann.

Gott möchte uns seine Gnade schenken, damit wir mitten in einer ungläubigen und selbstsüchtigen Welt persönlich einen Weg gehen können, der nicht durch fleischliches Verhalten gekennzeichnet ist.

Wir nehmen diese Gnade für uns in Anspruch, wenn wir uns Gott unterwerfen, dem Teufel widerstehen, die Gemeinschaft mit Gott suchen und regelmässig Selbstgericht üben (Verse 7.8). Zudem werden wir aufgefordert, uns über den schlechten geistlichen Zustand im Volk Gottes zu beugen. Dann erfahren wir seine Gnade.

«Redet nicht gegeneinander, Brüder.» Das ist eine klare Aufforderung, die Glaubenden weder mit Worten persönlich anzugreifen noch vor anderen schlecht zu machen. Wenn wir es dennoch tun, handeln wir gegen das Gesetz. Weil wir durch unser Verhalten das, was im Gesetz steht, als falsch bezeichnen, sind wir nicht Täter, sondern Richter des Gesetzes. Damit stellen wir uns in Widerspruch zu Gott, der das Gesetz gegeben hat und die höchste richterliche Instanz ist.

DONNERSTAG 24. AUGUST

Vers 13 beschreibt eine *eigenwillige* und *selbstbewusste* Lebensführung, in der Gott ausgeklammert ist. Man plant ohne Gott, weil man seine eigenen Wünsche erfüllen will. Man handelt ohne Gott, weil man glaubt, ganz gut selbst zurechtzukommen. In Vers 14 warnt uns Jakobus vor diesem unabhängigen Lebensstil, indem er uns zweierlei klarmacht:

- Als Menschen können wir nicht in die Zukunft blicken. Unsere Zeiten liegen in Gottes Hand.
- Als Menschen sind wir so unwichtig wie ein Dampf, der schnell verschwindet. Das macht uns bescheiden.

Vers 15 zeigt uns, wie wir ein Glaubensleben mit Gott führen. Bei allen Überlegungen, die wir im Alltag anstellen müssen, soll der Wille des Herrn für uns erste Priorität haben und uns das Bewusstsein leiten, dass wir nicht wissen, wie lange wir noch hier sind.

Vers 17 wirkt dem Egoismus von Vers 13 entgegen: Wir werden mit einem Bedürfnis unserer Mitmenschen konfrontiert, wobei wir die Möglichkeit haben, zu helfen. Wenn wir dann das Gute bewusst nicht tun, handeln wir selbstsüchtig und ohne Nächstenliebe. Das ist Sünde.

In unserem Abschnitt spricht Jakobus die Reichen an, die gottlos leben und die Armen unterdrücken. Er warnt sie ernst vor dem göttlichen Gericht und stellt ihre bösen Handlungen an den Pranger.

Auf diese ungläubigen, reichen Menschen wartet das Strafgericht. Ihr Ende wird schrecklich sein, weil sie ohne Gott gelebt haben. Ihr Reichtum und ihr Prunk werden vergehen, weil sie ihren Besitz für einen durchlöcherten Beutel gesammelt haben (Hag 1,6). Der Verlust ihrer materiellen Schätze wird gegen sie zeugen. Bei der Ankunft des Herrn wird klar werden, dass ihr Streben nach Reichtum falsch und vergeblich war, weil sie Gott aus ihrem Leben ausgeklammert haben.

FREITAG 25. AUGUST

Jakobus muss den ungläubigen Reichen vier konkrete Sünden vorwerfen:

- Anstatt in den letzten Tagen an das göttliche Eingreifen im Gericht zu denken, häuften sie sich irdische Schätze auf (Vers 3b).
- Anstatt den Arbeitern einen angemessenen Lohn zu zahlen, bereicherten sie sich unrechtmässig durch die Ausbeutung ihrer Knechte (Vers 4).
- Anstatt freigebig zu sein, schwelgten sie in ihrem Reichtum und gaben sich masslos dem Genuss des Irdischen hin (Vers 5).
- Anstatt auf die Warnung der Glaubenden zu achten, brachten sie diese Mahner zum Schweigen, indem sie die Gerechten töteten (Vers 6; vgl. 2. Chr 24,20.21).

Wir denken hier auch an den Herrn. Die Menschen brachten Ihn um, weil Er durch sein gerechtes Leben und seine klaren Worte ihr böses Verhalten angeklagt hatte.

Der Glaubende hofft nicht auf die Veränderung seiner Situation, sondern auf den Herrn. Seine Ankunft wird die Wende bringen. Darum spornt uns Jakobus zu einem geduldigen Warten an. Er benutzt dazu drei Beispiele:

a) Der *Ackerbauer* wartet geduldig auf die Ernte seiner Ackerfrüchte. Während das Getreide heranreift, kann er im Früh- und Spätregen Gottes Wirken betrachten. – Genauso halten wir im Glauben Ausschau auf das Kommen des Herrn und erfahren in der Wartezeit die Unterstützung vom Himmel.

SAMSTAG
26. AUGUST

b) Die *Propheten* warteten auf die Erfüllung des Wortes Gottes. Sie richteten eine Botschaft von Gott an das Volk Israel. Dabei erfuhren sie Widerstand und Leiden. Dennoch harrten sie geduldig aus, bis Gottes Wort eintraf. – Auch wir wollen in Leiden geduldig auf den Moment warten, an dem der Herr sein Wort wahrmachen und wiederkommen wird.

c) *Hiob* wartete auf das Ende seiner Leiden. Am Anfang seiner Prüfung nahm er die schweren Schläge von Gott an und harrte bei Ihm aus (Hiob 2,9.10). Am Ende seiner Geschichte sehen wir, wie Gott in seinem Mitgefühl und in seiner Barmherzigkeit die Prüfung beendete und Hiob mit dem Doppelten segnete (Hiob 42,10). – Das gilt auch für uns: Wir wollen in den Erprobungen ausharren und auf das göttliche Eingreifen warten.

In Vers 12 warnt uns Jakobus vor dem Schwören. Anstatt unsere Aussagen mit einem Schwur zu bekräftigen, soll unser Ja ein Ja und unser Nein ein Nein sein. Das bedeutet, dass unsere Worte der eindeutige Ausdruck unserer Gedanken sein sollen.

In unserem Leben gibt es Hochs und Tiefs, helle und dunkle Tage. Für jede Situation hat Gott ein passendes Hilfsmittel für uns:

SONNTAG 27. AUGUST

- Wenn wir in Schwierigkeiten sind, können wir Gott um Hilfe bitten.
- Wenn es uns gut geht, wollen wir Gott danken und Loblieder singen.
- Wenn jemand krank wird, kann das ein Mittel der Erziehung Gottes sein. Vielleicht muss Er eine verkehrte Haltung korrigieren. Oder Er will, dass eine bestimmte Sünde in Ordnung gebracht wird. Sobald der Kranke diese Züchtigung von Gott annimmt, stehen ihm die göttlichen Hilfsquellen zur Verfügung. Er kann ältere, einsichtsvolle Brüder zu sich rufen, die mit ihm beten. In seiner Souveränität kann Gott das Gebet des Glaubens erhören und den Kranken heilen.

Ab Vers 16 hat die Fürbitte einen allgemeineren Charakter. Um uns im Gebet füreinander anzuspornen, gibt Gott uns eine Verheissung: «Das inbrünstige Gebet eines Gerechten vermag viel.» Als Beispiel stellt Er uns Elia vor, der an das geistliche Wohl des Volkes Israel dachte und deshalb intensiv zu Gott flehte.

In den Versen 19 und 20 denkt Jakobus sowohl an Gläubige als auch an Ungläubige:

- Ein Erlöster kann durch Eigenwillen von der Wahrheit abirren. Dann sollen wir uns um ihn bemühen, damit er wiederhergestellt wird.
- Ein Sünder irrt ohne Gott ziellos umher. Darum sollen wir ihm das Evangelium vorstellen und für ihn beten, damit er gerettet wird.

Das erste Buch der Bibel ist das Buch der Anfänge. Wir finden darin alle Anfänge des Handelns Gottes mit der Welt und den Menschen. Es beginnt damit, dass der ewige Gott die Himmel und die Erde schuf. Der in Vers 1 erwähnte Anfang ist der Beginn des Universums. Wann dies war, wissen wir nicht.

Montag
28. August

Vers 2 deutet auf eine Katastrophe hin, denn Gott hat kein solches Chaos geschaffen (Jes 45,18). Der Grund für diese Verwüstung liegt vermutlich im Sturz Satans, der sich als ein Engelfürst über Gott erheben wollte und nach seinem Fall zum Widersacher Gottes wurde (Jes 14,12-14; 1. Tim 3,6 Fussnote).

Ab Vers 3 sehen wir, wie Gott zur Tat schritt und aus dem Chaos die jetzige Schöpfung machte. Am ersten Tag brachte Er durch ein Wort Licht in die Situation. Dann schied Er das Licht von der Finsternis.

Am zweiten Tag machte Gott eine Ausdehnung und schied damit die Wasser, die sich unterhalb der Ausdehnung befanden, von denen, die oberhalb der Ausdehnung waren. Wir sehen in diesem Handeln Gottes bereits am Anfang der Bibel zwei göttliche Grundsätze: Gott *unterscheidet* und *trennt* das Gute vom Bösen. In Übereinstimmung damit sollen die Glaubenden das Gute festhalten und sich von aller Art des Bösen fernhalten (1. Thes 5,21.22).

Am dritten Tag liess Gott auf der Erdkugel die Meere und das feste Land entstehen – wieder eine Unterscheidung! Dann rief Er durch sein Wort die Pflanzenwelt hervor: Gras, samenbringendes Kraut und fruchttragende Bäume.

Am vierten Tag machte Gott Sonne, Mond und Sterne. Die inspirierte Mitteilung ist jedoch kein wissenschaftlicher Bericht der Astronomie. Sie beschreibt uns die Tatsachen so, wie ein Mensch sie mit seinen Augen von der Erde aus wahrnimmt. Wir unterscheiden den Tag von der Nacht. Die Sonne beherrscht den Tag, der Mond leuchtet in der Dunkelheit der Nacht. Dann sieht man auch die Sterne. Anhand der jeweiligen Position der Erde zur Sonne bestimmen wir die Jahreszeiten, Tage und Jahre.

Am fünften Schöpfungstag füllte Gott die Wasser mit Leben. Er machte alle im Wasser lebenden Wesen bis zu den grossen Seeungeheuern. Auf der Erde schuf Er alle Vögel, die sich sowohl auf dem Boden als auch in der Luft fortbewegen können. Von allem Anfang an sollte ein grosser Artenreichtum vorhanden sein (Vers 21).

Zu Beginn des sechsten Tages machte Er die Tiere und alle Lebewesen, die sich auf der Erde regen. In den Versen 24 und 25 fällt auf, wie oft der Ausdruck «nach ihrer bzw. seiner Art» vorkommt. Gott hat von Anfang an eine Vielfalt in der Pflanzen- und Tierwelt geschaffen. Die Arten haben sich nicht mit der Zeit entwickelt!

Wenn wir das, was wir bis jetzt gelesen haben, zusammenfassen, können wir sagen: Gott hat in seiner Weisheit einen für den Menschen in jeder Hinsicht geeigneten Wohnort geschaffen. Haben wir Gott schon dafür gedankt, dass wir auf einer so schönen Erde leben dürfen?

Mittwoch
30. August

Als Letztes finden wir am sechsten Tag die Erschaffung des Menschen. Die Formulierung in Vers 26 «Lasst *uns* Menschen machen ...» deutet auf die Dreieinheit der Gottheit hin, die jedoch im Alten Testament noch nicht offenbart war. Im Licht des Neuen Testaments zeigt dieser Vers, dass alle drei Personen der Gottheit (der Vater, der Sohn und der Heilige Geist) an der Erschaffung des Menschen beteiligt waren.

Einen weiteren wichtigen Punkt haben wir in Vers 27: Der Mensch nach Gottes Gedanken besteht aus Mann *und* Frau. Die Frau ist in Gottes Augen genauso wichtig wie der Mann, auch wenn Er den beiden in seiner Schöpfung nicht die gleiche Stellung gegeben hat.

Nachdem Gott die Menschen geschaffen hatte, segnete Er sie in dreifacher Hinsicht:
1) Er machte sie fruchtbar.
2) Er gab ihnen die Erde als Lebensraum.
3) Er übertrug ihnen die Herrschaft über alle Lebewesen.

Gott sorgte auch für seine Geschöpfe, indem Er sowohl den Menschen als auch den Tieren ihre Nahrung gab. Dieses Wohlwollen Gottes uns gegenüber macht uns verantwortlich. Sind wir treue Verwalter von dem, was Er uns anvertraut hat? Danken wir Ihm regelmässig für alles Gute, das Er uns schenkt?

Schliesslich heisst es, dass alles, was Gott gemacht hatte, sehr gut war. Alles Geschaffene war ohne Makel, auch der Mensch. Aber Gott hatte den Menschen als verantwortliches Wesen geschaffen. Würde er dieser Verantwortung entsprechen?

Nach sechs Tagen war Gottes Schöpfung vollendet und alles war sehr gut. Am siebten Tag ruhte Er von all seinem Werk. Diesem siebten Tag gab Gott eine besondere Bedeutung: Er segnete und heiligte ihn. Der siebte Tag ist das Zeichen der Ruhe Gottes in der ersten Schöpfung (2. Mose 20,11). Diese Ruhe wird sich im Tausendjährigen Reich völlig erfüllen, wenn Gott auf der Grundlage des Erlösungswerks des Herrn Jesus mit seiner ersten Schöpfung zum Ziel kommen wird.

Donnerstag 31. August

Ab Vers 4 haben wir eine detaillierte Beschreibung der Erschaffung des Menschen, die in Kapitel 1,27 ohne Einzelheiten erwähnt wird. Dort heisst es: «Gott schuf den Menschen.» Das war ein Akt seiner Schöpfermacht. Jetzt lesen wir in Vers 7: «Gott der Herr bildete den Menschen ...» Dieser Bericht zeigt uns, wie weise Er im Einzelnen handelte. Dadurch, dass Gott den Odem des Lebens in die Nase des Menschen hauchte, kam er als einziges Lebewesen in eine Beziehung zu Gott.

In seiner Fürsorge für den Menschen pflanzte Gott selbst einen Garten mit herrlichen Bäumen. Er sorgte auch dafür, dass dieser Ort bewässert wurde (Vers 10). Der Strom, der von Eden ausging, teilte sich in vier Flüsse – ein Bild des vielfältigen Segens Gottes für uns Menschen auf der Erde. An diesem schönen Platz durfte sich der erste Mensch nun aufhalten. Weil Gott sein Geschöpf als ein verantwortliches Wesen gebildet hatte, gab es im Garten Eden nicht nur den Baum des Lebens, sondern auch den Baum der Erkenntnis des Guten und Bösen.

Gott hatte den Menschen in seinem Bild geschaffen (Kapitel 1,27). Deshalb war Adam ein aktives Wesen, dem der Schöpfer eine Aufgabe übertragen konnte. Er bekam den Auftrag, den Garten zu bebauen und zu bewahren. Als Geschöpf hatte der Mensch auch eine Verantwortung gegenüber seinem Schöpfer: Er sollte die Autorität Gottes über sich anerkennen, indem er das Gebot befolgte und nicht vom Baum der Erkenntnis des Guten und Bösen ass.

Freitag
1. September

In den Versen 18-20 finden wir eine zweite Art von Tätigkeit, die Gott dem Menschen gab. Er durfte allen Tieren einen Namen geben. Das war im Gegensatz zur körperlichen Arbeit beim Bebauen des Gartens eine geistige Aktivität.

Dann wird berichtet, wie Gott Adam eine Hilfe machte, die ihm entsprach. Er bildete eine Frau. Dazu nahm Er eine von Adams Rippen. So war Eva ein Stück von ihm. Wir sehen aus Kapitel 1,27, dass Mann und Frau zusammen den Menschen nach Gottes Gedanken bilden.

Als Gott dem ersten Menschen die Frau gab, die sozusagen von ihm war, verband Er die beiden miteinander in der Ehe. Das wird durch Vers 24 bestätigt. Die Verbindung eines Mannes mit seiner Frau in der Ehe ist also eine Gabe Gottes und nicht eine Idee der Menschen. Diese göttliche Einrichtung gilt heute noch. Gott hat nichts daran geändert.

Der 25. Vers unterstreicht die Tatsache, dass das erste Menschenpaar bis dahin in Unschuld lebte. Sie wussten nichts von Gut und Böse.

Woher die Schlange kam und wer sich hinter diesem sprechenden Tier verbarg, wird an dieser Stelle nicht gesagt. Aber aus ihren Worten wird klar, dass wir es hier mit Satan, dem Widersacher Gottes, zu tun haben. Er wird in Offenbarung 12,9 die alte Schlange genannt. In Vers 1 verbreitete er fragend eine Lüge über Gott und in den Versen 4 und 5 machte er Ihn sogar zum Lügner, was überhaupt nicht stimmte (Johannes 8,44). Was passierte jetzt?

Samstag
2. September

Eva liess sich in eine Diskussion mit der eingedrungenen Schlange ein. Die Folge war, dass in ihr die Lust der Augen, die Lust des Fleisches und der Hochmut des Lebens geweckt wurden (1. Johannes 2,16). Dies verleitete sie dazu, von der verbotenen Frucht zu essen. Auch Adam übertrat das einzige Gebot, das Gott gegeben hatte. So fiel der Mensch in Sünde.

«Da wurden ihnen beiden die Augen aufgetan.» Ihr Gewissen regte sich. Sie erkannten, dass sie etwas Böses getan hatten. Da versuchten sie ihre Nacktheit zuzudecken. Aber sie merkten, dass sie vor Gott nackt blieben. Deshalb versteckten sie sich vor Ihm.

Was tat Gott, nachdem sie gegen Ihn gesündigt hatten? Er ging seinem gefallenen Geschöpf nach. Zuerst rief Er: «Wo bist du?» Adam musste die Folge der Sünde bekennen und sagen: «Ich fürchtete mich ... und ich versteckte mich.» Sobald der Mann auf seinen Ungehorsam angesprochen wurde, versuchte er die Schuld auf die Frau abzuschieben. Und Eva? Als Gott ihre Tat erwähnte, sagte sie: «Die Schlange betrog mich.»

In seinem gerechten Urteil wendet Gott sich zuerst an die Schlange. Ohne ihr eine Frage zu stellen, sagt Er, dass der Nachkomme der Frau ihr den Kopf zermalmen werde. Diese Worte weisen auf Christus hin, der durch seinen Tod den Teufel besiegt hat (Hebräer 2,14). Das «Zermalmen seiner Ferse» bedeutet, dass der Herr Jesus sterben musste, um diesen Sieg zu erringen.

SONNTAG
3. SEPTEMBER

Die Folgen des Sündenfalls treffen sowohl Adam und Eva als auch alle ihre Nachkommen. Für die Frauen sind Schwangerschaft und Geburt mit Mühsal und Schmerzen verbunden. Auch die Ehe ist betroffen (Vers 16b). Vers 17 zeigt, dass der Mann die Hauptverantwortung trägt. Deshalb sind die Folgen für ihn sehr weitreichend: Der Erdboden ist seinetwegen verflucht.

In Vers 20 sehen wir den Glauben Adams. Obwohl seit dem Sündenfall alle Menschen unter dem Urteil des Todes stehen, nennt er Eva nicht die Mutter aller Sterblichen, sondern bezeichnet sie im Glauben als die Mutter aller Lebenden. In Vers 21 bewundern wir die Gnade Gottes: Er macht Adam und seiner Frau Kleider aus Fell. Dazu müssen Tiere ihr Leben lassen, d. h. es ist ein Opfer nötig. So werden wir schon zu Beginn der Menschheitsgeschichte auf das Opfer des Herrn Jesus hingewiesen, das erforderlich war, um unser Sündenproblem zu lösen (Epheser 1,7; Hebräer 9,22; Jesaja 61,10).

Dann treibt Gott den Menschen aus dem Garten Eden hinaus. Wie schrecklich wäre es gewesen, wenn Adam als Sünder vom Baum des Lebens gegessen hätte! Er hätte ewig in diesem Zustand leben müssen.

Montag
4. September

Nun bekommen Adam und Eva die ersten Kinder: Kain und Abel. Der Jüngere wird ein Schafhirte, der Ältere ein Ackerbauer. Beide bringen Gott eine Opfergabe dar. Aber welch ein Unterschied zwischen den beiden! Kain bringt Gott das, was er durch seine Anstrengung vom verfluchten Erdboden geerntet hat. Abel tötet von seiner Herde das Beste (Erstlinge) und bringt Gott dieses Opfer. Damit bestätigt er, was er im Glauben aus dem Handeln Gottes mit seinen Eltern (Kapitel 3,21) erfasst hat: Jemand anders muss für mich sterben, damit ich zu Gott kommen kann. Dieses Opfer ist ein schöner Hinweis auf den Herrn Jesus, der für uns und unsere Sünden am Kreuz gestorben ist!

Kain meint, Gott mit dem zufriedenstellen zu können, was er mit seinem Einsatz erwirkt hat. Doch auf der Grundlage eigener Werke wird kein Mensch vor Gott gerechtfertigt (Römer 3,20). Gott kann Kains Opfergabe nicht annehmen. Leider ist dieser nicht bereit, seine Ansicht zu ändern. Vielmehr beginnt er seinen Bruder Abel zu hassen, obwohl dieser ihm nichts zuleide getan hat. Der Hass führt zu einer schlimmen Tat: Kain ermordet seinen Bruder!

Auch als der heilige Gott dem Brudermörder nachgeht und ihn zur Rede stellt, ändert sich dessen Haltung in keiner Weise. Er ist nur betrübt über die Strafe, die Gott über ihn verhängt. Aber wir sehen keine Buße im Herzen. Schliesslich kehrt Kain Gott ganz den Rücken, um im Land «Flucht» ohne Beziehung zu Gott zu leben. Wie traurig!

In den Versen 17-24 wird das Leben Kains und seiner Nachkommen beschrieben. In allem, was sie tun, ist Gott ausgeschaltet. Gleichzeitig unternehmen diese Menschen sehr viel, um das Leben auf der Erde – die durch die Sünde unter dem Fluch liegt – so sicher und so angenehm wie möglich zu gestalten. Wir finden in diesem Abschnitt alles, was bis heute die Welt kennzeichnet. Mit diesen Mitteln will die menschliche Gesellschaft ohne Gott auskommen und dabei das Leben geniessen.

Dienstag 5. September

Einerseits zeigen sich Hochmut, Ungehorsam und Auflehnung gegen Gott: Statt der Einehe wird die Polygamie eingeführt. Anderseits konzentriert sich alles auf das diesseitige Leben. Der irdische Besitz wird sehr wichtig. Es fehlt nicht an Kultur und Unterhaltung. Durch den Fortschritt der Technik gibt es manche Erleichterung bei der mühsamen Arbeit (Kapitel 3,17-19). Doch in dieser gottlosen Atmosphäre herrscht auch Gewalt. Ja, es scheint sogar, als sei sie ein Bestandteil dieser Welt (Verse 23.24).

Der dritte Sohn von Adam und Eva ist Seth. Sie betrachten ihn als Ersatz für Abel, den Kain ermordet hat. Seth gibt seinem Sohn den Namen Enos (= schwacher Mensch). Unter den Nachkommen Seths herrscht eine andere Einstellung als in der Familie Kains. Diese Menschen sind sich ihrer Schwachheit infolge des Sündenfalls bewusst. Sie suchen im Gebet Hilfe und Unterstützung bei Gott. Wir finden hier Glauben und Gottesfurcht – zwei Kennzeichen, die seit jeher das Merkmal derer sind, die auf Gott vertrauen.

Die Nachkommenschaft Adams über die Linie von Seth zeigt uns im Gegensatz zu Kain und seinen Nachkommen die Familie des Glaubens. Die zwei einleitenden Verse des Kapitels blenden auf den Ursprung zurück: auf die Erschaffung des Menschen durch Gott. Er machte Adam in seinem Gleichnis.

Mittwoch
6. September

Doch Seth, der Sohn von Adam und Eva, war ein Kind von sündigen Eltern: ein Mensch im Gleichnis und Bild von Adam, nicht mehr von Gott. Seither ist die Sünde zu allen Nachkommen Adams durchgedrungen. Jeder Mensch, der geboren wird, hat die Erbsünde in sich (Römer 5,12). Als Folge davon müssen alle Menschen sterben. Das wird in diesem Kapitel bestätigt, denn es heisst wiederholt: «Und er starb.»

Die göttliche Beschreibung der Linie des Glaubens unterscheidet sich auffallend von der Beschreibung der menschlichen Gesellschaft, die ohne Gott lebt. Von den Glaubenden wird nichts Weltbewegendes berichtet wie z. B. Städtebau, Kunst oder technische Erfindungen. Es wird nur gesagt, dass sie für eine Zeit auf der Erde lebten, Familien hatten und dann starben.

Was hat das uns zu sagen? Diese Menschen sahen Gott nicht, aber sie glaubten an Ihn und beteten zu Ihm (Kapitel 4,26). Das prägte ihr Leben. Sie hatten normale menschliche Bedürfnisse, die sie mit der Erde verbanden. Aber sie wollten getrennt von allem leben, was im Widerspruch zu Gott stand (siehe Vers 22). Sie wussten auch, dass die Zeit ihres Lebens in Gottes Hand war (Psalm 31,16) und Er die Länge ihres Lebens bestimmte.

Von Henoch wird uns mehr berichtet als von den übrigen Menschen in diesem Kapitel. Weitere Einzelheiten über diesen gläubigen Mann finden wir in Hebräer 11,5.6 und Judas 14.15. Mit der Geburt von Methusalah gab es im Leben Henochs eine Wende. Denn von diesem Zeitpunkt an wandelte er mit Gott. Es scheint, dass der Geist Gottes damit auf die Bekehrung Henochs hindeutet.

DONNERSTAG 7. SEPTEMBER

Als Glaubender lebte Henoch nun Tag für Tag mit seinem Gott. Aus der Weissagung Henochs im Judas-Brief können wir entnehmen, dass die Menschen in seiner Umgebung immer gottloser wurden. Der treue Glaubensmann wollte in diesem Umfeld Gott gefallen (Hebräer 11,5). Zudem erkannte er in Gemeinschaft mit dem HERRN, dass der Allmächtige zu seiner Zeit mit Gericht eingreifen würde. Aber Henoch musste dies nicht mehr erleben. Bevor die Sintflut kam, von der wir in den nächsten Kapiteln lesen, entrückte Gott ihn zu sich in den Himmel.

Auch wir leben in einer gottlosen Welt, der das Gericht Gottes angekündigt ist. Doch bevor dieses Strafgericht eintrifft, wird der Herr Jesus alle, die an Ihn glauben, zu sich entrücken. So wird Er uns *vor* der Stunde der Versuchung bewahren, die über die Erde kommen wird (Offenbarung 3,10; 1. Thessalonicher 4,15-18; 1. Korinther 15,51-57).

Nach der Aussage von Lamech in Vers 29 muss das Leben damals recht schwer gewesen sein. Doch durch die Geburt seines Sohnes Noah wurde er getröstet. Nun hatte er einen Nachkommen, der ihm half, die Felder zu bebauen.

Die Söhne Gottes in Vers 2 sind Engel, die sich mit Menschen verbanden. Dadurch verliessen sie ihren Platz in der Schöpfungsordnung und sündigten gegen ihren Schöpfer. Das hatte einerseits ernste Konsequenzen für die Engel. Sie kamen in den Abgrund, wo sie gebunden sind und auf das endgültige Gericht warten (2. Petrus 2,4; Judas 6). Anderseits führte es zu äusserlich grossartigen Folgen für die Menschen: Es entstanden Riesen.

FREITAG
8. SEPTEMBER

Doch wie sah es in den Herzen der Menschen aus, die sich damals stark vermehrten? «Der HERR sah, dass die Bosheit des Menschen gross war auf der Erde, und alles Gebilde der Gedanken seines Herzens nur böse den ganzen Tag.»

Das Überhandnehmen des Bösen betrübte den Schöpfer tief. Darum kündigte Er das Gericht an. In seiner Langmut gab Er dem Menschen eine Frist von 120 Jahren. Dann würde Er alles, was Er geschaffen hatte, vertilgen. Alles?

Nein, nicht alle und nicht alles. Da war *einer* unter den vielen, der in den Augen des HERRN Gnade fand: Noah, ein gerechter und vollkommener Mann, der im Glauben mit Gott lebte. Vers 18 zeigt, dass auch seine ganze Familie gottesfürchtig war. Diese acht Personen wollte Gott bewahren. Aber das Gericht konnte nicht mehr zurückgehalten werden, denn die Menschheit war gewalttätig und völlig verdorben. Beachte die dreimalige Wiederholung des Wortes «verdorben» in den Versen 11 und 12! Gott musste also Noah und die Seinen durch die Wasserflut hindurch bewahren.

In Vers 13 sprach Gott mit Noah konkret über das, was Er mit der Erde im Sinn hatte. Er wollte alles Lebende durch eine gewaltige Wasserflut auslöschen: durch das Gericht der Sintflut. Dann gab Er Noah einen klaren Auftrag. Er musste eine 150 Meter lange, 25 Meter breite und 15 Meter hohe Arche bauen: ein dreistöckiges wasserdichtes Schiff, in dem er, seine Familie und mindestens ein Paar von jeder Tierart überleben konnten.

SAMSTAG
9. SEPTEMBER

Das Schiff hatte ausser einer Lichtöffnung nach oben keine Fenster. An der Seite der Arche gab es eine Tür. Wer durch diese eintrat, war vor dem Gericht in Sicherheit. Da das Wasser die Erde eine längere Zeit bedecken würde, musste Noah in der Arche genügend Nahrungsvorräte für Menschen und Tiere unterbringen. Weil er mit Gott lebte, befolgte er die Anweisungen, die er bekommen hatte. Alles führte er so aus, wie der HERR es ihm geboten hatte.

Im ersten Buch Mose wird uns nicht mitgeteilt, wie die Mitmenschen Noahs auf den Bau dieses grossen Schiffes auf trockenem Land reagierten. Aber im Neuen Testament lesen wir, dass er ein Prediger der Gerechtigkeit war (2. Petrus 2,5). Bestimmt hatte er seine Mitmenschen vor dem kommenden Gericht gewarnt. Zudem war jeder Hammerschlag an diesem Schiff eine Mahnung an die Leute. Hebräer 11,7 erklärt weiter, dass Noah durch den Bau der Arche und durch seinen Glauben, der in diesem Werk zum Ausdruck kam, die Welt verurteilte. Leider war niemand da, der seine «Predigt» ernst nahm.

Nachdem die Arche fertiggestellt war, forderte Gott Noah auf, zusammen mit seiner Familie und den Tierpaaren von jeder Art in die Arche zu gehen. Sieben Tage später würde das Gericht losbrechen. Ähnlich wie in Kapitel 6,22 heisst es in Vers 5: «Noah tat nach allem, was der Herr ihm geboten hatte.»

Sonntag 10. September

Noah musste die Tiere nicht zusammentreiben. Weil der Schöpfer-Gott in ihnen wirkte, kamen sie von selbst paarweise zu Noah in die Arche. Dann schloss der Herr selbst die Tür zu. Nun begann es zu regnen und die Wasser überfluteten die Erde.

Die Arche ist ein Bild vom Herrn Jesus und die Wasser der Flut reden vom Tod. Er hat das Gericht und den Tod – was wir verdient haben – auf sich genommen und für uns erduldet. Jeder Mensch, der an Ihn als seinen Retter glaubt, tritt sozusagen in die Arche ein. Dadurch ist er für immer vor dem göttlichen Gericht geschützt. Doch die Zeit der Gnade, in der ein Mensch durch den Glauben an den Heiland errettet werden kann, dauert nicht für immer. Der Moment kommt, an dem Gott selbst die Tür schliesst (Vers 16; Matthäus 25,10). Dann ist es für alle, die noch draussen stehen, für immer zu spät!

Prophetisch weisen Noah und seine Familie auf den treuen Überrest aus dem Volk Israel in der Zukunft hin. Im Gegensatz zu den Gläubigen der Gnadenzeit, die wie Henoch *vor* der kommenden Gerichtszeit entrückt werden, wird dieser Überrest *in* den Strafgerichten, die über die Erde hereinbrechen werden, bewahrt werden und ins Tausendjährige Reich eingehen.

Montag
11. September

Die Flut kam 40 Tage lang über die Erde. Das Wasser stieg 7,5 Meter über die höchsten Berge, so dass alle Lebewesen auf der Erde starben. «Alles starb, in dessen Nase ein Odem von Lebenshauch war, von allem, was auf dem Trockenen war.» Ein totales Gericht!

Die Zahl 40 kommt hier in der Bibel zum ersten Mal vor. Sie ist der Ausdruck der vollkommenen Erprobung des verantwortlichen Menschen. Wir finden diese Zahl auch an anderen Stellen:

- Mose war 40 Tage lang auf dem Berg Sinai.
- Das Volk Israel wanderte 40 Jahre durch die Wüste.
- Jesus wurde in der Wüste 40 Tage vom Teufel versucht.

Doch nur einer – unser Herr Jesus Christus – hat die Erprobung wirklich bestanden. Bei allen Übrigen kam bei der Prüfung das Versagen des verantwortlichen Menschen ans Licht.

«Nur Noah blieb übrig und was mit ihm in der Arche war.» So ist es mit uns Gläubigen. Wir haben das Gericht ebenso verdient wie die Ungläubigen. Doch der Herr Jesus, an den wir glauben, hat die ganze Strafe für uns getragen. Wir können frei ausgehen und möchten deshalb nicht mehr sündigen, sondern mit einem guten Gewissen für Gott leben. Das bezeugen wir in der christlichen Taufe, von der wir hier ein Bild haben (1. Petrus 3,20.21). Bei der Taufe werden wir ins Wasser getaucht. Aber wir müssen nicht unter Wasser bleiben und sterben, weil wir «in Christus» (= Arche) ins Wasser gelegt werden. Er hat durch seinen Tod die Strafe für unsere Sünden empfangen. Darum können wir nach dem Untertauchen sofort wieder herauskommen.

Als Noah und die Seinen in die Arche gingen und Gott hinter ihnen zuschloss, wussten sie nicht, wie lange die Flut dauern würde. Fünf Monate schwamm die Arche auf den Wassern, bis sie auf dem Gebirge Ararat strandete. Dann dauerte es nochmals zweieinhalb Monate, bis die Spitzen der Berge sichtbar wurden. Insgesamt verbrachten sie mehr als ein Jahr in der Arche (Vers 14; Kapitel 7,10.11). Das war sicher eine lange Zeit, in der das Warten und das Vertrauen auf Gott geprüft wurden. Doch der erste Vers unseres Kapitels macht klar, dass Gott die Arche mit den Menschen und Tieren in ihr nie aus dem Auge verloren hatte.

Als die Wasser zurückgegangen waren, liess Noah zuerst den Raben hinaus, der über den Wassern hin- und herflog. Als er die Taube zum ersten Mal fliegen liess, kehrte sie zurück, weil sie keinen Ruheort gefunden hatte. Beim zweiten Mal brachte sie ein Olivenblatt mit und beim dritten Mal blieb sie endgültig weg. Der Rabe und die Taube stellen die beiden Naturen im erlösten Menschen dar. Der Rabe spricht von der alten Natur, die im Gläubigen nicht mehr die Oberhand haben sollte. Leider können wir aber noch fleischlich handeln. Dann wird der «Rabe» aktiv, der sich in einer schmutzigen und vom Tod geprägten Welt wohlfühlt.

Die Taube entspricht der neuen Natur und ihrer Aktivität. Sie findet auf der Erde und in dem, was vor Gott tot ist, keinen Ruheplatz. Das Olivenblatt im Schnabel der Taube weist auf die Frucht des Geistes hin. Sie entsteht, wenn die neue Natur im Gläubigen aktiv wird.

Als die Erde trocken war, durften alle, die in der Arche überlebt hatten, auf Gottes Anweisung das Schiff verlassen und ihr Leben auf der gereinigten Erde fortsetzen. Als Erstes baute Noah einen Altar. Da von den reinen Tieren und Vögeln je sieben Paare in der Arche überlebt hatten, konnte er nun von ihnen nehmen und dem Herrn Brandopfer opfern. Auf diese Weise brachte Noah Gott gegenüber seine tiefe Dankbarkeit für die wunderbare Rettung zum Ausdruck. Diese Opfertiere weisen auf Jesus Christus hin, der am Kreuz auf Golgatha als das wahre Brandopfer in den Tod gegangen ist. Auf der Grundlage dieses Opfers, durch das Gott völlig befriedigt und verherrlicht worden ist, können nun ehemals sündige Menschen mit Gott ins Reine kommen und Gemeinschaft mit Ihm haben.

**Mittwoch
13. September**

Der Herr freute sich über dieses Opfer und nahm es an (Vers 21). Dann erklärte Er, dass Er nie mehr ein solch umfassendes Gericht über die Erde bringen werde. Obwohl sich das natürliche menschliche Herz nicht geändert hatte und sich auch nicht ändern wird, soll nie mehr eine totale Wasserflut die Erde verderben. Solange die erste Schöpfung bestehen bleibt, wird es Saat und Ernte, Frost und Hitze, Sommer und Winter, Tag und Nacht geben. Welch eine Gnade Gottes und welch ein Segen kommen doch in diesen Zusagen zum Ausdruck!

Dass die Sintflut gewaltige klimatische Veränderungen mit sich brachte, erkennt man aus der Tatsache, dass es seither Frost und Hitze, Sommer und Winter gibt. Vor der Flut scheint auf der Erde ein ausgeglichenes Klima geherrscht zu haben (Kapitel 2,6).

Nach der Sintflut begann eine neue Zeitperiode des Handelns Gottes mit den Menschen. Aus Kapitel 1,29.30 wissen wir, dass die Nahrung der Menschen bis zur Flut aus Früchten und Kraut (Gemüse) bestand. Jetzt gab Gott ihnen auch das Fleisch von Tieren zur Speise. Nur das Blut durften sie nicht essen. Die Begründung dafür finden wir z. B. in 3. Mose 17,10-14. Diese Anordnung Gottes gilt auch für die Zeit der Gnade, in der wir leben (Apg 15,19.20.28.29).

Donnerstag 14. September

Im Weiteren setzte Gott nach der Flut die Regierung des Menschen ein, um das Gute zu belohnen und das Böse einzudämmen und zu bestrafen. Bis heute haben die Regierungsgewalten diese Aufgabe (Röm 13,1-4).

Vers 7 macht klar, dass Noah und seine Söhne nun unter dem Segen Gottes standen, um die gereinigte Erde von neuem zu bevölkern. Gott machte zudem einen Bund mit ihnen und ihren Nachkommen. Doch es war kein Bündnis, das beiden Parteien Verpflichtungen auferlegte, sondern ein einseitiges Versprechen vonseiten Gottes: Nie mehr wird Er ein solches Gericht durch Wasser über die Erde bringen. Als Zeichen dieses Bundes setzte Gott den Regenbogen in die Wolken. Jedes Mal, wenn wir ihn sehen, können wir uns an diesen Bund Gottes mit uns Menschen erinnern.

Der Apostel Petrus teilt uns mit, dass es noch einmal ein umfassendes Gericht Gottes geben wird, aber dann durch Feuer (2. Pet 3,7). Es wird das Ende der ersten Schöpfung sein. In der Folge wird Gott einen neuen Himmel und eine neue Erde machen (2. Pet 3,13; Off 21,1).

FREITAG
15. SEPTEMBER

Obwohl Noah ein Glaubensmann war und mit Gott lebte, hatte er wie jeder erlöste Mensch noch die böse Begierde in sich, die ihn zum Sündigen verleiten wollte. Wenn wir als Glaubende nicht wachsam sind und das von Gott empfangene neue Leben nicht fördern, kann es vorkommen, dass die alte Natur wieder zum Zug kommt. Dann handeln wir fleischlich und sündigen. Um Sünden in unserem Leben zu vermeiden, werden wir im Wort Gottes aufgefordert, entschieden gegen die Auswüchse der in uns wohnenden Sünde vorzugehen (Kolosser 3,5.8).

Noah liess es an der nötigen Vorsicht fehlen, trank zu viel vom Wein seines Weinbergs und verlor seine Selbstbeherrschung. Ham sah es und erzählte seinen Brüdern unverschämt von der Verfehlung seines Vaters. Sem und Japhet jedoch versuchten ihrem Vater zu helfen, indem sie sein Versagen zudeckten. Als Noah von seinem Rausch erwachte und hörte, was passiert war, segnete er Sem und Japhet, während Ham hören musste: «Verflucht sei Kanaan (ein Sohn Hams)! Ein Knecht der Knechte sei er seinen Brüdern!»

Interessant ist der Ausdruck in Vers 26, wo der HERR als der *Gott Sems* bezeichnet wird, während Er nie der Gott Japhets oder der Gott Hams genannt wird. Einen Grund dafür finden wir am Ende von Kapitel 11 und am Anfang von Kapitel 12. Dort sehen wir, dass Gott eine Familie hervorhebt, die von Sem abstammt. Es ist Tarah und seine Nachkommen. Mit Abram, einem Sohn Tarahs, wollte Gott sich als der HERR (Jahwe, der Ewigseiende) in besonderer Weise beschäftigen.

Bestellung «tägliches Manna 2018»

Wenn Sie das «tägliche Manna» nicht im Abonnement beziehen, empfehlen wir Ihnen, heute den Band für das Jahr 2018 zu bestellen:

www.taeglichesmanna.ch

Tipp: Das «tägliche Manna» eignet sich als sinnvolles Geschenk für Freunde, Verwandte oder Bekannte.

Beröa-Verlag
Postfach
CH-8038 Zürich
info@beroea.ch

In der Zeit nach der Flut begannen sich die Nachkommen der Söhne Noahs auf der Erde auszubreiten. Die Japhetiten zogen nach Westen und Norden. Sie breiteten sich am stärksten aus.

Samstag
16. September

Unter den Hamiten tritt ein Mann besonders hervor: *Nimrod.* Zweimal wird von ihm gesagt, dass er ein gewaltiger Jäger vor dem Herrn war. Einerseits erkennen wir daraus, dass die Menschen noch an Gott dachten. Anderseits legt der Name Nimrod (= sich empören) den Gedanken nahe, dass bei seinen Zügen und Städtebauten sehr viel Eigenwillen und Rebellion gegen Gott im Spiel war. Anstatt den Herrn zu fürchten, lehnte Er sich gegen Ihn auf.

«Der Anfang seines Reiches war Babel.» Der Name Babel oder Babylon zieht sich durch die ganze Bibel hindurch. Zuletzt wird in Offenbarung 18 der endgültige Fall Babylons beschrieben. Babylon ist dort der symbolische Ausdruck für das christliche Bekenntnis, in dem es keine Gläubigen mehr gibt und Christus völlig ausgeschaltet ist. Diese christuslose Christenheit gibt vor, die wahre Kirche zu sein. Doch es ist die falsche Kirche, die dem Herrn Jesus gegenüber höchst untreu geworden ist und schliesslich von Gott gerichtet wird.

Zwei weitere Namen unter den Nachkommen Hams finden wir später in der Bibel wieder: die Philister und die Kanaaniter. Die Philister bewohnten den Gazastreifen im Land Kanaan, das Gott später seinem Eigentumsvolk, den Israeliten, gab. Sie waren erbitterte Feinde Israels, bedrängten sie immer wieder und machten ihnen das Land streitig.

Sem, der mittlere Sohn Noahs (Vers 21), wird mit seiner Nachkommenschaft zuletzt erwähnt. Das hat seinen Grund. Gott will im weiteren biblischen Bericht vor allem mit den Nachkommen Sems fortfahren. Interessant ist die Bemerkung in Vers 25: «In seinen Tagen wurde die Erde geteilt.» Vielleicht finden wir hier einen Hinweis auf die Entstehung der Kontinente als Folge der Flut.

SONNTAG 17. SEPTEMBER

Obwohl die Sprachenverwirrung erst in Kapitel 11 beschrieben wird, heisst es in Kapitel 10 zusammenfassend, dass sich die Nachkommen der drei Söhne Noahs «nach ihren Sprachen, in ihren Ländern, nach ihren Nationen» verbreiteten (Verse 5.20.31). So entstanden mit der Zeit die verschiedenen Völker mit ihren eigenen Mentalitäten.

In der Apostelgeschichte gibt es eine interessante Verbindung zu diesem Kapitel am Anfang der Bibel. Hier heisst es, dass die Erde nach der Flut von den Familien der drei Söhne Noahs wieder bevölkert wurde. In der Apostelgeschichte sehen wir, wie sich nach dem Kreuzestod des Herrn Jesus das Evangelium nicht nur an die Juden, sondern an alle Völker der Erde richtete (Markus 16,15; Lukas 24,45-47). Die Kapitel 8 – 10 der Apostelgeschichte berichten uns, wie durch die Verkündigung der guten Botschaft drei verschiedene Männer zum Glauben an den Erlöser Jesus Christus kamen:

- der Kämmerer aus Äthiopien, ein Nachkomme Hams,
- Saulus von Tarsus, ein Nachkomme Sems, und
- der römische Hauptmann Kornelius, ein Nachkomme Japhets.

Wie gross ist Gottes Gnade!

Obwohl wir bereits in Kapitel 10 gesehen haben, wie sich die Nachkommen der Söhne Noahs über die Erde verteilten, wird erst jetzt gezeigt, wie es dazu kam. Nach der Flut lebten die Menschen zunächst zusammen. Sie redeten alle *eine* Sprache. Doch eine Beziehung zu Gott, ihrem Schöpfer, scheinen die meisten von ihnen nicht mehr gehabt zu haben.

Montag 18. September

Anstatt nach Gottes Anweisung die Erde zu füllen (Kapitel 9,1), wollten sie zusammenbleiben. Davon redet die Stadt, die sie planten. Sie rebellierten damit gegen Gottes Wort. Mit dem Turm, dessen Spitze an den Himmel reichen sollte, demonstrierten jene Menschen ihren Hochmut und ihre Ehrsucht. Heute verfolgen die Menschen andere grossartige Vorhaben. Doch sie beweisen damit nur, dass sie genauso hochmütig und ehrsüchtig sind wie ihre Vorfahren nach der Flut.

Gott antwortete auf die Auflehnung und Überheblichkeit seiner Geschöpfe mit dem Gericht der Sprachenverwirrung. Nun wurden die Menschen durch das Eingreifen Gottes tatsächlich über die ganze Erde zerstreut (Verse 4.9), so wie Er es von Anfang an gewollt hatte. Die Verständigungsschwierigkeiten zwischen Menschen verschiedener Sprachen sind heute noch Folgen jenes göttlichen Gerichts.

Wir lernen daraus, dass wir Menschen durch unseren Ungehorsam die Absicht Gottes nie durchkreuzen können. Er wird immer zu seinem Ziel kommen, wenn nötig durch Gericht. Dieser Grundsatz gilt auch für unser persönliches Leben.

DIENSTAG
19. SEPTEMBER

Ab Vers 10 wird die Linie der Nachkommen von Sem über Peleg (Kapitel 10,25; 11,18) besonders erwähnt. Sie führt zu Tarah, dem Vater von Abraham, der hier noch Abram heisst.

Nach der Flut verfielen die Menschen in *Überheblichkeit* und *Götzendienst.* Durch den Bau eines himmelhohen Turmes versuchten sie, so hoch wie Gott zu werden. Anstatt sich Dem zu unterordnen, der ihnen die Herrschaft über die Erde anvertraut hatte, verneigten sie sich vor Götzen (Römer 1,22.23; Josua 24,2).

In seiner grenzenlosen Gnade gab Gott die Menschen jedoch nicht auf, obwohl sie sich von Ihm abgewandt hatten. Er wollte auf eine neue Weise mit ihnen handeln. Dazu ging Er mit einem einzelnen Menschen eine besondere Beziehung ein: Er rief Abram, den Sohn von Tarah, aus dem Götzendienst heraus und offenbarte sich ihm als der Allmächtige. Seine Beziehung zu ihm gründete sich auf göttliche Verheissungen, während Er keine Bedingungen an den Menschen stellte. Mit Abraham begann also die Heilszeit der Verheissungen.

Aus Vers 31 könnte man schliessen, Tarah habe die Initiative ergriffen, um aus Ur in Chaldäa nach Kanaan zu ziehen. Aber aus dem Neuen Testament wissen wir, dass Gott Abraham bereits in Mesopotamien erschienen war. Dort hatte Er ihm die Anweisung gegeben, sein Land und seine Verwandtschaft zu verlassen, um an einen Ort zu ziehen, den Er ihm zeigen wollte (Apostelgeschichte 7,2-4). Da Abram jedoch *mit* seiner Verwandtschaft auszog, kam er nur bis Haran.

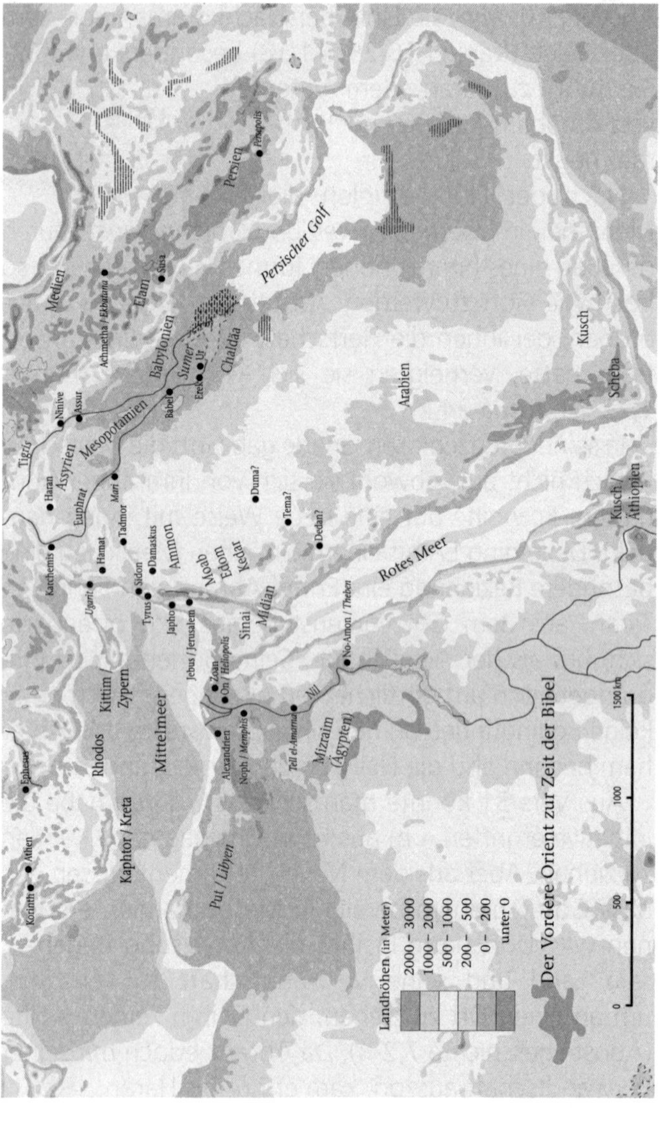

Der Vordere Orient zur Zeit der Bibel

Die Vorvergangenheitsform in Vers 1 zeigt, dass der Ruf Gottes bereits früher erfolgt war. Er galt immer noch, auch wenn Abram wegen seines Vaters in Haran stehen geblieben war. Die Rücksicht auf seinen Vater hatte ihn bisher gehindert, den Willen Gottes unverzüglich und ganz zu erfüllen.

Mittwoch
20. September

In Vers 2 bekommt Abram von Gott grosse, bedingungslose Verheissungen: «Ich will dich zu einer grossen Nation machen und dich segnen, und ich will deinen Namen gross machen; und du sollst ein Segen sein!» Nun machte er sich im Glauben auf den Weg. Sein Neffe Lot schloss sich ihm an. Abram liess ihn gewähren und nahm ihn mit.

Nachdem Abram in Kanaan angekommen war, bestätigte ihm der Herr, dass er das göttliche Ziel erreicht habe (Vers 7). Als Erstes baute Abram bei der Terebinthe Mores einen Altar. Dieser war der Ausdruck seiner persönlichen Verbindung, die er mit seinem Gott hatte. Weil die Kanaaniter damals im Land wohnten, hielt sich Abram dort als Nomade auf und wohnte in einem Zelt. So sieht auch unser Leben nach unserer Bekehrung aus: Wir halten uns als Fremde in einer Welt auf, zu der wir nicht mehr gehören. Gleichzeitig haben wir eine persönliche Beziehung zu unserem Herrn und Erlöser.

Der zweite Altar, den Abram errichtete, war ein gottesdienstlicher Altar. Dort rief er den Namen des Herrn an. Als die Nachkommen Abrahams später in diesem Land wohnten, wurde der Tempel in Jerusalem zum Ort, wo Gott seinen Namen in Israel wohnen liess und wo Er angebetet wurde (5. Mo 12,4-7; 1. Kön 8,10-14).

Als Abram immer weiter südwärts wanderte, kam die erste Glaubensprüfung: Es entstand eine Hungersnot im Land. Er versuchte, diesem Problem auszuweichen, indem er für eine Zeit nach Ägypten zog. Aber dort drohte eine andere Gefahr: Er fürchtete, man würde ihn wegen seiner schönen Frau töten. Um dies abzuwenden, griff er zu einer Halbwahrheit. Sarai sollte sagen, sie sei seine Schwester. Das war sie auch, doch sie war auch seine Frau (Kapitel 20,12). Solche trügerischen Worte passen nicht zu einem Gläubigen!

DONNERSTAG
21. SEPTEMBER

Der Pharao, der über Ägypten herrschte, meinte, er sei für sein Tun niemand verantwortlich. So liess er Sarai kurzerhand in sein Haus holen. Abram liess er am Leben. Ja, er tat ihm sogar viel Gutes und beschenkte ihn reich. Nun griff Gott ein, indem Er den Pharao und sein Haus mit grossen Plagen schlug. Dabei verfolgte Er in seiner Barmherzigkeit ein Ziel: Er wollte Abram aus der Welt (Ägypten) in die Gemeinschaft mit sich zurückführen (zum Altar bei Bethel).

Die Erfahrungen, die Abram in Ägypten machte, werden auch wir erleben, wenn wir uns als Gläubige wieder der Welt zuwenden:

- Wir werden zu einem Problem für sie und zu einem Störfaktor für ihre Freuden.
- Wie beschämend für uns, wenn die Welt uns tadeln, korrigieren und schliesslich wegschicken muss.
- Wenn wir durch Gottes Gnade den Weg zum Herrn zurückfinden, bleiben die Folgen unseres Abweichens oft bestehen. Das war auch bei Abram so, wie wir im nächsten Kapitel sehen werden.

Wenn ein Gläubiger vom rechten, Gott gemässen Weg abweicht, muss er bis an den Ausgangspunkt seines Abweichens zurückkehren, damit die Gemeinschaft mit dem Herrn völlig wiederhergestellt wird. Das war bei Abram der Fall (Verse 3.4).

Freitag
22. September

Als ein Mitläufer war Lot mit Abram auch nach Ägypten gezogen. Nun kamen sie, von der Welt reich beschenkt, nach Kanaan zurück. Doch dieser materielle Reichtum führte zu Zank zwischen den Hirten Abrams und den Hirten Lots. Abram, der wieder in einer intakten Beziehung mit Gott lebte, versuchte diesen Streit zwischen Brüdern zu lösen. Er dachte dabei sicher auch an die ungläubigen Bewohner des Landes, die diese Auseinandersetzung mitbekamen (1. Korinther 6,6).

Es war Abram klar, dass Lot und er sich trennen mussten. Ihre Herden waren zu gross, um nebeneinander zu bleiben. Abram, der Glaubensmann, suchte nicht seinen eigenen Vorteil. Er liess zuerst seinen Neffen wählen. Lot entschied sich für die fruchtbare Jordanebene. Für ihn war diese Gegend das Paradies auf Erden. Zudem erinnerte sie ihn an das, was er in Ägypten gesehen hatte. Dass die Leute von Sodom «sehr böse und grosse Sünder vor dem Herrn» waren, schien Lot nicht zu stören.

Die Entscheidung Lots war bis zu einem gewissen Grad eine Folge des falschen Weges, den Abram nach Ägypten gegangen war. Da stellt sich die Frage: Ist uns bewusst, dass unser Verhalten andere Gläubige beeinflusst – entweder zum Guten oder zum Schlechten?

Als Lot vor die Wahl gestellt wurde, «erhob er seine Augen». Dann folgten seine Füsse dem, was seine Augen als begehrenswert entdeckt hatten.

SAMSTAG 23. SEPTEMBER

Und Abram? Zog er den Kürzeren? Nein! Er wurde vom HERRN selbst aufgefordert, «seine Augen zu erheben». Er durfte in alle vier Himmelsrichtungen blicken. Das ganze Land, das er sah, wollte Gott ihm und seiner Nachkommenschaft geben, und zwar «bis in Ewigkeit». Auch über seine Nachkommen machte ihm der HERR grosse Verheissungen.

Mit diesen Versprechen Gottes im Herzen durchzog der Glaubensmann das verheissene Land und wohnte dabei in Zelten. Abram wusste: Nach Gottes Plan gehört das Land jetzt schon mir, der volle Segen davon aber liegt noch in der Zukunft.

In dieser Hinsicht gleichen wir Christen Abram. Wir sind auserwählt, um Kinder und Söhne Gottes zu sein, und wir sind es jetzt schon (Epheser 1,4.5; Römer 8,14-16; 1. Johannes 3,1). Doch den vollen Segen unserer Kindschaft und Sohnschaft werden wir erst im Himmel geniessen, wenn wir bei Gott im Vaterhaus daheim sind.

Abram blieb ein Fremder auf der Erde. Er wohnte in seinem Zelt unter den Terebinthen Mamres, die bei Hebron sind. Hebron bedeutet «Gemeinschaft». Hier genoss Abram die Gemeinschaft mit seinem Gott, was durch den Altar angedeutet wird, den er dort dem HERRN baute. Im Schatten des Allmächtigen kam er als Fremder zur Ruhe.

In diesem Kapitel lesen wir zum ersten Mal in der Bibel von einem grösseren Krieg. Vier Könige kämpften mit ihren Heeren gegen eine Koalition von fünf Königen. Was war der Auslöser? Die einen Völker waren von den anderen beherrscht und unterdrückt worden. Nun rebellierten sie gegen dieses Joch und versuchten es abzuschütteln. Das hat sich bis heute nicht geändert: Die *Anmassung der Herrschenden* und die *Rebellion der Unterdrückten* gehören zu den Ursachen für viele Kriege auf der Erde.

Aber Gott will uns mit den Mitteilungen dieses Kapitels nicht in erster Linie über die Ereignisse informieren, die sich damals in jenen Gegenden abspielten. Es geht Ihm vielmehr um den gläubigen Lot, der sich in Sodom aufhielt. Weil er in jener Stadt wohnte, wurde er in den Konflikt hineingezogen (Vers 12). Der Heilige Geist benutzt die Situation von Lot, um uns Christen auf eine ernste Gefahr hinzuweisen.

Wovor will der Herr uns warnen? Sodom und das böse, sündige Verhalten seiner Bewohner sind ein Bild der Welt. Lot liebäugelte zuerst nur mit dem Wohlstand der Welt. Er meinte, von der Fruchtbarkeit der Ebene des Jordan profitieren zu können, ohne von Sodom und seinen Bewohnern beeinflusst zu werden. Aber er täuschte sich. Wenn wir der Welt den kleinen Finger geben, nimmt sie schnell die ganze Hand. So wurde Lot richtiggehend in die Stadt Sodom hineingezogen, bis er schliesslich dort wohnte. Nun traf ihn auch das Schicksal von Sodom. Möchten wir uns warnen lassen und uns entschieden von der Welt getrennt halten!

Abram, der abgesondert von der Welt unter den Terebinthen Mamres wohnte, wurde nicht in die kriegerischen Auseinandersetzungen der Völker hineingezogen. Als er jedoch hörte, dass Lot in Gefangenschaft geraten war, unternahm er sofort etwas, um ihn zu retten. Wie Abram mit 318 Mann das Heer Kedorlaomers und seiner Verbündeten besiegen und die verschleppten Bewohner von Sodom befreien konnte, wissen wir nicht. Sicher ist, dass Gott den Glauben Abrams mit diesem Sieg belohnte.

Montag
25. September

Als Abram vom Kampf zurückkehrte, kam ihm Melchisedek, der König von Salem, entgegen und stärkte ihn mit Brot und Wein. Dann segnete er ihn im Namen Gottes, des Höchsten. Dadurch bestätigte Gott das Verhalten des Patriarchen gegenüber seinem Bruder Lot und stärkte ihn im Blick auf die Gefahr, die ihm durch das Angebot von der Welt drohte. Abram merkte, dass Melchisedek ein Priester Gottes war, und gab ihm den Zehnten von der Beute. Aus Hebräer 7,1-3 wissen wir, dass diese Person ein Vorausbild auf den Herrn Jesus, den Sohn Gottes, ist. In der Zukunft wird Er seinen Priesterdienst nach der Weise Melchisedeks ausüben.

Nach dem Zusammentreffen mit Melchisedek begegnete Abram dem König von Sodom. Dieser machte ihm einen Vorschlag: «Gib mir die Seelen, und die Habe nimm für dich.» Da lehnte Abram entschieden ab und entzog sich damit dem Einfluss der Welt, der sich bei Lot so verheerend ausgewirkt hatte. Seine Verbündeten im Kampf mochten ihren Anteil haben, doch er wollte von der Welt nichts annehmen.

War Abram zu weit gegangen, als er das Angebot der Welt zurückgewiesen hatte? Nein! Gott beruhigte ihn mit dem tröstlichen «Fürchte dich nicht!» Weil Abram den HERRN geehrt hatte, wurde er nun von Gott selbst geehrt. Er wusste zwar nicht, wie das gehen sollte, da er gar keinen Sohn hatte.

DIENSTAG 26. SEPTEMBER

Aber als der HERR ihn aus dem Zelt herausführte und seine Blicke zum Sternenhimmel lenkte, glaubte er dem, was der HERR ihm versprochen hatte. Ja, sein Glaube war «gegen Hoffnung» und «auf Hoffnung» (Röm 4,18). Gott belohnte dieses Vertrauen, indem Er es ihm zur Gerechtigkeit rechnete (Vers 6; Röm 4,20-22).

Die Verse 9-21 sind die göttliche Antwort auf die Frage Abrams: Woran soll ich erkennen, dass ich das Land Kanaan besitzen werde? Die erwähnten Tiere finden wir in 3. Mose bei den Anweisungen der verschiedenen Opfer wieder. Sie alle reden vom Opfertod des Herrn Jesus als der Grundlage für die Erfüllung der göttlichen Verheissungen. Am Schluss des Abschnitts lesen wir vom Bund, den Gott mit Abram schloss – ein Bund, bei dem Gott keine Bedingungen an den Menschen stellte, sondern sich allein verpflichtete. Es war ein Bund der Gnade, der auf der Grundlage von Golgatha dem Volk Israel das verheissene Land zusicherte!

Bis zum Zeitpunkt, an dem die Nachkommen Abrams das Land Kanaan in Besitz nehmen würden, sollte noch viel passieren. Die Verse 12-14 reden von der Versklavung des Volkes Israel in Ägypten. Nach 400 notvollen Jahren würde Gott sie aus Ägypten erlösen und ins verheissene Land zurückführen.

In Kapitel 15 wurde Abrams Glaube sichtbar. Hier aber finden wir seinen Unglauben. Der Mangel an Geduld und Ausharren bewogen Sarai und Abram, selbst zu handeln. *Unglaube* und *Ungeduld* gehen oft Hand in Hand. Aber echter Glaube wartet auf den Herrn. «Wer glaubt, wird nicht ängstlich eilen» (Jesaja 28,16).

Mittwoch 27. September

Sarai und Abram meinten, Gott nachhelfen zu müssen. Doch aus ihrem eigenmächtigen Handeln entstanden nur Probleme. Wir sehen, wie alle Beteiligten fleischlich, d. h. aus ihrer alten Natur heraus, handelten.

Als Hagar ihre Herrin verachtete, wurde sie hart behandelt. Da floh sie in die Wüste. Obwohl sie ihre missliche Lage zum Teil selbst verschuldet hatte, war sie doch die schwächste von den Dreien. Gott begegnete ihr in seinem Erbarmen durch einen Engel. Dieser hiess sie, zu Sarai zurückzukehren, und gab ihr Verheissungen im Blick auf den Sohn, den sie gebären würde. Da nannte sie den Herrn: «Du bist ein Gott des Schauens», denn Er hatte ihr in ihrem schwierigen Leben wieder eine Perspektive gegeben.

Im Neuen Testament finden wir die geistliche Bedeutung von Hagar und Sarai. Hagar ist ein Bild des Bundes vom Sinai und damit ein Hinweis auf den Grundsatz des Gesetzes. Der Hochmut Hagars zeigt den Stolz des Menschen, der sich auf das Gesetz etwas einbildet. Ihre spätere Flucht macht klar, dass der Mensch nicht bereit ist, sich dem Willen Gottes im Gesetz zu unterstellen. Sarai dagegen spricht von der Gnade, unter der wir jetzt leben (Galater 4,22-31).

Zwischen Kapitel 16,16 und 17,1 liegen 13 Jahre des Lebens Abrams. Über diese Zeit berichtet uns die Bibel nichts.

Donnerstag 28. September

Nun stellte sich der Herr dem Patriarchen als der Allmächtige vor. Abraham und Sara konnten in ihrem Alter biologisch gesehen kein Kind mehr bekommen (Römer 4,19). Aber der Allmächtige vermag auch da Leben zu geben, wo es aus der Sicht des Menschen nicht mehr möglich ist. «Da fiel Abram auf sein Angesicht.» Er demütigte sich vor Gott über seinen mangelhaften Glauben in Kapitel 16. Nun wollte er mit dem Allmächtigen rechnen.

Da bekam der Patriarch einen neuen Namen: Abraham (= Vater einer Menge). Gott wollte den irdischen Nachkommen Abrahams, dem Volk Israel, das Land Kanaan geben. Gleichzeitig sollte Abraham auch der Vater aller werden, die glauben würden wie er (Römer 4,12).

Als Zeichen des Bundes, den Gott mit Abraham und seinen Nachkommen hier schloss, sollte jeder Männliche bei ihnen beschnitten werden. Dieses äussere Zeichen, das Gott bestimmte und forderte, hat eine wichtige geistliche Bedeutung für uns. Die Beschneidung spricht von der vollständigen Verurteilung unseres natürlichen Zustands. Das Fleisch in uns ist zu gar nichts Gutem fähig. Alles, was wir aus uns selbst heraus tun, ist wertlos und unbrauchbar für Gott. Dies einzusehen, ist ein schmerzhafter Prozess. Doch er ist nötig, damit wir als Glaubende für Gott nützlich werden. Wir müssen dahin kommen, alles von Gott und unserem Herrn zu erwarten (Johannes 15,5).

Auch Sarai bekommt von Gott einen neuen Namen. «Sara (= Fürstin) soll ihr Name sein.» Von ihr würde Abraham einen Sohn bekommen. Durch diesen Nachkommen soll der von Gott verheissene Segen wahr werden.

Freitag
29. September

Das kann Abraham nicht fassen. Lachend fällt er auf sein Angesicht und sagt zu Gott: «Möge doch Ismael vor dir leben!» Doch der Allmächtige erklärt ihm mit aller Deutlichkeit: Die unfruchtbare und alt gewordene Sara soll einen Sohn gebären. Dieser soll Isaak (= Lacher) heissen. Er wird der Träger der Verheissungen sein.

Der souveräne Gott vergisst auch Ismael nicht. Er soll ebenfalls gesegnet sein. Doch den Bund wird der Herr mit Isaak, dem Sohn von Sara, errichten.

In den Worten, die Gott in den Versen 15-21 an Abraham richtet, erkennen wir, wie Er dem Kleinglauben und den väterlichen Empfindungen seines Knechtes mit herzlichem Erbarmen und grenzenloser Güte begegnet.

Der Patriarch gehorcht den Worten des Allmächtigen und beschneidet alle Männlichen seines grossen Haushalts: Abraham selbst wird als 99-Jähriger beschnitten, ebenso sein 13-jähriger Sohn Ismael. Dann werden auch alle seine Knechte und die Fremden, die nur für eine Zeit als Arbeiter bei ihm sind, beschnitten. Alle werden in diesen Bund eingeschlossen. Seine geistliche Bedeutung gilt für jeden von uns: Das Fleisch, d. h. die gefallene menschliche Natur, nützt nichts (Johannes 6,63).

Samstag
30. September

Kurze Zeit nachdem Gott sich dem Patriarchen als der Allmächtige offenbart hat, bekommt Abraham Besuch von drei Männern. Der alte Mann muss gemerkt haben, dass einer von ihnen der Herr selbst ist. Er redet Ihn entsprechend an: «Herr, wenn ich denn Gnade gefunden habe in deinen Augen ...» Man hat den Eindruck, dass dieser hohe Besuch eine göttliche Antwort auf den Glaubensgehorsam von Abraham in Kapitel 17 ist.

Die Gastfreundschaft Abrahams ist beeindruckend. Er bietet den Männern Erfrischung an und lädt sie zum Essen ein. Die ganze Szene zeugt von Energie und Sorgfalt, aber auch von Ehrerbietung. Abraham weiss, wen er vor sich hat, und zeigt ein gutes Empfinden für das, was in der Gegenwart des Herrn angemessen ist.

Während der Herr mit Abraham spricht, zeigt Sara ihren Kleinglauben. Ein unhörbares Lachen des Unglaubens ist ihre Antwort auf die Worte des Herrn: «Sara, deine Frau, wird einen Sohn haben.» Und der Herr? Er beweist, dass Er auch ein Lachen im Innern sieht, fügt dann aber ein Wort hinzu, das von seiner Allmacht und Güte zeugt: «Ist für den Herrn eine Sache zu wunderbar?» Wie mancher geprüfte Gläubige ist seither durch dieses Wort ermuntert worden!

Bereits in Kapitel 15,4 hat der Herr Abraham einen eigenen Sohn versprochen. In Kapitel 17,19 hat Gott sein Wort wiederholt und hinzugefügt, dass er ihn Isaak nennen soll. Hier redet Gott zum dritten Mal davon und sagt zweimal: «Sara wird einen Sohn haben.» Wie gnädig ist doch unser Gott! Wie viel Geduld hat Er mit uns!

Nach dem Essen machen sich die Männer auf den weiteren Weg. Abraham begleitet sie ein Stück weit. Sie blicken in Richtung Sodom. Was haben sie dort im Sinn? Der Herr weiht den Glaubensmann, der in der Bibel mehrmals als Freund Gottes bezeichnet wird (2. Chronika 20,7; Jesaja 41,8; Jakobus 2,23), in seine Pläne ein. Das sündige Verhalten der Bewohner von Sodom und Gomorra hat ein solches Mass erreicht, dass das göttliche Gericht kommen muss.

Sonntag 1. Oktober

Abraham weiss, dass sein Neffe Lot in Sodom wohnt. Früher, als Lot mit der Welt in Gefangenschaft geraten war, zog Abraham in grosser Eile aus, um ihn zu befreien. Leider blieb Lot nach seiner Befreiung in Sodom. Jetzt steht das Gericht Gottes bevor. Kann Abraham noch irgendetwas für Lot tun? Ja, er kann vor dem Herrn in Fürbitte für ihn einstehen. Und das tut er auch, indem er Gott fragt: «Willst du den Gerechten mit dem Gottlosen wegraffen?» Er denkt dabei an den unglücklichen, aber gläubigen Lot, der sich in der Welt verloren hat (2. Petrus 2,7.8).

Wie schön ist die Haltung Abrahams vor dem Herrn! Er bekennt: «Ich bin Staub und Asche.» *Staub* zeigt auf, wie klein der Mensch vor Gott ist. Abraham ist sich bewusst, dass er wohl in Fürbitte zu Ihm beten darf, aber Ihm nichts vorschreiben kann. *Asche* spricht von Buße. Abraham demütigt sich vor Gott, weil er eine gewisse Mitschuld am verkehrten Weg seines Neffen erkennt. Ist vielleicht durch die Reise nach Ägypten in Lot das Verlangen nach der Welt geweckt worden (Kapitel 13,10)?

Zu Beginn des Kapitels erfahren wir, dass die beiden Männer, die den Herrn begleitet und mit Ihm Abraham besucht haben, Engel sind. Während Abraham in Fürbitte vor dem Herrn stehen geblieben ist, sind die beiden als Ausführer des göttlichen Gerichts nach Sodom weitergegangen.

Montag 2. Oktober

Dort treffen sie Lot, wie er im Tor, d. h. in der Stadtverwaltung, sitzt. Er lädt die beiden Männer spontan ein. Doch sie lehnen ab. Erst auf das Drängen Lots kehren sie in sein Haus ein. Das Einzige, was er ihnen vorsetzt, sind ungesäuerte Kuchen. Welch ein Unterschied zum festlichen Essen bei Abraham!

Dann zeigt sich die ganze Bosheit der Bewohner Sodoms. Sie umringen das Haus von Lot und wollen sich an den Fremden vergehen. Und Lot? Er versucht seine Gäste zu verteidigen, indem er den Männern von Sodom etwas vorschlägt, das vor Gott ebenso böse ist. Hat Lot kein Empfinden für die Sünde mehr?

In dieser Auseinandersetzung muss Lot auch das Urteil der Welt über sich anhören: Sie hat ihn nie als einen der Ihren angesehen. Hätten die Engel nicht eingegriffen, wäre Lot selbst ein Opfer der aufgebrachten Menge geworden.

Nun erfährt er von ihnen, dass sie zum Gericht gekommen sind. Er bekommt die Gelegenheit, seine Schwiegersöhne und verheirateten Töchter auf die Gefahr hinzuweisen. Doch es zeigt sich jetzt, dass seine warnenden Worte wegen seines weltlichen Lebens wirkungslos sind: «Er war in den Augen seiner Schwiegersöhne wie einer, der Scherz treibt.»

Merkt Lot nicht, wie ernst die Lage ist? Er hat zwar seine Verwandten gewarnt. Aber er selbst zögert, die böse Stadt zu verlassen. Schliesslich müssen die beiden Engel sowohl Lot als auch seine Frau und seine beiden unverheirateten Töchter an der Hand nehmen und gewaltsam aus Sodom hinausbringen.

Dienstag
3. Oktober

Weil Lot an den Herrn glaubt, erfährt er das göttliche Erbarmen (Vers 16). Doch er gehört zu den Glaubenden, von denen es in 1. Korinther 3,15 heisst, dass sie «gerettet werden, doch so wie durchs Feuer». Es bleibt ihm nur das nackte Leben, sonst nichts – auch nichts für Gott und keinerlei Lohn! Wie traurig und welch eine ernste Warnung an uns!

Lot fürchtet sich, auf das Gebirge zu fliehen. Will er einer Begegnung mit Abraham ausweichen? Schliesslich darf er sich in der kleinen Stadt Zoar in Sicherheit bringen. Doch seine Frau kommt nicht ans sichere Ziel. Sie handelt gegen die klare Anweisung des Engels: «Sieh nicht hinter dich, und bleib in der ganzen Ebene nicht stehen!» Sie schaut zurück und wird zur Salzsäule. Ihr Schicksal dient als ernste Warnung für alle, die mit den Gläubigen mitlaufen, ohne sich je zu bekehren. Sie besitzen kein göttliches Leben und werden deshalb ewig verloren gehen. «Erinnert euch an Lots Frau!» (Lukas 17,32).

Als Lot in Zoar ankommt, fällt das Gericht Gottes in Form von Feuer und Schwefel auf die Städte Sodom und Gomorra. Gott kehrte diese Städte um (Vers 25). Heute liegt in jener Ebene das Tote Meer.

Als Abraham früh am nächsten Morgen in Richtung Sodom und Gomorra blickt, sieht er Rauch aufsteigen, «wie der Rauch eines Schmelzofens». Da weiss er, dass es nicht einmal zehn Gerechte in jenen Städten gehabt hat (Kapitel 18,32). Ob er erfahren hat, dass Lot gerettet wurde, teilt uns die Bibel nicht mit. Was wir aber sicher wissen, steht in Vers 29: «Gott gedachte an Abraham und entsandte Lot mitten aus der Umkehrung.» Gott hat auf die Fürbitte Abrahams geantwortet. Lot wurde gerettet. So wollen auch wir nicht aufhören, für gläubige Angehörige und Bekannte zu beten, die sich in der Welt verloren haben.

Mittwoch
4. Oktober

Die Schlussverse des Kapitels beschreiben das traurige Ende von Lot. Sie zeigen uns etwas von den Folgen eines Lebens in der Welt: Furcht anstatt Ruhe in Gott (Vers 30) und schreckliche Unmoral. Diese geht oft Hand in Hand mit übermässigem Alkoholgenuss. Die Töchter Lots denken und handeln ganz «nach der Weise aller Welt».

Die Söhne der Töchter Lots, die von ihrem Vater schwanger geworden sind, werden die Stammväter von zwei Völkern: Moab und Ammon. Beide Nationen werden zu ständigen Feinden des irdischen Volkes Gottes. Über den Tod von Lot teilt uns die Bibel nichts mit.

Beim Lesen dieser Mitteilungen in Gottes inspiriertem Wort denken wir an einen Vers aus dem Neuen Testament: «Alle diese Dinge ... sind geschrieben worden zu unserer Ermahnung, auf die das Ende der Zeitalter gekommen ist» (1. Korinther 10,11).

Donnerstag
5. Oktober

Auf seinen Zügen durch das Land Kanaan kam Abraham nach Gerar, ins Gebiet des Philisterkönigs Abimelech. Dort fiel er wieder in die gleiche Sünde wie zur Zeit, als er nach Ägypten gezogen war: Er verleugnete seine Frau und sagte, sie sei seine Schwester. Weshalb log er zum zweiten Mal? Die Antwort scheint in Vers 13 zu liegen. Als der heidnische König ihn wegen seines Betrugs zur Rede stellte, teilte ihm Abraham die trügerische Übereinkunft zwischen sich und seiner Frau mit, die sie schon in Ur getroffen hatten. Sie bestand immer noch und war die Wurzel der Sünde, die er nun ein zweites Mal beging. Bis jetzt hatte er sie noch nicht verurteilt. So etwas gehört aber nicht ins Leben eines Gläubigen. Es muss gerichtet und beseitigt werden.

Glücklicherweise griff Gott ein. Er drohte Abimelech mit dem Tod, weil er Sara einfach genommen hatte, und hinderte den König daran, die Sünde des Ehebruchs zu begehen. So bekam Abraham seine Frau wieder zurück, ohne dass ihr etwas passiert war. Aber Gott konnte Abraham den Vorwurf aus dem Mund des heidnischen Mannes nicht ersparen. Wenn die Welt uns Gläubige zu Recht tadeln muss, ist das immer beschämend und keineswegs zur Ehre Gottes. Möge der Herr uns jeden Tag helfen, gerecht vor Ihm zu leben.

Trotz der Untreue Abrahams bekannte sich Gott zu ihm, denn Er sagte zu Abimelech: «Er ist ein Prophet und wird für dich bitten.» Als Abraham dann zu Gott betete, wirkte der Allmächtige zu Gunsten des heidnischen Königs und seines ganzen Hauses (Vers 17).

Zu der von Gott bestimmten Zeit wird Isaak geboren. Man kann sich die Freude der hochbetagten Eltern gut vorstellen. Das Lachen Saras ist kein Lachen des Unglaubens mehr, sondern ein Lachen des frohen Glaubens. Das Wort des HERRN: «Ist für den HERRN eine Sache zu wunderbar?», hat in ihrem Herzen Glauben hervorgebracht (Hebräer 11,11).

FREITAG 6. OKTOBER

Und Gott hat in seiner Güte und Treue ein Wunder gewirkt.

Sobald Isaak heranwächst, gibt es Probleme mit seinem älteren Bruder Ismael, der den Kleinen verspottet. Die Reaktion Saras ist menschlich genauso verständlich wie die Empfindungen Abrahams, der beide Söhne liebte. Nun greift Gott ein und sagt, was zu tun ist. Hagar und ihr Sohn müssen weggeschickt werden. Doch die Verse 14-21 zeigen, wie Gott seine Verheissungen über Ismael erfüllt.

Für uns ist es wichtig, die geistliche Bedeutung zu verstehen, die in Sara und Isaak beziehungsweise Hagar und Ismael liegt, wie Galater 4,22-31 sie uns zeigt. Hagar illustriert das Gesetz vom Sinai. Ismael stellt den Menschen nach dem Fleisch dar, der versucht, aus eigener Kraft das Gesetz zu halten und so die Anerkennung Gottes zu finden. Doch wegen der Sünde, die im Menschen wohnt, schafft das keiner. Sara steht für den Grundsatz der Gnade. Isaak ist ein Bild derer, die die Gnade im Glauben für sich in Anspruch nehmen.

Die beiden Grundsätze – Gesetz und Gnade – sind unvereinbar. Wer meint, der geschenkten Errettung durch sein Tun noch etwas hinzufügen zu müssen, zerstört die Gnade.

Dieser Abschnitt weist prophetisch auf das Tausendjährige Reich hin. Abimelech stellt die Nationen und Abraham das Volk Israel dar, das in der Zukunft eine Vorrangstellung einnehmen wird. So wie Abimelech anerkennt, dass Gott in allem mit Abraham ist (Vers 22), so werden einmal die Völker der Erde anerkennen, dass Gott mit Israel ist und seine Ansprüche an die Erde durch dieses Volk geltend machen wird.

SAMSTAG
7. OKTOBER

Abimelech sucht das Wohlwollen Abrahams. In der Zukunft werden die Nationen wissen, dass sie nur dann gesegnet werden, wenn sie Israel und seinen Gott ehren. Deshalb werden sie Jahr für Jahr zum Laubhüttenfest nach Jerusalem hinaufziehen (Sacharja 14,16-19).

Wir können aus diesen Versen auch praktische Belehrungen für uns entnehmen. In Abraham sehen wir einen Gläubigen, der zwar versagt hat (Kapitel 20), sich sonst jedoch vorbildlich verhält, so dass die Welt anerkennend sagt: «Gott ist mit dir in allem, was du tust.» Wie schön wäre es, wenn auch wir ein so gutes Zeugnis von denen hätten, die draussen sind (1. Timotheus 3,7).

Vers 25 gibt uns eine weitere praktische Lektion. Der Glaubende kämpft nicht für seine Rechte in dieser Welt (Matthäus 5,40). Aber er darf auf ein Unrecht, das ihm zugefügt worden ist, aufmerksam machen (Johannes 18,23).

Wie ermunternd ist Vers 33! Abraham pflanzte eine Tamariske und bezeugte dadurch seinen Glauben an die Verheissungen Gottes. Das Land sollte einmal seinen Nachkommen gehören.

Wir haben hier einerseits den Höhepunkt im Glaubensleben von Abraham und anderseits einen prophetischen Hinweis auf das, was am Kreuz von Golgatha geschah, als der Herr Jesus den Opfertod erlitt. Mit Ehrfurcht denken wir an beide Seiten.

Sonntag
8. Oktober

Durch die Prüfung, die Gott über Abraham brachte, zeigte sich, dass der Glaube des Patriarchen auch der grössten Belastungsprobe standhielt. Gott verlangte wohl das Schwerste von Abraham. Doch ohne zu zögern und ohne Fragen zu stellen, stand er frühmorgens auf und machte sich mit Isaak auf den Weg nach Morija. Das letzte Stück des Weges legten Vater und Sohn allein zurück. Da stellte Isaak die Frage nach dem Schaf zum Brandopfer. Die Antwort des Vaters macht klar, wie er seinem Gott unerschütterlich vertraute. Ohne sich zu wehren, liess sich Isaak binden und auf den Altar legen. Als Abraham seine Hand mit dem Messer ausstreckte, griff der Herr ein.

Diese Begebenheit erinnert an Golgatha. Doch wir müssen zugeben, dass wir das Geschehen dort nie ganz erfassen werden. Wir gleichen den Knaben, die zurückbleiben mussten (Vers 5). Das Holz, das Abraham auf Isaak legte, betont, dass ein Mensch am Kreuz unsere Stelle im göttlichen Gericht einnehmen musste, damit unsere Sünden gesühnt werden konnten. Das Feuer und das Messer reden vom Gericht, mit dem der heilige Gott Sünden bestrafen und die Sünde verurteilen muss. In den drei Stunden der Finsternis am Kreuz entlud sich dieses Gericht über den Heiland. Doch auf dem ganzen Weg gingen Vater und Sohn miteinander (Joh 16,32).

Nach bestandener Erprobung seines Glaubens durfte Abraham anstelle seines Sohnes einen Widder opfern, der sich im Gestrüpp verfangen hatte. Mit welcher Erleichterung gab der Patriarch jenem Ort den Namen «Der Herr wird ersehen». Ja, für Isaak hatte Gott einen Ersatz vorgesehen. Doch für unseren Erlöser gab es keinen Stellvertreter. Er musste leiden und sterben. Er allein konnte dieses unermesslich grosse und schwere Werk vollbringen. Wir bewundern Ihn, dass Er es getan hat!

Montag 9. Oktober

Nun kam der Herr ein zweites Mal in der Gestalt eines Engels zu Abraham und belohnte ihn für seinen Gehorsam. Weil er bis zum Äussersten gegangen war, überschüttete ihn der Herr mit reichem Segen und verhiess ihm eine grosse Nachkommenschaft. Im Blick auf den Herrn Jesus und die Ergebnisse seines Opfertodes denken wir an Jesaja 53,11: «Von der Mühsal seiner Seele wird er Frucht sehen und sich sättigen.» Diese Frucht umfasst *alle* Erlösten!

In Vers 18 ist von einem Nachkommen in Einzahl die Rede. Nach Galater 3,16 ist dieser Nachkomme Christus selbst. Von Ihm, in Ihm und durch Ihn werden im Tausendjährigen Reich alle Nationen gesegnet werden.

In Vers 19 wird zum dritten Mal in diesem Kapitel von einem «Miteinander» gesprochen. Jetzt sind die Knaben – ein Bild der Glaubenden – auch dabei. Ja, «unsere Gemeinschaft ist mit dem Vater und mit seinem Sohn Jesus Christus» (1. Johannes 1,3).

In Vers 23 wird Rebekka erwähnt. Sie weist auf die Versammlung hin, die auch zur Frucht des Opfertodes von Jesus Christus gehört.

Mit 127 Jahren starb Sara, die Frau Abrahams, mit der er jahrzehntelang den Weg des Glaubens gegangen war. Sie war schon seine Frau, als Abraham in Mesopotamien von Gott berufen wurde, sein Land, seine Verwandtschaft und das Haus seines Vaters zu verlassen, um in das Land zu ziehen, das Gott ihm zeigen wollte. Wie vieles hatten die beiden gottesfürchtigen Eheleute, die selber nicht fehlerlos waren, miteinander und mit ihrem Gott erlebt! Nun war Abraham allein. Wir verstehen seine Trauer und seine Tränen. Aber er glaubte an eine Auferstehung. Deshalb wurde er von der Trauer nicht überwältigt.

DIENSTAG
10. OKTOBER

Wo sollte er seine Tote begraben? Er besass ja kein Stück Land! Wie Abraham beim Kauf des Feldes mit den heidnischen Bewohnern Kanaans verhandelte, ist sehr lehrreich für unseren Umgang mit ungläubigen Menschen der Welt. Er bekannte von sich: «Ich bin ein Fremder.» Als Himmelsbürger sind wir hier ebenfalls Fremde. Die Kinder Heth antworteten ihm: «Du bist ein Fürst Gottes unter uns.» Sie anerkannten die Würde und das korrekte Verhalten dieses Gläubigen. Zweimal heisst es, dass Abraham sich vor dem Volk des Landes verneigte. Wir sollen unseren Mitmenschen mit der nötigen Ehrerbietung begegnen, ihre Rechte respektieren und ihnen das geben, was ihnen zusteht. Als Ephron ihm das Feld mit der Höhle von Machpela schenken wollte, bestand Abraham darauf, es zum vollen Preis zu kaufen. Er hatte früher schon einmal die Geschenke der Welt abgelehnt (Kapitel 14,21-24). Nachdem der Kauf offiziell abgeschlossen war, konnte Abraham seine Sara begraben.

In diesem Kapitel zeigt uns der Heilige Geist, was Abraham unternahm, damit sein Sohn die von Gott gewollte Frau bekam. Einerseits können gläubige Menschen, die «im Herrn» heiraten möchten, aus dieser Begebenheit wichtige Grundsätze zur Heirat erkennen. Anderseits ist Rebekka, die die Frau Isaaks wird, ein schönes Bild der Versammlung und ihrer Beziehung zum Herrn Jesus.

MITTWOCH
11. OKTOBER

Es liegt Abraham sehr daran, dass Isaak keine Kanaaniterin heiratet, sondern jemand aus seiner Verwandtschaft. Deshalb schickt er seinen wichtigsten Knecht mit einem Auftrag nach Mesopotamien, wo die Verwandten Abrahams leben. Der Knecht geht und nimmt «allerlei Güter» mit, die den Reichtum seines Herrn beweisen. Sobald er am Ziel – bei der Stadt Nahors – ankommt, betet er zu Gott, damit Er ihm die richtige Frau zeige.

Die ernsten Worte Abrahams an seinen Knecht unterstreichen die klare Aussage aus 2. Korinther 6,14: «Seid nicht in einem ungleichen Joch mit Ungläubigen.» Ein Gläubiger oder eine Gläubige soll niemals eine eheliche Verbindung mit einem ungläubigen Partner eingehen. Auf einer solchen Ehe, vor der uns die Bibel warnt, kann der göttliche Segen nicht ruhen.

Ausserdem möchte Gott, dass die Heirat eines gläubigen Mannes mit einer gläubigen Frau von Ihm ausgeht. Wie wichtig ist es daher, dass der Mann diese wichtige Entscheidung zuerst im Gebet mit dem Herrn bespricht, damit *Gott* ihm die Frau zeigen kann, die Er für ihn vorgesehen hat.

Kaum hat der Knecht Abrahams sein Gebet beendet, kommt eine ihm unbekannte junge Frau zum Brunnen. Sie reagiert genau so, wie er es im Gebet zu Gott gesagt hat. Wir verstehen gut, dass es heisst: «Der Mann sah ihr staunend zu.» War dies bereits die Antwort auf sein Gebet?

DONNERSTAG 12. OKTOBER

Die Verse 15-21 sind eine Ermunterung für jeden gläubigen Mann, der den Weg in die Ehe mit dem Herrn gehen möchte. Wenn du die Angelegenheit zu einem aufrichtigen Gebetsanliegen machst und bereit bist, auf den Herrn zu warten, wird Er dir antworten. Er hat sich seit den Tagen Abrahams nicht verändert.

Was tut der Knecht, nachdem er erfahren hat, wer Rebekka ist? Er dankt dem HERRN und preist Ihn für seine Güte. Und wir? Kommt es nicht manchmal vor, dass wir aus Freude über die Erhörung unserer Bitten das Danken vergessen?

Nun nimmt die Sache, die am Brunnen vor der Stadt ihren Anfang genommen hat, ihren weiteren Verlauf. Nachdem Rebekka zu Hause alles erzählt und die kostbaren Geschenke gezeigt hat, läuft ihr Bruder Laban zur Quelle und lädt den Knecht Abrahams ein.

Rebekka weist in der vorbildlichen Bedeutung auf die Versammlung Gottes hin. Doch in diesen Versen ist sie vor allem ein Bild von jungen Gläubigen, die von Christus und dem geistlichen Reichtum, der in Ihm zu finden ist, noch wenig wissen. Doch der Heilige Geist, den wir im Knecht Abrahams sehen können, bemüht sich, ihre Herzen für den Herrn Jesus zu gewinnen.

Nun wird der Knecht Abrahams als Gast ins Haus der Familie von Bethuel aufgenommen und mit allem Nötigen versorgt. Doch vor dem gemeinsamen Essen möchte er seinen Auftrag loswerden. Man ermuntert ihn: «Rede!» Dann erzählt er *alles.* Er beginnt mit einer Beschreibung Abrahams und seines grossen Reichtums, den er seinem Sohn Isaak übergeben hat. Dann spricht der Knecht von seinem Auftrag. Zuletzt berichtet er von seinen persönlichen Erfahrungen mit Gott und von der Begegnung mit Rebekka. Für ihn ist die Sache klar (Vers 48). Doch entscheiden muss die Familie Bethuels.

Freitag 13. Oktober

Was hat das Verhalten des Knechts einem Mann zu sagen, dem im Gebet und in der Gemeinschaft mit dem Herrn Jesus klar geworden ist, wer seine Frau werden soll? Wenn er nun mit dieser Person spricht, ist es wichtig, dass er nicht mit *seinen* Erfahrungen und *seiner* Überzeugung beginnt. Damit würde er die Frau, die davon bis jetzt nichts weiss, unter Druck setzen. Der Mann soll wirklich um die Frau werben, wie es hier der Knecht Abrahams tut.

Wenn wir an den Heiligen Geist denken, der uns im Knecht vorgestellt wird, dann sehen wir in seinem Verhalten das Bemühen des Geistes um uns. Er will uns durch das geschriebene Wort den unendlichen Reichtum und die Grösse unseres Gottes und Vaters vorstellen. Er möchte uns aber auch die ewige Beziehung der Liebe zwischen Gott, dem Vater, und Gott, dem Sohn, zeigen. Das grosse Ziel seines Wirkens ist, die Zuneigungen unserer Herzen für den Herrn Jesus zu wecken, dem wir durch den Glauben gehören.

Nachdem der Knecht ausgeredet hat, anerkennt die Familie Bethuels: «Von dem HERRN ist die Sache ausgegangen.» Für sie gibt es keinen offensichtlichen Grund, der Heirat Rebekkas mit Isaak nicht zuzustimmen. Wie froh ist der Knecht über diese Antwort! Überwältigt von der Güte Gottes beugt er sich zur Erde nieder. Dann packt er die vielen mitgebrachten Kostbarkeiten aus und gibt sie nicht nur Rebekka, sondern auch ihrem Bruder und ihrer Mutter.

SAMSTAG 14. OKTOBER

Dieser Schmuck spricht bildlich vom «unergründlichen Reichtum des Christus» (Epheser 3,8). Der Heilige Geist stellt uns diesen himmlischen Schatz vor, um unsere Herzen für den Herrn Jesus zu erwärmen und sie mit Ihm im Himmel zu verbinden.

Am nächsten Morgen will der Knecht mit Isaaks Braut zurückkehren. Rebekka ist bereit, zu dem zu gehen, den sie durch die Erzählung des Knechts kennen gelernt und der ihr Herz gewonnen hat. Es ist ihre persönliche Entscheidung (Verse 57.58).

Über die lange Reise wird uns nichts berichtet. Die Schlussverse des Kapitels beschreiben das Zusammentreffen von Rebekka mit Isaak und wie sie seine Frau wurde, die er lieb hatte. Wie rein und schön ist der Anfang dieser Ehe! Wenn gläubige Menschen sich heute im Blick auf Heirat und Ehe nach den biblischen Anweisungen richten und auf den Herrn warten, werden sie ebenfalls solch schöne Erfahrungen machen. – In der geistlichen Anwendung reden diese Verse vom Augenblick, an dem das «Ausharren des Christus» ein Ende hat und Er die Versammlung zu sich heimholen wird.

Wann Abraham seine Nebenfrau Ketura geheiratet hat, ist aus dem 1. Buch Mose nicht ersichtlich. Aus 1. Chronika 1,28-34 kann man wohl schliessen, dass Ketura zu Lebzeiten von Sara eine Nebenfrau Abrahams war. Sie wird jedoch erst jetzt erwähnt, um das prophetische Bild vollständig zu machen. Die Söhne der Ketura sprechen von den Nationen, die im Tausendjährigen Reich unter der Regierung des Herrn Jesus in den Genuss des Segens Abrahams kommen (Kapitel 22,18).

Sonntag
15. Oktober

Vor seinem Tod regelte Abraham seinen Nachlass. Der Haupterbe war Isaak. Doch auch die Söhne der Nebenfrauen gingen nicht leer aus. Abraham sorgte dafür, dass sie zu seinen Lebzeiten von Isaak wegzogen. Es sollte keinen Streit unter den Erben geben.

Abraham starb im Alter von 175 Jahren. Seine beiden Söhne Ismael und Isaak begruben ihn in der Höhle von Machpela, wo bereits Sara begraben worden war.

Von nun an lag der Segen Gottes auf Isaak, dem Sohn der Verheissung. Er wohnte beim Brunnen Lachai-Roi. Es ist der Brunnen des Lebendigen, der sich schauen lässt (Kapitel 16,14). Wir denken an den Herrn Jesus. Er ist der Lebendige, von dem aller Segen zu uns Gläubigen fliesst.

Und Ismael? Die Verse 12-18 zeigen deutlich, dass Gott das, was Er im Blick auf diesen Sohn Abrahams versprochen hatte, ebenfalls erfüllte (z. B. Kapitel 17,20; 21,17.18). Gott steht zu allen seinen Zusagen. Keine einzige Verheissung bleibt unerfüllt. Wir können Ihm und seinem Wort voll vertrauen.

Montag 16. Oktober

Auch in der Ehe von Isaak und Rebekka gab es eine Not. Sie bekamen keine Kinder. Doch der Glaubende weiss, wohin er sich wenden kann: im Gebet an seinen Gott. So bat Isaak den Herrn für seine Frau und Dieser erhörte ihn: Rebekka wurde schwanger, und zwar mit Zwillingen.

Nun sehen wir, wie auch sie zum Herrn betete und eine Antwort von Ihm bekam. Als der souveräne und allwissende Gott erklärte Er ihr, was aus ihren beiden Kindern werden würde. Wenn der allwissende Gott solche Aussagen macht, heisst dies nicht, dass der Mensch für sein Verhalten nicht mehr verantwortlich wäre. Die Bibel unterstreicht sowohl die Souveränität Gottes als auch die Verantwortung des Menschen. Beides läuft parallel nebeneinander und ist hundertprozentig wahr.

Die beiden Söhne waren in ihrem Wesen ganz verschieden. Leider entstand dadurch eine gewisse Entfremdung zwischen den Eheleuten, denn Isaak zog Esau vor, während Rebekka Jakob liebte. Dabei liessen sie sich von ihren natürlichen Neigungen leiten.

Sicher wusste Jakob, was Gott über ihn zu seiner Mutter gesagt hatte. Er glaubte dem Wort des Herrn. Doch er meinte, Gott nachhelfen zu müssen. So versuchte er auf menschlich schlaue Weise in den Besitz des Erstgeburtsrechts zu kommen.

Esau war ein Ungläubiger, der das Erstgeburtsrecht und den damit verbundenen Segen des Herrn gering achtete. Er wollte nur seinen Hunger stillen. Göttliche Dinge interessierten ihn nicht. Leichtsinnig verkaufte er sein Erstgeburtsrecht für ein Linsengericht (Heb 12,16).

Im Leben Isaaks finden wir Parallelen zum Leben seines Vaters Abraham. Das wird in unserem Abschnitt besonders deutlich. Wie zur Zeit Abrahams gab es auch zur Zeit Isaaks eine Hungersnot. Solche Prüfungszeiten erproben unseren Glauben.

DIENSTAG 17. OKTOBER

Was tun wir, wenn wir in den Zusammenkünften der Gläubigen einen Mangel an geistlicher Nahrung empfinden, wenn das Wort Gottes nur sehr dürftig verkündigt wird? Wie leicht schlagen wir dann den Weg des geringsten Widerstands ein. Es besteht die Gefahr, dass wir uns der Welt zuwenden in der Meinung, dort unseren inneren Hunger stillen zu können. So wie Gott Isaak warnte, nach Ägypten (= Welt) zu ziehen, so warnt Er auch uns. Wir wollen auf Gottes Stimme hören und Ihm gehorchen. Nur dann kann Er uns segnen.

Isaak zog also nicht nach Ägypten, sondern nur zum König von Gerar. Er blieb zwar im Land, ging aber zu den Philistern. Sie sind in der Bibel oft ein Bild von religiösen Bekennern, die kein Leben aus Gott haben. Wenn wir engen Kontakt mit Menschen suchen, die sich zwar Christen nennen, aber keine wahren Gläubigen sind, werden wir negativ beeinflusst.

Isaak fürchtete sich vor jenen Leuten und griff zu einer Lüge. Wie Abraham verleugnete er seine Frau und behauptete, sie sei seine Schwester. Da musste ihn der heidnische König zurechtweisen. Sind wir besser als Isaak? Haben wir nicht schon unter dem Einfluss von religiösen Menschen unsere himmlische Stellung oder die Zugehörigkeit zu den Gläubigen verleugnet, die sich einfach zum Herrn Jesus hin versammeln?

Isaak erfuhr den Segen des Herrn. Da beneideten ihn die Philister, unter denen er wohnte. Schliesslich wurde die Feindschaft so gross, dass Isaak und seinen Herden die Lebensgrundlage entzogen wurde. Als Folge davon musste er wegziehen. Vielleicht erleben auch wir Neid und Widerstand von unseren Mitmenschen, so dass wir nachgeben und ausweichen müssen. Aber prüfen wir uns, ob diese Feindschaft nicht eine Folge unseres verkehrten Verhaltens ist! Bei Isaak war es Gottes Güte in seinem Leben, die zu solchen Reaktionen führte.

Mittwoch 18. Oktober

Wovon reden die Wasserbrunnen, die Isaak wieder aufgrub? Sie sind ein Bild des Wortes Gottes, wie es durch den Heiligen Geist lebendig vor die Herzen gestellt wird. Was bedeuten dann die verstopften Brunnen? In der Vergangenheit hat der Herr treuen Männern Gottes viel Verständnis und Licht über die biblische Wahrheit gegeben. Leider wird heute vieles aus dem Dienst dieser Glaubensmänner herabgewürdigt, wenn nicht sogar verworfen. An uns liegt es nun, die Wahrheit des Wortes Gottes, die unsere geistlichen Vorfahren gekannt und verkündigt haben, für uns zu erfassen und sie dann verständlich weiterzugeben. Aber ebenso nötig ist es, dass wir die Bibel selbst erforschen, denn Isaak grub auch neue Brunnen.

Auf seinen Zügen kam Isaak schliesslich nach Beerseba. Dort bekam er wunderbare Zusagen seines Gottes und dort baute er auch einen Altar. Als Anbeter rief er den Namen des Herrn an und wohnte als Fremder in einem Zelt. Auch der Brunnen – das Wort Gottes –, aus dem er täglich schöpfte, fehlte nicht.

DONNERSTAG
19. OKTOBER

Nun bekam Isaak hohen Besuch aus dem Volk der Philister. Zu Dritt kamen sie zu dem, den sie einst weggetrieben hatten. Wir verstehen die verwunderte Frage Isaaks. Was führten diese Männer im Schild?

Was Isaak erlebte, kann auch uns passieren: Ungläubige Menschen äussern sich uns gegenüber anerkennend. Dabei übertreiben sie vielleicht sogar. Wie verhalten wir uns dann? Von Isaak wollen wir lernen, zurückhaltend und vorsichtig, aber ebenso freundlich und grosszügig zu sein. Wir wollen uns bemühen, mit der Hilfe des Herrn Römer 12,18 zu verwirklichen: «Wenn möglich, so viel an euch ist, lebt mit allen Menschen in Frieden.» Gleichzeitig wollen wir jedoch nicht vergessen, dass die Schmeichelei der Welt eine grosse Gefahr für uns ist. Die Bibel gibt uns in Hiskia ein warnendes Beispiel. Dieser gottesfürchtige Mann erkannte diese Gefahr nicht und tappte in die Falle Satans. Die Folgen waren für ihn und andere verheerend (Jesaja 39).

Am gleichen Tag, da Isaak seinen hohen weltlichen Besuch wieder entlassen hatte, berichteten ihm seine Knechte von einem neuen Brunnen. Es scheint, als ob Gott damit das Verhalten Isaaks gegenüber den ungläubigen Besuchern anerkennen und belohnen wollte.

Esau heiratete zwei heidnischen Frauen. Diese Entscheidung offenbarte seine innere Haltung. Er war ein Ungläubiger, der sich auch in der Frage der Ehe nicht um Gott und seine Gedanken kümmerte. Welch ein Herzeleid waren diese Frauen für seine gläubigen Eltern!

Diese Verse zeigen uns in Isaak einen Gläubigen, der in seinem Alter nicht mehr in Abhängigkeit von Gott lebte und handelte. Hatte er vergessen, dass der Herr zu Rebekka gesagt hatte: «Der Ältere wird dem Jüngeren dienen»? Weil seine Gemeinschaft mit Gott getrübt war, stand er im Begriff, gegen den offenbarten göttlichen Willen zu handeln. Und Gott? Ihm gleitet nichts aus den Händen, auch wenn die Menschen – und sogar die Glaubenden – versagen.

Freitag 20. Oktober

Rebekka, die Frau Isaaks, sah, dass sich die Dinge in die verkehrte Richtung entwickelten. Leider stand auch sie nicht auf der Höhe des Glaubens. Warum sprach sie nicht mit ihrem Mann über die Sache und erwähnte seinen Fehler? Es scheint, dass das Miteinander in ihrer Ehe zu einem Nebeneinander geworden war. Wie schade! Rebekka brachte die Sache auch nicht vertrauensvoll im Gebet vor Gott, sondern reagierte auf das fleischliche Verhalten Isaaks ebenso eigenwillig, ja, sogar betrügerisch.

Und Jakob? Auch bei ihm sehen wir keinen tätigen Glauben. Wohl zögerte er, den Vorschlag seiner Mutter auszuführen und seinen Vater zu betrügen. Doch nicht Gottesfurcht, sondern die Angst vor den Konsequenzen beim Scheitern des Plans bewog ihn, Einwände zu machen. Schliesslich überwog der Einfluss der Mutter. Sie wollte die Folgen eines allfälligen Misslingens auf sich nehmen. Nun war der Sohn zur bösen Tat bereit.

Zwar gelang der Plan, aber wie tragisch waren die Folgen für alle Beteiligten!

Das Wort Gottes berichtet uns nicht, mit welchen Empfindungen Jakob seinen Vater hinterging. Wir wissen nicht, wie sehr ihn sein Gewissen bei diesem Verhalten anklagte. Aber die Bibel sagt uns, wie oft Jakob gelogen und wie er sogar den Namen Gottes missbraucht hat (Verse 19.20.24).

Samstag
21. Oktober

Obwohl Isaak aufgrund der Stimme, die er als Jakobs Stimme erkannte, Verdacht schöpfte, gelang der Plan. Jakob erlangte den begehrten Segen. Mit List und Betrug erreichten Rebekka und Jakob ihr Ziel. Das alles spielte sich nicht in einer weltlichen Familie, sondern unter Gläubigen ab. Wie traurig! Diese Geschichte zeigt einmal mehr, dass die alte Natur im Gläubigen zu allem Bösen fähig ist. Wir wollen uns dieser Tatsache bewusst sein und uns nahe beim Herrn aufhalten.

Bevor Jakob geboren worden war, hatte der souveräne und allwissende Gott gesagt: «Der Ältere wird dem Jüngeren dienen.» Jakob glaubte diesem göttlichen Ausspruch. Zudem anerkannte und wertschätzte er den Segen, der mit dem Erstgeburtsrecht verbunden war. Diesen Glauben Jakobs beantwortete Gott dadurch, dass sein Vater ihn tatsächlich segnete. Aber weil Jakob nicht auf Gott warten konnte und meinte, er müsse Ihm nachhelfen, erfuhr er Gottes Erziehung. Wie bitter waren die Folgen seines eigenwilligen, betrügerischen Tuns! Wir wollen aus dieser Geschichte für uns lernen, beständig in Abhängigkeit vom Herrn zu leben. Anstatt Ihm durch eigenwillige Handlungen vorzugreifen, gilt es, Schritt für Schritt mit Ihm zu gehen.

Sonntag
22. Oktober

Nun hatte Jakob den erwünschten Segen. Doch es musste ihm klar gewesen sein, dass sein Betrug ans Licht kommen würde. So geschah es auch, als der wahre Esau mit seinem zubereiteten Essen zu Isaak trat.

In den Versen 30-40 fallen uns zwei Reaktionen der beteiligten Personen auf: der grosse Schrecken, den das Herz Isaak durchzog (Vers 33), und das grosse, bitterliche Geschrei und die Tränen Esaus (Verse 34.38). Der Schrecken Isaaks macht deutlich, dass er seinen grossen Fehler erkannt haben muss. Wenn der Herr es nicht verhindert hätte, hätte er gegen den göttlichen Willen gehandelt und den älteren Sohn gesegnet. Isaak sah dies ein und stellte sich nun im Glauben ganz auf Gottes Seite. Er erklärte Esau: «Ich habe ihn gesegnet; und er wird auch gesegnet sein.»

Esaus grosse Enttäuschung ist verständlich. Doch sein ungläubiges Herz zeigte keine Reue über die frühere Missachtung des Erstgeburtsrechts. Er trauerte nur dem Segen nach, der ihm entgangen war (Hebräer 12,16.17). Nun wollte er Rache üben und seinen Bruder umbringen, um als Haupterbe doch noch zum gewünschten Segen zu kommen. Aber Gott verhinderte dies.

Rebekka plante, Jakob zu ihrem Bruder Laban zu senden. Mit ihren Bemerkungen über die heidnischen Frauen Esaus, brachte sie ihren Mann dazu, über die Heirat Jakobs nachzudenken und seinen Sohn schliesslich nach Paddan-Aram zu senden (Kapitel 28). In jener Zeit fragte in der Familie Isaaks leider niemand nach Gott und seinem Willen. Wir sehen keine Abhängigkeit von Ihm, sondern ein Handeln nach eigenen Überlegungen.

Das Leben Jakobs kann in drei Teile gegliedert werden, die prophetisch auf die Geschichte Israels hinweisen:

a) Sein Leben in Kanaan bis zur Flucht vor Esau spricht von der Zeit des Segens Gottes unter David und Salomo.
b) Sein Wegzug nach Paddan-Aram und sein harter Dienst bei Laban veranschaulichen die Zeit, da Israel unter die Nationen zerstreut ist.
c) Seine Rückkehr in das verheissene Land deutet die Zeit an, da Israel wieder in seinem Land wohnt.

Mit dem vorliegenden Kapitel beginnt der zweite Teil der Geschichte Jakobs.

MONTAG 23. OKTOBER

Bereits in Kapitel 27,46 hatte Rebekka mit ihrem Mann darüber gesprochen, wie schlimm es wäre, wenn Jakob eine heidnische Frau aus der Umgebung heiraten würde. Nun sehen wir, wie Isaak seinen Sohn nach Paddan-Aram zu den Angehörigen von Rebekka sandte. Obwohl Jakob mit diesem Wegzug vor Esau und seinem Hass fliehen musste, gab ihm sein Vater einen Segen mit auf den Weg. Isaaks Worte zeigen, dass er die Gemeinschaft mit seinem Gott wieder gefunden hatte. Was er aussprach, lag ganz auf der Linie der Gedanken Gottes.

Der Segen Isaaks und sein Gebot an Jakob, keine heidnische Frau aus Kanaan zu nehmen, sowie der Gehorsam Jakobs, blieben nicht ohne Einfluss auf Esau. Um seinen Eltern entgegenzukommen, nahm er zu seinen bisherigen Frauen noch eine Tochter Ismaels hinzu. Doch dies war nur eine äussere Geste gegenüber seinen Eltern. Sie zeigt etwas vom sympathischen Charakter Esaus. Sein Herz änderte sich leider nicht. Er blieb ungläubig.

Nun war Jakob auf der Flucht vor Esau. Er begann zu ernten, was er gesät hatte. In seinem Leben sah es tatsächlich nicht erfreulich aus. «Die Sonne war untergegangen.» Er übernachtete als mittelloser Flüchtling im Freien und musste seinen Kopf auf ein steinhartes «Kissen» legen.

Dienstag
24. Oktober

Aber Gott erbarmte sich über ihn und gab ihn nicht auf. Er erschien ihm in einem eindrücklichen Traum und machte ihm herrliche Verheissungen über seine Nachkommen und über das Land, das er aus eigener Schuld für eine Zeit verlassen musste. Für die Gegenwart, in der die Aussichten alles andere als günstig waren, verhiess ihm Gott: «Ich bin mit dir.» Er wollte ihn schliesslich zurückbringen.

Welch ein Trost sind solche Worte Gottes für uns, die wir wie Jakob manchmal versagen. Unser Gott und Vater gibt uns, die wir Ihm angehören, wegen unserer Fehltritte nicht auf. Er will uns vielmehr wieder zurechtbringen. Oft kann Er uns jedoch – wie bei Jakob – seine Wege der Erziehung nicht ersparen.

Jakob fürchtete sich nach dieser Begegnung mit Gott, weil sein Herz noch nicht im Reinen mit Ihm war. Anstatt die angebotene Gnade dankbar anzunehmen, tat er ein Gelübde: «Wenn Gott mit mir ist ... so soll der Herr mein Gott sein.» Jakob machte Ihm sogar Versprechungen. Er wollte Ihm seine Durchhilfe mit dem Zehnten entschädigen. Jakob meinte es aufrichtig. Doch wie weit war er von den Wegen und Gedanken Gottes entfernt! Wie vieles musste er noch lernen.

Mittwoch
25. Oktober

Schliesslich erreichte Jakob den Wohnort seiner Verwandten. Wir erinnern uns an Kapitel 24, als der Knecht Abrahams diesen Ort aufsuchte, um von dort eine Frau für den Sohn seines Herrn zu nehmen. Welch ein Unterschied zu Jakob! Damals kam der Knecht Abrahams mit «allerlei Gütern seines Herrn» und betete zu Gott, damit Er ihm die richtige Frau für Isaak zeige. Jetzt sehen wir Jakob als heimatlosen Flüchtling, der nicht einmal betete, sondern sich von seinen Gefühlen gegenüber Rahel leiten liess. Doch Gott benutzte die Umstände, um seine Pläne mit Jakob zu erfüllen.

Jakob war bereits ein erfahrener Hirte. Das merkt man aus dem Gespräch, das er mit den Hirten aus Haran führte (Vers 7). Als er dann Rahel, die Tochter Labans, sah, wälzte er den Stein von der Brunnenöffnung und tränkte die Schafe.

Danach konnte er seine Tränen nicht mehr zurückhalten. «Jakob küsste Rahel und erhob seine Stimme und weinte.» Wie froh war er, dass er endlich bei seiner Verwandtschaft angekommen war. Ob er hier eine Bleibe finden konnte?

Auch wenn Jakob im Gegensatz zum Knecht Abrahams nichts mitbrachte, wurde er im Haus von Laban als Neffe doch freundlich aufgenommen. Einen Monat lang blieb Jakob bei seinem Onkel. In dieser Zeit leistete er bereits gute Arbeit, so dass Laban erkannte, wie wertvoll und nützlich ihm sein Neffe als Viehhirte werden könnte. Deshalb versuchte er, ihn bei sich zu behalten (Vers 15).

Nachdem der erste Monat bei Laban vergangen war, wurde die Lohnfrage zwischen dem Onkel und seinem Neffen geregelt. Für Jakob war klar: «Ich will dir sieben Jahre dienen um Rahel, deine jüngere Tochter.» Weil er sie liebte, vergingen ihm diese Jahre wie im Flug (Verse 18.20). Laban aber wollte diesen guten Knecht, der sozusagen ohne materiellen Lohn bei ihm arbeitete, noch weitere sieben Jahre an sich binden. Deshalb betrog er Jakob am Hochzeitstag, indem er ihm Lea statt Rahel zur Frau gab. Und Jakob? Auch wenn Laban für sein betrügerisches Tun verantwortlich war, stand doch Gott hinter allem. In seiner Erziehung mit Jakob liess Er ihn das ernten, was er selbst gesät hatte. Er, der seinen Vater betrogen hatte, wurde nun selbst hintergangen.

Donnerstag
26. Oktober

Nach einer Woche Hochzeitsfeier gab Laban seinem Neffen auch die gewünschte Tochter zur Frau: die von ihm geliebte Rahel. Doch Jakob musste bei Laban nochmals sieben Jahre arbeiten (Verse 27.30). Nun hatte Jakob zwei Frauen! Die Folge war, dass die eine geliebt und die andere gehasst war. Wie traurig! Doch der Herr dachte in seiner Gnade an Lea und schenkte der ungeliebten Frau Jakobs einige Söhne, während Rahel unfruchtbar war.

Die beiden Frauen Jakobs zeigen uns ein prophetisches Bild. *Rahel* stellt das Volk Israel dar, wie es vom Herrn geliebt war, aber zunächst keine Frucht brachte. *Lea* spricht von den Menschen aus den Nationen, die in der Zeit der Gnade durch den Glauben an das Evangelium Frucht für Gott bringen.

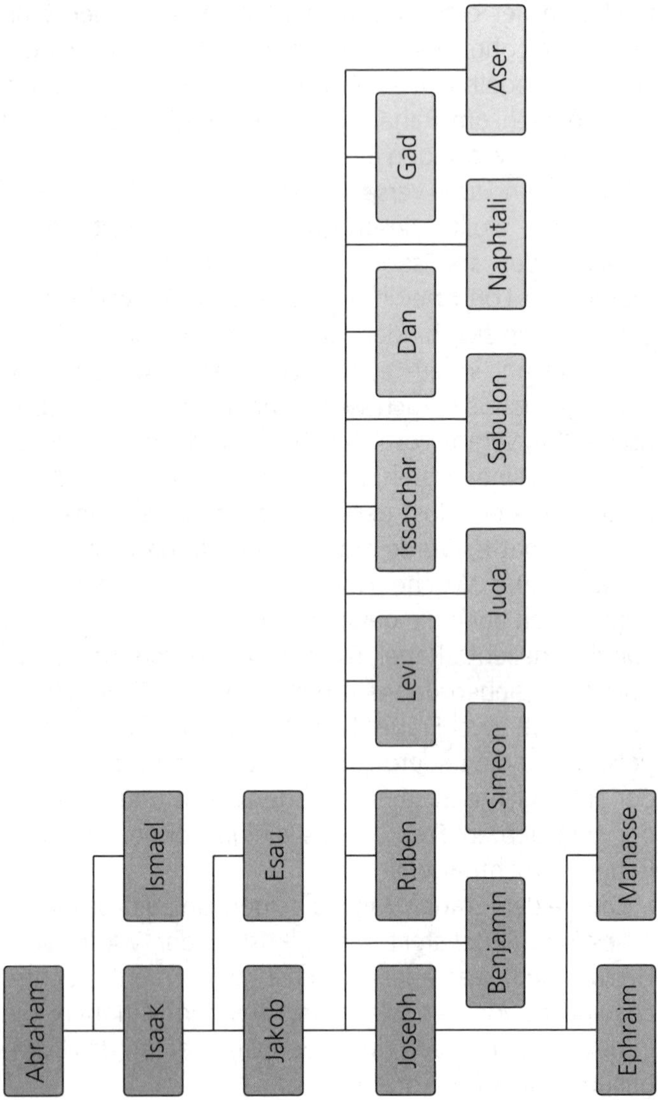
Abraham
Isaak
Ismael
Jakob
Esau
Joseph
Benjamin
Ruben
Simeon
Levi
Juda
Issaschar
Sebulon
Dan
Naphtali
Gad
Aser
Ephraim
Manasse

Gott duldete in der Zeit des Alten Testaments die Vielehe (Polygamie), aber sie war nie nach seinen Gedanken. Er hatte noch vor dem Sündenfall des Menschen die Einehe eingesetzt. *Alle* Beispiele im Alten Testament über Familien, in denen ein Mann mehr als eine Frau hatte, sind negativ. *Immer* gab es Schwierigkeiten und Nöte, so auch in der Familie von Jakob.

Freitag 27. Oktober

Ähnlich wie einst Sara versuchte Rahel ihre Unfruchtbarkeit zu umgehen, indem sie Jakob ihre Magd Bilha zur Frau gab. Als Lea aufhörte zu gebären, beschritt sie den gleichen Weg wie Rahel und gab Jakob ihre Magd Silpa zur Frau. Nun hatte Jakob vier Frauen. Wie sehr wurde sein Eheleben dadurch belastet! In einer Vielehe kann es niemals Harmonie geben. Das ist nur in der Einehe nach Gottes Gedanken möglich.

Auch wenn wir Menschen oft versagen, hört der souveräne Gott doch nicht auf, gnädig und barmherzig zu sein. Das sehen wir auch in der Geschichte der Familie Jakobs. Gott sah das schwierige Los von Lea und erhörte sie, indem Er ihr weitere Kinder schenkte (Verse 17-21). Aber Er dachte auch an Rahel. Als Gottes Zeit gekommen war, schenkte Er auch ihr einen Sohn: Joseph. Zuerst hatte Rahel von Jakob Kinder gefordert (Vers 1). Doch das konnte er nicht erfüllen. Später lernte sie, die Not im Gebet vor Gott zu bringen – und Er erhörte sie (Vers 22). So sorgte Gott trotz allen menschlichen Überlegungen und Handlungen dafür, dass Jakob der Stammvater aller 12 Stämme des Volkes Israel wurde.

Nun wünschte Jakob, in das Land der Verheissung zurückzukehren. Er stellte sein Vorhaben dem Schwiegervater vor. Doch der schlaue Laban war nicht so schnell bereit, seinen hervorragenden Arbeiter ziehen zu lassen. Er bekannte: «Ich habe gespürt, dass der Herr mich um deinetwillen gesegnet hat.» Es gelang ihm, seinen Neffen zum Bleiben zu überreden, indem er ihm einen Lohn anbot.

Samstag
28. Oktober

Die Verhandlungen zwischen Onkel und Neffe sowie ihr Verhalten zeigen, dass diese beiden Männer in ihrer Schlauheit, aber auch in ihrem gewieften Handeln einander ebenbürtig waren. Trotz den Vorkehrungen Labans konnte Jakob als erfahrener Tierzüchter durch geschickte Massnahmen den Lohn zu seinen Gunsten beeinflussen. Das Resultat war, dass der materielle Reichtum Jakobs überaus wuchs. Aber stand nicht Gott hinter allem, der Jakob segnen wollte (Kapitel 31,42)?

Mit der Geburt von Joseph kam bei Jakob das Verlangen auf, nach Kanaan zurückzukehren. Es scheint, dass er sich ins Land der Verheissung zurücksehnte, wo seine Vorfahren gelebt und an ihren Altären mit Gott Gemeinschaft hatten. In Haran besass Jakob keinen Altar. Hätte er dort überhaupt einen haben können?

Aus der Tatsache, dass Jakob nach der Geburt von Joseph in sein Land zurückziehen wollte (Vers 25), können wir etwas lernen. Joseph ist hier ein Bild vom Herrn Jesus. Wenn Er vor unseren Glaubensblicken steht, sehen wir klar, welchen Weg wir nach Gottes Gedanken gehen sollen. Wichtig ist aber, dass wir uns nicht abhalten lassen, sondern diesen Weg auch gehen.

Durch den schnell wachsenden Reichtum Jakobs verschlechterte sich das Verhältnis zwischen ihm und seinem Schwiegervater. Die Söhne Labans wurden neidisch auf ihren Cousin. Da griff Gott ein und forderte Jakob zur Rückkehr in das Land seiner Väter auf. Er versicherte ihm seinen Beistand: «Ich will mit dir sein.» Seitdem der Herr damals in Bethel mit ihm gesprochen hatte, war es nun das erste Mal, dass Jakob wieder die Stimme Gottes hörte.

Sonntag 29. Oktober

Zuerst besprach Jakob die Sache mit seinen Frauen. Aus seinen Worten an Rahel und Lea erfahren wir, wie der Herr sich trotz des betrügerischen Verhaltens von Laban zu Jakob bekannt und ihn gesegnet hatte. Was für einen gnädigen Gott haben wir doch! Auch wenn Er uns wie einst Jakob erziehen muss, ist Er nicht gegen uns, sondern für uns.

Ohne sich von Laban zu verabschieden, machte sich Jakob mit seiner grossen Familie und allem, was er besass, auf den Weg nach Kanaan. Er befolgte Gottes Anweisung, aber er fürchtete sich vor Laban. Deshalb hinterging er ihn und floh während der Abwesenheit seines Onkels. Trotz der Zusage Gottes in Vers 3 sehen wir nicht, dass Jakob auf Ihn vertraut hätte. Obwohl der Herr zu ihm gesprochen hatte, ruhte er noch nicht in seinem Gott.

Doch sein Verhalten gegenüber seinen Frauen und Kindern zeugt von seiner Liebe und Sorge für seine Familie (Vers 17). Er kümmerte sich darum, dass sie möglichst bequem reisen konnten.

Sobald Laban von der Flucht Jakobs hörte, jagte er ihm nach. Aus Vers 29 kann man entnehmen, dass er keine guten Absichten hatte. Doch Gott verhinderte jedes böse Vorhaben, indem Er ihn in einem Traum deutlich warnte: «Hüte dich, dass du mit Jakob weder Gutes noch Böses redest!» So sehen wir, wie Gott – als seine Zeit gekommen war – selbst dafür sorgte, dass Jakob sich von Laban trennen konnte.

MONTAG 30. OKTOBER

Vers 27 zeigt nochmals, wie unaufrichtig Laban war. Nach all dem, was die Bibel bis dahin über ihn berichtet hat, glaubt wohl niemand, dass er Jakob bei seinem Wegzug mit Freude und Musik begleitet hätte! Es waren schöne, aber unwahre Worte.

Neben der Habsucht hatte Laban noch einen weiteren Grund, um Jakob zu verfolgen: der Verlust seiner Hausgötzen (Vers 30). Laban war ein Götzendiener! Der Gott Jakobs war nicht sein Gott. Gegenüber Jakob nannte er Ihn «den Gott eures Vaters» (Vers 29).

Vers 32 macht klar, dass Jakob nicht alles wusste, was in seiner grossen Familie vorging. Er war ehrlich davon überzeugt, dass niemand von den Seinen Labans Götzen gestohlen hatte. Doch er täuschte sich: «Rahel aber hatte die Teraphim genommen und sie in den Kamelsattel gelegt und sich darauf gesetzt» (Vers 34). Zudem erwies sich Rahel als eine echte Tochter Labans. Ihre List war so gut, dass ihr Vater seine Götzen trotz intensiver Suche in keinem der Zelte Jakobs finden konnte. «Er durchsuchte alles und fand die Teraphim nicht.»

Wir verstehen den Zorn Jakobs in Vers 36. Dennoch war es ein Ausbruch seiner alten Natur. Nun leerte er seinen Kropf und sagte seinem Onkel die Meinung. Doch was nützte es? Eigentlich nichts. Laban liess sich nicht beeindrucken und änderte sich nicht (Vers 43). Er blieb, was er war.

DIENSTAG
31. OKTOBER

Wie lehrreich sind die Worte Jakobs für uns! Sie offenbaren etwas von der Härte und Schwere seines 20-jährigen Dienstes bei Laban, aber auch von der Treue, in der Jakob als Hirte arbeitete. Sie zeigen weiter, wie er wusste, dass Gott in dieser Zeit mit ihm gewesen war und seine Arbeit gesegnet hatte. Er war in seinem Elend nicht allein gewesen. So ist es heute noch. Wenn Gott uns in seiner Erziehung Wege führen muss, die wir als schwer empfinden, ist Er doch für uns und mit uns. Das wollen wir nicht vergessen.

Der errichtete Steinhaufen markierte eine klare Trennung zwischen Jakob und Laban. Der eine zog als Glaubender weiter, während der andere in der Welt blieb.

Dann schlossen beide Männer einen Bund. Die Worte Labans zeigen, welch ein Rechthaber und Besserwisser er war. Er meinte auch jetzt noch, er könne bestimmen. Doch es war Jakob, der eigentlich in allem die Initiative übernahm. Er opferte ein Schlachtopfer und lud seine Brüder zum Essen ein. Laban war und blieb ein Weltmensch. Aber Jakob versuchte als ein Gläubiger die Würde zu behalten. Er stand auf der Seite des Allmächtigen und wusste, dass Gott für ihn war.

Mittwoch
1. November

Nach der endgültigen Trennung von Laban kam Jakob ins verheissene Land zurück. Da begegneten ihm Engel Gottes, die ihn sozusagen willkommen hiessen. Doch es war auch das Heerlager Gottes. Wollte der Herr ihm damit nicht zeigen, dass Er ihn beschützen konnte, wenn er seinem Bruder Esau begegnete, vor dessen Hass er einst geflohen war? Jakob gab dem Ort den Namen «Machanaim», was Doppellager bedeutet. Möglicherweise erschienen ihm die Engel in zwei Zügen, die einen zum Schutz gegen die Gefahr von hinten (Laban) und die anderen zum Schutz gegen die Bedrohung von vorn (Esau).

Die bevorstehende Begegnung mit Esau machte Jakob grosse Sorge. Ja, er fürchtete sich, als er hörte, dass dieser ihm mit 400 Mann entgegenkam. Wo blieb das Gottvertrauen Jakobs? Ach, er handelte, wie auch wir oft reagieren. Wir unternehmen alles Menschenmögliche, um einer Schwierigkeit zu begegnen. Erst dann beten wir und bitten Gott um seine Hilfe und Rettung.

Es war ein schönes Gebet, das Jakob zu seinem Gott betete. Aber er war noch nicht bereit, mit ganzem Herzen auf Den zu vertrauen, mit dem er geredet hatte. Er bereitete ein Geschenk für Esau vor, das er vor sich her sandte, um ihn zu versöhnen (Vers 21). Sollte dieses Geschenk – das übrigens keine Kleinigkeit war – eine materielle Wiedergutmachung gegenüber Esau sein, den er einst betrogen hatte?

Dann heisst es: «Er übernachtete in jener Nacht im Lager.» Jene Nacht sollte die bedeutungsvollste im Leben Jakobs werden. Das zeigen uns die nächsten Verse.

In jener Nacht überquerte Jakob mit seiner Familie und seinem Besitz den Jabbok. Als er alles über die Furt des Flusses geführt hatte, blieb er allein am anderen Ufer zurück. Da rang ein Mann in der Dunkelheit mit ihm. Aus Hosea 12,4 wissen wir, dass es Gott war, mit dem Jakob kämpfte.

Zunächst schien es, als ob Jakob die Oberhand behielt. Doch als der geheimnisvolle Mann das Hüftgelenk Jakobs anrührte und dieses verrenkt wurde, war der Kampf entschieden. Nun war Jakob körperlich behindert und unfähig, weiter zu kämpfen.

Was bedeutete das alles? Bis zu diesem Ereignis hatte Jakob sehr vieles im Selbstvertrauen getan. Er hatte sich auf seine Kraft und Klugheit gestützt, aber dabei die tägliche Gemeinschaft mit Gott vernachlässigt. Alles, was Gott ihm auf seinem Lebensweg begegnen liess, konnte an dieser Einstellung nichts ändern. Darum griff der HERR nun selbst ein und brach seine Kraft für den Rest des Lebens. Sobald Jakob sich seiner bleibenden Schwachheit bewusst wurde, klammerte er sich an den Kämpfenden, um unbedingt von Ihm gesegnet zu werden. Jakob wollte jetzt alles nur noch von Gott bekommen. Damit hatte der HERR sein Ziel mit ihm erreicht.

Als Bestätigung der Sinnesänderung, die bei Jakob in dieser Nacht eingetreten war, gab Gott ihm einen neuen Namen: Israel (= Kämpfer Gottes). Nach dieser Begegnung mit Gott ging ihm die Sonne wieder auf (vergleiche Vers 32 mit Kapitel 28,11).

Obwohl Jakobs Kraft gebrochen und er ein hinkender Mann war, versuchte er noch einmal, mit Hilfe seiner eigenen Pläne Esau zu begegnen. Doch er musste lernen, dass alle seine Massnahmen völlig überflüssig waren. Sein Bruder begegnete ihm trotz seines früheren Betrugs mit grosser Herzlichkeit (Vers 4). Wir sehen darin, dass auch die Ungläubigen grossherzig sein können.

FREITAG
3. NOVEMBER

Auf die Frage Esaus antwortete Jakob als ein Gläubiger: Er rühmte die Gnade Gottes, die er in seinem Leben erfahren hatte. Das Geschenk, das er Esau bereits gemacht hatte, war ebenfalls ein Beweis davon (Verse 5.11). Als Esau seinen Bruder auf der Reise begleiten wollte, lehnte Jakob dankend ab. Es war ihm klar, dass ein Gläubiger niemals einen gemeinsamen Weg mit einem Ungläubigen gehen kann. Doch seine Begründung war schwach und unwahr. Er hätte seinem Bruder einfach sagen sollen, dass er ein anderes Ziel verfolgte. Er wollte doch nicht nach Seir, sondern nach Kanaan!

Als Jakob in Sukkot ein Haus baute und später in Sichem einen Altar errichtete, hatte er da das Ziel noch nicht erreicht. Wohl war er im Land Kanaan angekommen, aber noch nicht bis Hebron gelangt (Kapitel 35,27).

Der Altar in Sichem redet vom persönlichen Gebetskontakt des Glaubenden mit Gott. Obwohl es nun im Leben Jakobs einen Altar gab, stimmte sein innerer Zustand noch nicht mit dem Allmächtigen überein. Es standen ihm noch demütigende und beschämende Erfahrungen bevor, bis sein Herz wirklich auf Gott ausgerichtet war.

Bevor wir uns mit den traurigen Ereignissen in Kapitel 34 beschäftigen, wollen wir uns zweierlei fragen:

- Hätten diese schlimmen Sünden nicht vermieden werden können, wenn Jakob von Pniel direkt nach Bethel gezogen wäre?
- Hatte er durch den Bau eines Hauses in Sukkot und den Kauf eines Feldes in Sichem nicht einen Teil seines Charakters als Fremder in der Welt aufgegeben und so seine Familie einer zusätzlichen Versuchung ausgesetzt?

SAMSTAG
4. NOVEMBER

Dina, die Tochter Leas, suchte den Kontakt zu ungläubigen jungen Frauen. Leider blieb es nicht dabei. Der Sohn eines Fürsten der Hewiter verliebte sich in sie und nahm sie, wie die Welt gewohnt ist zu nehmen. Er beging die Sünde der Hurerei mit ihr und entehrte sie. Daran änderte sich auch nichts, als der Vater dieses Mannes zu Jakob kam und um Dina als Frau für seinen Sohn bat.

Über diese Schandtat, die in Israel verübt worden war, ergrimmten die Söhne Jakobs sehr. Als dann Hemor zu Jakob und seinen Söhnen kam und ihnen vorschlug, sich mit den Bewohnern des Landes zu verschwägern, redeten sie betrügerisch. Sie wollten sich an ihnen rächen.

Warum schwieg Jakob, als er hörte, was mit seiner Tochter passiert war? Weil er wohl gemerkt haben muss, dass auch er daran schuld war: Anstatt nach Bethel zu ziehen, war er in Sichem geblieben. Doch nun konnte er an der Sache nichts mehr ändern. Er musste die Folgen ernten. Da er ein gläubiger Mann war, demütigte er sich unter die erziehende Hand Gottes – und schwieg.

Hemor und Sichem schöpften überhaupt keinen Verdacht, als die Söhne Jakobs, die vorher gekränkt und wütend reagiert hatten, nun einen Vorschlag machten. Jedenfalls brachten sie die gestellten Bedingungen der Söhne Jakobs vor die führenden Männer der Stadt. Schliesslich war man bereit, darauf einzugehen. So wurden alle Männlichen von Sichem beschnitten.

SONNTAG
5. NOVEMBER

Was dann am dritten Tag geschah, als die Leute in Schmerzen waren, ist überaus verwerflich und abscheulich. Simeon und Levi ermordeten alle Männer der Stadt und holten Dina aus dem Haus Sichems. Dann kamen die übrigen Söhne Jakobs und plünderten die Stadt. Man ist geneigt zu sagen: Menschen zu töten, denen man die Möglichkeit genommen hat, sich zu verteidigen, ist eine weitaus schlimmere Sünde als die Schandtat Sichems. Doch Gott muss uns allen, die wir diesen Bericht lesen, zeigen, wozu wir Menschen fähig sind (Markus 7,21.22).

Jakob hatte das böse Tun seiner Söhne nicht verhindern können. Jetzt fürchtete er sich vor den Folgen. Er sagte: «Ihr habt mich in Trübsal gebracht, indem ihr mich stinkend macht unter den Bewohnern des Landes.» Warum dachte er nicht daran, wie sehr sein Gott, dem er in Sichem einen Altar gebaut hatte, durch das Verhalten Dinas und das Tun seiner Söhne verunehrt worden war?

In dieser Notsituation griff der HERR selbst ein. Er beschützte Jakob und die Seinen vor der Rache der Bewohner des Landes (Kapitel 35,5). Was für einen gütigen und gnädigen Gott haben wir doch!

Obwohl Jakob demütigende Erfahrungen machen musste (Kapitel 34), gab Gott ihn nicht auf. Er forderte jetzt den Patriarchen auf, nach Bethel hinaufzuziehen, wo er auf seiner Flucht vor Esau den Traum mit der Leiter vom Himmel auf die Erde gehabt hatte (Kapitel 28,11-22). Dort sollte er wohnen und seinem Gott einen Altar bauen.

Der Altar in Bethel spricht von der Gemeinschaft mit Gott. Auf dem Weg dorthin merkte Jakob, dass in seiner Familie nicht alles in Übereinstimmung mit Gott war. Er ordnete deshalb an, dass sie alle Götzen wegtun sollten, was sie auch befolgten. Dann vergrub Jakob alle fremden Götter und die Amulette unter der Terebinthe bei Sichem. Weiter forderte er die Seinen auf, sich zu reinigen und ihre Kleidung zu wechseln. Die Reinigung spricht vom *Selbstgericht,* das wir nötig haben, um die Gemeinschaft mit Gott geniessen zu können. Das Wechseln der Kleidung spricht *von der würdigen Weise,* in der wir vor Gott erscheinen sollen (vergleiche 1. Korinther 11,27-34).

In Bethel baute Jakob einen Altar und nannte den Ort: Gott des Hauses Gottes. Damit verwirklichten er und seine Familie gottesdienstliche Gemeinschaft.

Nun war Jakob innerlich so weit, dass Gott ihm wieder erscheinen konnte. Dabei bestätigte Er seinen neuen Namen: Israel. Zudem stellte sich Gott ihm als der Allmächtige vor, ähnlich wie Er es einst Abraham gegenüber getan hatte (Kapitel 17,1). Er verhiess Jakob sowohl eine grosse Nachkommenschaft als auch das Land Kanaan zum Besitztum.

DIENSTAG
7. NOVEMBER

Bei der Geburt ihres zweiten Sohnes starb Rahel. Für Jakob muss es ein sehr grosser Schmerz gewesen sein, als er seine geliebte Rahel durch den Tod verlor. Viele Jahre später, kurz vor seinem eigenen Tod, sprach er zu seinem Sohn Joseph mit ergreifenden Worten von Rahel: «Als ich aus Paddan kam, starb Rahel *bei mir* im Land Kanaan ... und ich begrub sie dort auf dem Weg nach Ephrat, das ist Bethlehem» (Kapitel 48,7).

Wir hören nicht, dass Israel etwas zur Sünde seines Erstgeborenen sagte. Doch aus seinen letzten Worten an seine Söhne wird deutlich, wie sehr er diese Verfehlung verurteilte (Kapitel 49,4). Als Folge seiner Sünde verlor Ruben sein Erstgeburtsrecht (1. Chronika 5,1).

Mit der Geburt von Benjamin hatte Jakob nun zwölf Söhne (Verse 23-26). Sie wurden die Stammväter des Volkes Israel.

Schliesslich kam Jakob mit seinem ganzen Zug bis nach Mamre, wo sein alter Vater Isaak noch lebte. Von Rebekka wird nach Kapitel 28 nichts mehr berichtet. Vermutlich war sie in der Zwischenzeit gestorben. Sie konnte Jakob nicht mehr aus Haran holen lassen, wie sie es geplant hatte (Kapitel 27,45).

Im Alter von 180 Jahren verstarb Isaak. Jakob lebte zwar abgesondert von seinem ungläubigen Bruder Esau. Doch als es um das Begräbnis von Isaak ging, handelten beide Söhne miteinander. Der Tod eines Vaters ist ein Familienereignis, das alle Kinder betrifft – ob gläubig oder ungläubig. Wie schön, wenn sie den Vater gemeinsam beerdigen.

Warum hat uns Gott in seinem Wort ein ganzes Kapitel über die Familie Esaus und ihre Entwicklung hinterlassen? Es waren doch ungläubige, gottlose Menschen! Weil wir bei Esau und seinen Nachkommen die gleichen Merkmale finden, die auch die uns umgebende Welt prägt. So zeigt uns dieses Kapitel das Verhalten von ungläubigen und oft gottlosen Menschen, damit wir als gläubige Christen die Gefahren erkennen, die durch ihren Einfluss auf uns drohen.

Mittwoch
8. November

Esau hatte wie Jakob einen zweiten Namen. Doch er hatte ihn nicht von Gott bekommen. Weil er das Erstgeburtsrecht für ein Linsengericht verkauft hatte, wurde er Edom genannt (Kapitel 25,30). Dieser Name erinnert an seine Gleichgültigkeit und sein Desinteresse an Gott. Immer wieder wird in diesem Kapitel auf diesen Namen Esaus hingewiesen.

Aus Vers 6 erfahren wir, dass Esau mit seiner Familie und seiner Habe von Jakob weg auf das Gebirge Seir zog. Von den Menschen, die dort wohnten, hatte Esau seine zweite Frau: Oholibama, die Tochter Anas und Enkeltochter Zibeons (Verse 2.24.25). So suchte er sein Glück in der Welt. Als Gläubige werden wir zu einer klaren Absonderung von der Welt aufgerufen (2. Korinther 6,14 – 7,1). Wir leben zwar *in* der Welt, sind aber *nicht mehr von ihr* (Johannes 17,14-16).

Die Aufzählung der Fürsten oder Stammeshäupter in den Versen 15-19 zeigen, dass die Nachkommen Esaus nicht nur zahlreich, sondern auch mächtig wurden. Das Streben nach Macht, Ehre und Reichtum ist bis heute ein Kennzeichen der Welt.

Die Söhne Seirs waren die Bewohner jenes Landes *bevor* Esau mit seiner Sippe dorthin zog. Aus ihrer Auflistung erfahren wir etwas über die Verwandtschaft der zweiten Frau Esaus. Zudem erkennen wir, dass er bereits vor seinem Umzug dorthin eine Verbindung zu Seir hatte. Auch unter den Bewohnern Seirs gab es Fürsten, so dass sich zwei ähnlich mächtige Sippen zusammenfanden.

Donnerstag 9. November

Ab Vers 31 wird das Land Seir, wo die Nachkommen Esaus lebten, als Edom bezeichnet. Vermutlich war die Nachkommenschaft Esaus zahlenmässig stärker als die Sippe von Seir. Wichtig für uns aber ist die Bemerkung aus 5. Mose 2,5. Dort erklärte Gott dem Volk Israel, das auf dem Weg von Ägypten nach Kanaan war, dass das Land Seir nicht zu ihrem Erbteil gehörte: «Das Gebirge Seir habe ich Esau als Besitztum gegeben.»

Vom Schwiegervater Esaus wird in Vers 24 gesagt, dass er *die warmen Quellen* in der Wüste fand. Sind sie nicht ein Bild der Freuden der Welt? Oft sprechen sie die Gefühle der Menschen an. Aber ihre Wirkung verfliegt schnell wieder – so wie warmes Wasser in der Hitze der Wüste den Durst nicht wirklich stillen kann.

Die Erwähnung der *Könige,* die in Edom regiert hatten, bevor in Israel ein König herrschte, spricht sicher von Regierungsgewalt. Wie oft wird diese Herrschaft in der Welt selbstsüchtig und ungerecht ausgeübt.

Am Ende des Kapitels erwähnt der Geist Gottes nochmals den Namen Edom. Das Irdische erfüllte das Herz Esaus. Für Gott gab es da keinen Platz.

Freitag
10. November

Mit diesem Kapitel beginnt die Geschichte Josephs, des älteren Sohnes von Rahel. Warum heisst es jedoch in Vers 2: «Dies ist die Geschichte Jakobs: Joseph, 17 Jahre alt ...»? Diese Aussage wird verständlich, wenn wir daran denken, dass Joseph eines der eindrücklichsten Vorausbilder auf den Herrn Jesus ist. Er ist der geliebte *Sohn* des *Vaters,* der Ihm alles bedeutet. Darum ist seine Geschichte auch die Geschichte des Vaters.

Joseph «weidete die Herde». Damit weist er auf den guten Hirten hin: Jesus Christus liess nicht nur sein Leben für die Schafe, Er sorgt auch unermüdlich für die Seinen (Johannes 10,11; 13,1b).

«Joseph brachte ihre üble Nachrede vor ihren Vater.» Der Herr Jesus sah und erlebte in seinem Leben auf der Erde, wie die Juden Gott, seinen Vater, verunehrten. Daher sehen wir Ihn in den Evangelien oft im Gebet, um alles vor seinen Gott und Vater zu bringen.

Die besondere Liebe Jakobs zu Joseph wurde durch das Ärmelkleid öffentlich gesehen. Dass der Herr Jesus Gottes geliebter Sohn ist, bezeugte der Vater zweimal vom Himmel her (Matthäus 3,17; 17,5).

In den zwei Träumen Josephs offenbarte Gott etwas über die zukünftige Herrschaft dieses Sohnes Jakobs. Doch für die Brüder Josephs waren diese Mitteilungen ein zusätzlicher Grund, ihn zu hassen. Ganz ähnlich erging es unserem Herrn, als Er zu den Juden von seiner zukünftigen Macht und Herrschaft sprach. Sie legten es Ihm als Lästerung aus und forderten dafür seinen Tod (Matthäus 26,64-66).

Samstag
11. November

Wie Joseph sich von Hebron aus zu seinen Brüdern senden liess, so war der Sohn Gottes bereit, sich von seinem Vater zu uns Menschen – vor allem zum Volk Israel – senden zu lassen. Als Er hier lebte, konnte Er sagen: «Ich bin von dem Vater ausgegangen und bin in die Welt gekommen» (Johannes 16,28).

Als Joseph endlich seine Brüder fand, sahen sie ihn von weitem kommen. «Da ersannen sie gegen ihn den Anschlag, ihn zu töten.» Was erlebte der Herr Jesus, als Er zu seinem irdischen Volk kam? Die jüdische Führungsschicht plante schon bald nach seinem öffentlichen Auftreten in Israel seinen Tod (Matthäus 12,14). Weshalb suchten sie Ihn umzubringen? Weil Jesus Christus Gott seinen eigenen Vater nannte (Johannes 5,18). Das war *ein* Grund für ihren tödlichen Hass, es gab aber auch noch andere Ursachen.

Ruben konnte verhindern, dass die anderen Brüder Joseph auf der Stelle totschlugen. Doch als Joseph zu ihnen kam, zogen sie ihm sein Ärmelkleid aus und warfen ihn in eine leere Zisterne. Das Ausziehen des Kleides redet davon, wie die Menschen das Vertrauen und die herzliche Beziehung, die der Herr Jesus zu seinem Gott hatte, verspotteten. Als Er am Kreuz hing, riefen sie: «Er vertraute auf Gott, der rette ihn jetzt, wenn er ihn begehrt; denn er sagte: Ich bin Gottes Sohn» (Matthäus 27,43). Die Grube spricht von den Leiden, die der Heiland vonseiten der Menschen während seines Lebens erdulden musste. Wenn wir an Klagelieder 3,53 denken, erkennen wir in der Grube auch die Leiden seines Todes.

Nachdem die Brüder fürs Erste ihren Hass an ihrem Bruder ausgelassen hatten, «setzten sie sich, um zu essen» (vergleiche Johannes 18,28). Als dann ein Zug Ismaeliter vorbeikam, verkauften sie Joseph für 20 Silberstücke in die Sklaverei. Damit hatten sie keinen Mord auf dem Gewissen und sich trotzdem ihres verhassten Bruders entledigt.

Sonntag 12. November

Der Herr Jesus wurde auch für Geld verkauft. 30 Silberstücke zahlten die Führer des Volkes dem Jünger Judas für den Verrat seines Meisters. Der Prophet Sacharja nennt diesen Geldbetrag einen «herrlichen» Preis (Sacharja 11,13). Darin widerspiegelt sich sowohl die Habsucht von Judas als auch die Geringschätzung der Hohenpriester gegenüber dem Herrn Jesus.

Die Söhne Jakobs täuschten ihren Vater mit dem Blut eines Ziegenbocks, in das sie das Ärmelkleid Josephs getaucht hatten. Jakob schloss daraus, dass Joseph von einem wilden Tier zerrissen worden sei. Gross war seine Trauer um den Sohn, den er besonders geliebt hatte. Ja, er weigerte sich, sich von seinen Söhnen trösten zu lassen. Hätten ihn diese harten Männer überhaupt trösten können?

Im Gegensatz zu Joseph musste unser Herr wirklich sterben. Mit seiner Kreuzigung verwarfen die Juden die wunderbare Gnade Gottes. Wie die Brüder Josephs das blutige Ärmelkleid ihrem Vater sandten, schickten die Juden mit der Steinigung von Stephanus eine Botschaft zum Himmel: Wir wollen nicht, dass Christus über uns herrsche! Damit lehnten sie die göttliche Gnade endgültig ab (Lukas 19,14; Apostelgeschichte 7,54-58).

Der Geist Gottes fügt dieses Kapitel hier ein, um uns prophetisch zu zeigen, welchen Weg das Volk der Juden nach der Verwerfung des Herrn Jesus gegangen ist. Juda verband sich mit einem heidnischen Mann: Hira. Aus diesem Gang in die Welt gab es eine Verbindung zu ihr: Juda heiratete eine heidnische Frau, die ihm drei Söhne gebar. Das jüdische Volk wurde nach der Kreuzigung seines Messias in die ganze Welt zerstreut. Die Juden verbanden sich mit der Welt und wurden erfolgreiche Geschäftsleute. Und Gott? Auch wenn Er sein Volk bis heute auf die Seite stellen musste und es seine eigenen Wege gehen liess, hat Er es doch nicht aufgegeben. Die Zeit wird kommen, da Er einen Überrest seines irdischen Volkes begnadigen und segnen wird. Das sehen wir in Tamar, die trotz ihrer Sünde im Geschlechtsregister von Jesus Christus erwähnt wird (Matthäus 1,3). Nur auf der Grundlage des Sühnungstodes des Herrn Jesus wird es für sein irdisches Volk Gnade und Barmherzigkeit vonseiten Gottes geben.

Montag
13. November

Dieses Kapitel redet aber auch ganz praktisch zu unseren Herzen. Es zeigt uns, wozu wir fähig sind. Die Gottlosigkeit Judas, seine Unenthaltsamkeit, seine Sünde, aber auch seine Heuchelei und sein hartherziges Urteil sollen uns zur Warnung dienen. Und Tamar? Mit einer Sünde (Hurerei) versuchte sie zu ihrem Recht zu kommen, das ihr vorenthalten wurde (Vers 14). Dafür hätte sie sterben müssen (Vers 24). Aber Gott erwies ihr schliesslich seine unumschränkte Gnade. Ihr Sohn Perez wurde ein Vorfahre des Messias.

Dienstag
14. November

Werfen wir zunächst einen kurzen Blick auf die prophetische Bedeutung dieses Kapitels. Als Folge der Verwerfung des Herrn Jesus durch sein irdisches Volk ist das Heil und der Segen Gottes zu den Nationen gekommen (Römer 11,11). Bis heute wird auf der Welt das Evangelium von Jesus Christus verkündigt. Wer es im Glauben annimmt, wird errettet werden. Wo Menschen zum Herrn Jesus kommen, ändert sich vieles in ihrem Leben zum Guten. Das wird durch Vers 5 illustriert.

Wir können aus diesem Kapitel auch manches für unser Verhalten als Glaubende in schwierigen Lebenssituationen lernen. Joseph haderte nicht mit seinem Schicksal. Er blieb da, wohin er als Sklave gekommen war, seinem Gott treu und verrichtete seine Arbeit gewissenhaft. Wie schön ist die Antwort des Herrn! Er war mit Joseph und gab ihm Gelingen bei allem, was er tat.

Wenn wir da, wo der Herr uns hingestellt hat, unsere Arbeit fleissig und treu ausführen, wird dies auch von der Welt positiv wahrgenommen werden (Vers 3). Lasst uns auf diese Weise ein Zeugnis für unseren Herrn sein!

Doch Satan, der Feind der Seelen, war auch da und versuchte den gottesfürchtigen jungen Mann durch die Frau von Potiphar zu Fall zu bringen. Auf die erste Versuchung reagiert Joseph mit einem entschiedenen Nein: «Wie sollte ich diese grosse Bosheit tun und gegen Gott sündigen?» Er wollte seinem Gott treu bleiben.

In einer einmaligen Versuchung standhaft zu bleiben und nicht zu sündigen, ist eine Sache. Wenn aber die Verführung «Tag für Tag» an einen herantritt, was dann? Dann brauchen wir täglich die Bewahrung des Herrn und Kraft von Ihm, um uns der Sünde für tot zu halten. Joseph musste weiter seine Arbeit verrichten und seine Aufgaben erfüllen. Er konnte dieser verführerischen Frau nicht ausweichen. Als aber der Moment kam, an dem sie ihn zur Sünde zwingen wollte, floh er. Das war seine einzige Rettung (1. Korinther 6,18).

Mittwoch
15. November

Nun zeigte die Frau von Potiphar ihr wahres Gesicht. Sie wollte nur ein kurzes sündiges Vergnügen mit ihrem Sklaven haben. Als dieser sich weigerte und floh, verdrehte sie die Wahrheit und sorgte dafür, dass Joseph ins Gefängnis kam. So handelt der Teufel bis heute. Zuerst versucht er uns zur Sünde zu verleiten, indem er sie verharmlost. Bleiben wir standhaft und weigern uns zu sündigen, tritt er als brüllender Löwe gegen uns auf. Doch er kann uns nicht verschlingen, weil er nicht weitergehen darf, als Gott es zulässt.

Joseph befand sich unschuldig im Gefängnis. Aber der Herr war genauso mit ihm wie vorher im Haus von Potiphar. So schwer die Prüfung für den unschuldigen Sklaven auch war, der Herr hatte ihn nicht verlassen. Er wandte ihm vielmehr Güte zu (Vers 21). Für Joseph war es eine Zeit der Glaubensprüfung und der Läuterung (Psalm 105,18.19). Was für Schlacken dabei entfernt wurden, sagt die Bibel nicht. Als unser Herr geläutert wurde, fand sich nichts Unreines (Psalm 17,3).

Während Joseph unschuldig in Haft war, wurden eines Tages zwei prominente Gefangene an den gleichen Ort gebracht: der Oberste der Mundschenken und der Oberste der Bäcker. Joseph durfte sie bedienen.

Nach einer Zeit hatten beide in der gleichen Nacht einen sonderbaren Traum. Weil sie ihre Träume nicht verstanden und auch keine Möglichkeit hatten, Traumdeuter beizuziehen, waren sie missmutig. Das entging dem aufmerksamen Joseph nicht, so dass er sie nach dem Grund ihrer Niedergeschlagenheit fragte. Als sie ihm von ihren Träumen berichteten, verwies er auf den allein wahren Gott, der die Deutungen kennt.

Donnerstag
16. November

Nun erzählten sie ihm ihre Träume und Joseph konnte ihnen die Deutung mitteilen, die genau so eintraf: Der Oberste der Bäcker wurde nach drei Tagen gehängt, während der Oberste der Mundschenken wieder in sein Amt eingesetzt wurde. Obwohl Joseph diesem einflussreichen Mann seine Lage geschildert hatte, dachte dieser nach seiner Freilassung nicht mehr an ihn und vergass ihn. Wieder wurde Joseph von Menschen enttäuscht. Aber Gott blieb bei ihm und vergass ihn nicht.

Beim Lesen dieses Kapitels denken wir an Golgatha, wo der Herr Jesus zwischen zwei Verbrechern am Kreuz hing. Der eine sah ein, dass er das Todesurteil verdient hatte, und appellierte an die Gnade des Herrn. Ihm versicherte der gekreuzigte Heiland: «Heute wirst du mit mir im Paradies sein» (Lukas 23,43). Der andere tat nicht Buße und ging ewig verloren.

FREITAG
17. NOVEMBER

«Nach Verlauf von zwei vollen Jahren ...» Für Joseph müssen es zwei Jahre sehnsüchtigen Wartens gewesen sein. Aber nun war Gottes Zeit gekommen, um die Leiden und die Erniedrigung dieses bescheidenen und gottesfürchtigen jungen Mannes zu beenden. Auslöser für die Befreiung Josephs aus dem Gefängnis waren zwei Träume, die Gott dem Pharao schickte und die seine Wahrsager nicht deuten konnten.

Im Alten Testament sehen wir, wie Gott den Menschen in gewissen Situationen durch Träume etwas Wichtiges mitteilte. In der heutigen Zeit besitzen wir die Bibel, das vollständige Wort Gottes. Darum spricht Gott nicht mehr in dieser Weise durch Träume zu uns.

Die Beschreibung der Träume in den Versen 2-7 zeigt, dass der Pharao beim Erwachen noch genau wusste, was er geträumt hatte. Am Morgen war sein Geist voll Unruhe, weil er merkte, dass diese Träume für ihn und sein Land bedeutungsvoll sein mussten. Aber niemand konnte ihm weiterhelfen.

Nun war der Moment da, an dem der Oberste der Mundschenken sich an Joseph im Gefängnis erinnerte. Er erzählte dem ägyptischen Herrscher von seinem früheren Vergehen und wie der Pharao ihn ins Gefängnis gebracht hatte. Er berichtete weiter von dem hebräischen Sklaven, der ihm und dem Obersten der Bäcker den Traum gedeutet hatte. «Wie er uns deutete, so ist es geschehen.» Das war die entscheidende Aussage, die den Pharao veranlasste, Joseph aus dem Gefängnis holen zu lassen (Vers 14).

Damit der gefangene Sklave vor dem Pharao erscheinen konnte, musste er äusserlich entsprechend zurechtgemacht werden: «Er schor sich und wechselte seine Kleider.» Zudem ging jetzt alles sehr schnell. Der Pharao drängte auf eine Antwort. War Joseph der Mann, der diese schwierige Aufgabe lösen und seinen Traum deuten konnte? Wie schön und nachahmenswert ist die Reaktion Josephs! Demütig verwies er auf Gott: «Das steht nicht bei mir; Gott wird antworten.»

Wie bereits in Kapitel 40,8 bildete sich Joseph gar nichts auf irgendwelche persönliche Fähigkeiten ein. Er wusste, dass nur Gott, der die Träume schickt, auch ihre Deutung anzeigen konnte. Aber dieser Mann, der in allen Umständen – auch in den schwierigsten und schwersten – mit seinem Gott lebte, hatte ein starkes Vertrauen in dessen Hilfe.

Nachdem der Pharao Joseph seine Träume erzählt hatte, konnte dieser auf der Stelle antworten: Nach sieben Jahren des Überflusses würden sieben notvolle Jahre der Hungersnot kommen. Obwohl die Sache bei Gott fest beschlossen war, warnte Er doch den ägyptischen Herrscher im Voraus. Durch Joseph, der diese Träume mit göttlicher Hilfe deuten konnte, gab Gott dem Pharao ausserdem weise Vorschläge, um für die mageren Jahre vorzusorgen. Wie klug waren diese Massnahmen, die Joseph zur Erhaltung des Lebens vorstellte!

In seiner Güte warnt Gott die Menschen zu allen Zeiten vor dem kommenden Gericht. Er gibt ihnen immer die Zeit und Möglichkeit, sich retten zu lassen. Nie kommt ein göttliches Gericht ohne Vorwarnung.

Der Vorschlag Josephs leuchtete dem Pharao und seinen Beamten ein. Beeindruckt von Joseph, der im Vertrauen zu seinem Gott die Träume deuten und weise Vorschläge machen konnte, fragte der Pharao: «Werden wir einen finden wie diesen, einen Mann, in dem der Geist Gottes ist?» Dann setzte er Joseph auf den höchsten Platz, der in Ägypten zu vergeben war. Er stattete ihn mit allen Vollmachten aus, um die nötigen Vorkehrungen zum Überleben zu treffen.

SONNTAG
19. NOVEMBER

Bei dieser Erhöhung Josephs denken wir unwillkürlich an den Herrn Jesus, den Gott nach seiner tiefen Erniedrigung am Kreuz auf den höchsten Platz der Ehre gesetzt hat. Bald wird der Augenblick kommen, wo alle Welt sich vor Ihm beugen und Ihn als Herrn anerkennen muss (Philipper 2,9-11).

Asnat, die Joseph zur Ehefrau bekam, weist auf die Versammlung Gottes hin, die aus allen Erlösten der Gnadenzeit besteht. Sie entstand an Pfingsten, *nachdem* der Herr Jesus im Himmel verherrlicht war (Apostelgeschichte 2,1-4; Epheser 1,22.23), so wie Asnat erst die Frau Josephs wurde, als dieser bereits in seine hohe Position eingesetzt war.

Die beiden Söhne, die Asnat gebar, sprechen von dem, was auf die Verwerfung und Kreuzigung des Herrn Jesus folgte. Seine Freude über die Versammlung ist grösser als sein Schmerz über die Ablehnung durch Israel (Vers 51). Die Erlösten der Gnadenzeit sind die erste und kostbarste Frucht aus seinen Leiden und seinem Sterben (Vers 52).

Josephs Deutung der Träume erfüllte sich. Nach den sieben Jahren des Überflusses begannen die sieben Jahre der Hungersnot. Als die hungernden Menschen zum Pharao um Brot schrien, antwortete er: «Geht zu Joseph; tut, was er euch sagt!»

Was haben diese Verse uns zu sagen? Wir leben am Ende der Gnadenzeit. Nach der Entrückung kommen die sieben mageren Jahre. Sie weisen auf die zukünftige Gerichtszeit hin, die in der Bibel angekündigt ist. Es ist «die Stunde der Versuchung, die über den ganzen Erdkreis kommen wird» (Offenbarung 3,10).

Montag 20. November

Die Aufforderung «Geht zu Joseph!» lässt uns an die Tatsache denken, dass der Mensch nur durch den Glauben an den Herrn Jesus dem göttlichen Gericht entrinnen kann. Es gibt keinen anderen Retter (Apostelgeschichte 4,12).

Die Bibel belehrt uns, dass Gott sich nach Ablauf der Gnadenzeit wieder mit seinem irdischen Volk Israel beschäftigen wird. Das werden wir anhand der weiteren Geschichte der Brüder Josephs sehen. Die Juden müssen einsehen, dass sie mit der Kreuzigung von Jesus Christus ihren Messias umgebracht haben, und darüber Buße tun. Sie müssen auch erkennen, dass ihre Beziehung als Volk zu Gott nur aufgrund seiner Gnade und Barmherzigkeit wiederhergestellt werden kann.

Die Hungersnot, die auch die Familie Jakobs zu spüren bekam, spricht von der zukünftigen Drangsalszeit, die Israel besonders treffen wird (Jeremia 30,7). Der Hunger trieb die Söhne Jakobs nach Ägypten, wo sie Joseph begegnen mussten.

Als die Brüder Josephs nach Ägypten kamen, erkannte er sie. Sie aber wussten nicht, wer dieser Gebieter war, der sie mit äusserer Härte behandelte und sie als Spione bezeichnete.

DIENSTAG
21. NOVEMBER

Als die zehn Männer sich vor ihm mit dem Gesicht zur Erde niederbeugten, dachte Joseph an die Träume, die er als junger Mann zu Hause gehabt hatte (Kapitel 37,5-11). Nun erfüllte sich, was er damals geträumt hatte!

Warum behandelte Joseph seine Brüder derart hart und unfreundlich? Weil er ihre Gewissen erreichen wollte. Sie mussten zur Einsicht und zum Bekenntnis ihrer Schuld kommen, die sie ihm gegenüber hatten. Nur auf diese Weise konnte es eine völlige Wiederherstellung geben.

In Vers 11 bekennen sie: «Wir sind redlich.» Ja, vielleicht jetzt! Aber sie waren es nicht immer. Denken wir nur daran, wie sie ihren Vater mit dem blutgetränkten Kleid Josephs betrogen hatten. Von ihrem Bruder, den sie in die Sklaverei verkauft hatten, sagten sie nur: «Der eine ist nicht mehr.» Aber gerade diese Angelegenheit musste geklärt werden.

Anhand des jüngsten Bruders sollte die Wahrheit ihrer Worte geprüft werden. Doch bevor Joseph seinen Brüdern genaue Anweisungen gab, steckte er sie für drei Tage ins Gefängnis. Nun hatten sie Zeit, über alles Vorgefallene nachzudenken. Nachdem sie ihre Herzen über so lange Zeit verhärtet hatten, waren diese drei Tage nötig, um sie zum Bewusstsein ihrer Schuld an Joseph zu führen.

Mittwoch
22. November

Nach drei Tagen wurden die Brüder Josephs aus dem Gefängnis entlassen. Der Gebieter über das Land Ägypten wollte ihre Aufrichtigkeit testen. Er sandte sie mit Getreide beladen nach Hause, behielt jedoch Simeon gefangen in Ägypten zurück. Er erwartete von ihnen, dass sie mit ihrem jüngsten Bruder zurückkämen. Das würde die Wahrheit ihrer Worte beweisen.

Aus den Aussagen der Brüder – die Joseph verstand, ohne dass sie es wussten – sieht man das wachsende Bewusstsein ihrer Schuld gegenüber Joseph. Sie merkten: «Wir sind schuldig wegen unseres Bruders.» Ruben versuchte sich im Moment noch zu rechtfertigen. Doch er musste ebenfalls zur Erkenntnis seiner Mitschuld kommen, obwohl er es nicht so böse gemeint hatte wie die anderen.

Und Joseph? Die ersten Anzeichen der Buße bei seinen Brüdern rührten ihn zu Tränen. Aber er konnte ihnen seine Empfindungen im Moment nicht zeigen. Es war noch zu früh. Das Werk in ihren Herzen und Gewissen musste sich noch vertiefen. Diese Tränen sprechen prophetisch von der Zuneigung des Herrn Jesus zu seinem irdischen Volk. Er liebt Israel, obwohl es Ihn verworfen und gekreuzigt hat.

Joseph veranlasste, dass seinen Brüdern das Geld zurückgegeben wurde. So muss Israel in der Zukunft erkennen, dass es den Segen Gottes nur durch Gnade empfangen kann. Die Wegzehrung zeigt, dass der Herr auch in der Drangsalszeit für die Treuen in Israel sorgen wird (Psalm 132,15).

Donnerstag
23. November

Auf dem Heimweg entdeckt einer, dass sein Geld oben in seinem Sack liegt. Sie freuen sich nicht über diese Güte. Es ist für sie vielmehr ein neuer Schrecken, der sie aber zur Einsicht führt, dass Gott hinter all dem stehen muss, was sie in letzter Zeit erlebt haben. Doch Gott ist nicht gegen sie. Seine Güte durch Joseph will sie zur Buße leiten. Solange aber ein Mensch mit seinem Schöpfer nicht im Reinen ist, hat er immer den Eindruck, Gott sei gegen ihn, sobald er etwas Unerklärliches oder Schweres erlebt. Diese Ansicht ändert sich erst, wenn er Frieden mit Gott hat.

Dass Joseph ihnen das Geld zurückgab, weist auf die Zukunft hin. Israel wird den Segen Gottes «ohne Geld und ohne Kaufpreis» bekommen (Jesaja 55,1).

Der alte Vater Jakob ist über den Bericht seiner Söhne alles andere als erfreut. Traurig ruft er aus: «Ihr habt mich der Kinder beraubt ... Dies alles kommt über mich!» Ja, Jakob hat in seinem Leben bitter erfahren müssen, wie wahr Galater 6,8 ist: «Wer für sein eigenes Fleisch sät, wird von dem Fleisch Verderben ernten.» Hier steht er an einem gewissen Tiefpunkt in seinem Leben: «Joseph ist nicht mehr, und Simeon ist nicht mehr; und Benjamin wollt ihr nehmen!» Da helfen auch die gut gemeinten Worte Rubens nicht. Für Jakob sieht alles sehr schlimm aus. Er meint, er müsse vor Verzweiflung sterben, falls Benjamin nicht zurückkommt. Im Augenblick ist er absolut nicht bereit, seinen jüngsten Sohn nach Ägypten mitzugeben. Erst der bittere Hunger wird ihn zwingen, dem Befehl des ägyptischen Herrschers nachzukommen.

Obwohl sich Jakob zunächst gegen den Gedanken wehrte, seinen jüngsten Sohn Benjamin nach Ägypten zu senden, zwang ihn der Hunger, die Sache nochmals zu überdenken. Schliesslich willigte er ein, weil Juda als Bürge für Benjamin eintrat. Durch sein Einverständnis beugte sich Jakob unter die Autorität Josephs, so dass auch der zweite Traum, den der junge Joseph gehabt hatte, in Erfüllung ging: «Siehe, die Sonne und der Mond und elf Sterne beugten sich vor mir nieder» (Kapitel 37,9).

Was Jakob in Vers 11 versuchte, ist mit dem vergleichbar, was heute manche Menschen unternehmen. Um mit Gott ins Reine zu kommen, bieten sie Ihm das Beste an, das sie haben. Damit versuchen sie seine Gunst zu erlangen. Aber der Allmächtige «gebietet jetzt den Menschen, dass sie alle überall Buße tun sollen» (Apostelgeschichte 17,30). Das ist der einzige Weg, auf dem ein Mensch mit Gott versöhnt werden kann. Gute Werke oder sonstige Anstrengungen bringen den sündigen Menschen keinen Schritt näher zu Gott.

Beim Lesen dieser Verse können wir auch an die prophetische Seite denken, bei der es um die Wiederherstellung der Beziehung zwischen Gott und seinem irdischen Volk Israel geht. Aus diesem Blickwinkel gesehen zeigt dieser Abschnitt, dass es nur einen Weg gibt, auf dem der glaubende Überrest der Juden aus der Drangsalszeit befreit wird: Erst wenn sie die Grösse ihrer Schuld, die ihr Volk an der Verwerfung und Tötung von Christus hat, einsehen und bekennen, wird Gott sie aus ihrer Bedrängnis erlösen.

Wie muss es das Herz Josephs bewegt haben, als er sah, dass seine Brüder mit Benjamin gekommen waren! Aber er hatte das Ziel mit ihnen noch nicht erreicht. Deshalb konnte er sich noch nicht zu erkennen geben. Aber sie sollten mit dem Herrscher über Ägypten zu Mittag essen. Weil jedoch Angst und Sorgen ihre Herzen beschwerten, konnten sie sich über diese Ehre, die ihnen zuteilwurde, nicht freuen.

Samstag 25. November

Strenge *und* Güte charakterisierten das Handeln Josephs mit seinen Brüdern. Im Augenblick erfuhren sie nur Güte. Der Chefbeamte von Joseph konnte ihre Furcht zerstreuen: Ihm war das Geld für das gekaufte Getreide zugekommen (Vers 23). Interessant ist seine Bemerkung über ihren Gott und den Gott ihres Vaters. Dieser hochgestellte Mann hatte beim Übersetzen der Konversation zwischen Joseph und seinen Brüdern wahrscheinlich einiges mitbekommen. Im Gespräch war sicher auch von ihrem Gott die Rede gewesen.

Dann wurde Simeon, der im Gefängnis gesessen hatte, zu ihnen geführt. Zusammen machten sie sich für das Bankett mit dem ägyptischen Herrscher bereit. Auch das Geschenk für ihren Gastgeber legten sie zurecht.

Sie hatten wohl nicht im Geringsten erwartet, dass sie in Ägypten auf eine solche Weise überrascht würden. Aber alles musste dazu beitragen, ihre Herzen zu erreichen und sie zu dem Punkt zu bringen, an dem Joseph sich ihnen zu erkennen geben konnte. Ganz ähnlich wird es in der Zukunft sein, bevor Christus sich dem treuen Überrest zeigen wird.

SONNTAG
26. NOVEMBER

In Kapitel 42,24 haben wir bereits einmal davon gelesen, dass Joseph sich von seinen Brüdern abwenden musste, um im Verborgenen zu weinen. Jetzt sah er bei den anderen auch Benjamin, seinen jüngsten Bruder, den Sohn seiner eigenen Mutter Rahel. Da konnte er seine Tränen nicht mehr zurückhalten. Doch seinen Brüdern gegenüber durfte er diese Empfindungen noch nicht zeigen. So weinte er im inneren Gemach. Nach aussen aber bezwang er sich. Die Tränen Josephs erinnern uns an die Tränen des Herrn Jesus über Jerusalem. Er weinte über diese Stadt, die Ihn verworfen hatte und deshalb noch viel Schweres erleben wird (Lukas 19,41-44). Wie liebte Er doch sein irdisches Volk!

Dämmerte vielleicht bei dem einen oder anderen der Brüder Josephs die Ahnung, dass dieser mächtige Mann ihr Bruder sein könnte? Doch Gewissheit darüber hatten sie noch nicht. Das Verhalten Josephs ihnen gegenüber liess sie jedoch Schritt für Schritt etwas von seiner Person erkennen:

a) Er interessierte sich auffallend stark für ihren Vater.
b) Er liess sie dem Alter nach Platz nehmen. «Die Männer sahen einander staunend an.» Wie konnte er dies über sie wissen?
c) Benjamin hob er durch ein fünfmal grösseres Ehrengericht hervor.

Darin gibt uns Joseph wieder ein schönes Bild vom Herrn Jesus, wie Er in *Liebe* und *Weisheit* mit dem gläubigen Überrest seines irdischen Volkes umgehen wird, um eine völlige Wiederherstellung zu bewirken.

Der Verwalter über das Haus Josephs wurde schon in Kapitel 43 mehrmals erwähnt. Hier war er es, der den silbernen Kelch Josephs in den Sack von Benjamin stecken und den abgereisten Brüdern nachjagen musste. Alles, was dieser Mann tat, weist auf die Tätigkeit des Heiligen Geistes hin. Er stellt den Sünder ins Licht Gottes. Er überführt ihn, er wendet das Wort Gottes auf ihn an, um ihm neues Leben zu schenken.

Montag 27. November

Warum machte Joseph Benjamin zum Schuldigen? Was bezweckte er damit? Er wollte einerseits die Brüder von ihrer Schuld an ihm selbst überführen. Als sie das erste Mal vor Joseph standen, erklärten sie: «Wir sind redlich» (Kapitel 42,11). Sogar jetzt, als der Verwalter Josephs sie eingeholt hatte, beteuerten sie: «Fern sei es von deinen Knechten, so etwas zu tun!» (Vers 7). Schliesslich aber kamen sie zum Bekenntnis: «Gott hat die Ungerechtigkeit deiner Knechte gefunden» (Vers 16). Vor Gott war das, was sie Joseph angetan hatten, nicht einfach in Vergessenheit geraten.

Anderseits machte Joseph seinen jüngeren Bruder zum Schuldigen, um zu sehen, wie die anderen jetzt reagieren würden. Würden sie Benjamin preisgeben und gleichgültig seinem Schicksal überlassen, wie sie damals Joseph gefühllos verkauft hatten?

Bis zu diesem Morgen, an dem sie entlassen worden waren, war alles über Erwarten gut gegangen. Und nun? In welch einem tieftraurigen Zustand – davon reden die zerrissenen Kleider – kehrten sie in die Stadt zurück, um erneut vor Joseph zu erscheinen!

Alles drehte sich nun um Benjamin, bei dem der silberne Becher gefunden worden war. Da sehen wir Juda, den Bürgen für Benjamin, wie er hervortritt und sich für seinen jüngsten Bruder einsetzt (Verse 14.16.18). Aus seinen Worten, die er auch im Namen seiner Brüder äussert, zeigt sich echte Buße.

Gewissermassen als Richter wirft Joseph ihnen vor: «Was ist das für eine Tat, die ihr getan habt!» Sie rechtfertigen sich nicht mehr, sondern anerkennen ihre Schuld. Sie bezeichnen ihr böses Tun mit Joseph als Ungerechtigkeit (Vers 16). Das ist Buße!

Dienstag 28. November

Weil Joseph nur Benjamin zurückhalten will, beginnt Juda eine längere Rede. Aufrichtig erzählt er, wie alles gekommen ist. Von Benjamins Bruder sagt Juda: Er ist tot (Vers 20). Jakob drückt sich nicht so abschliessend aus (Vers 28). Der Hauptpunkt der Rede Judas aber ist: Benjamin muss unter allen Umständen zu seinem Vater zurückkehren. Da er für ihn Bürge geworden ist, sagt er: «Lass doch deinen Knecht anstatt des Knaben bleiben, als Knecht meines Herrn» (Vers 33). Das ist der Beweis echter Buße. Juda ist bereit, sein Versprechen einzulösen und mit Benjamin anders zu handeln als damals mit Joseph. Damit zeigt er der Buße würdige Frucht.

Durch die Gerichte, die Gott in der Drangsalszeit über Israel bringen wird, wird Er dieses Ziel mit dem Volk Israel erreichen: Ein Überrest wird über die Kreuzigung seines Messias Buße tun und seine Sinnesänderung durch ein verändertes Verhalten beweisen.

Mittwoch
29. November

Nun war der Moment gekommen, dass Joseph sich seinen Brüdern zu erkennen geben konnte. Doch dazu mussten alle Ägypter hinausgehen (Vers 1). Joseph wollte mit seinen Brüdern allein sein, wenn er ihnen erklärte: «Ich bin Joseph!» Vergebung und Wiederherstellung eines Gläubigen, der vom Weg abgekommen und in Sünde gefallen ist, kann nur der Herr bewirken. Zudem bleibt es eine persönliche Sache zwischen Ihm und dem Fehlbaren. Das sehen wir auch bei Petrus (Lukas 24,34; 1. Korinther 15,5). Doch die Auswirkungen einer solchen Begegnung werden auch andere erkennen (Verse 2.16).

So wie Joseph sich hier den Brüdern zu erkennen gab, so wird der Herr Jesus am Ende der Drangsalszeit dem Überrest aus Israel erscheinen. Nachdem diese Gläubigen ihre Schuld über die Kreuzigung ihres Messias eingesehen und darüber Buße getan haben werden, wird Er sich ihnen offenbaren. Sie werden sehen, dass es die gleiche Person ist, den ihre Vorfahren einst gekreuzigt hatten. Der verachtete Jesus von Nazareth ist der Herr, der dann in Macht und Herrlichkeit erscheinen wird.

In den Worten Josephs erkennen wir prophetisch die beiden Seiten des Kreuzes von Golgatha:

- Die *Seite der Menschen* ist, dass wir den Sohn Gottes umgebracht haben, ähnlich wie die Brüder Joseph nach Ägypten verkauft haben (Vers 4).
- Die *Seite Gottes* aber ist, dass Er seinen Sohn in den Tod gegeben hat, damit jeder, der an Ihn glaubt, errettet wird. Joseph erklärte: «Zur Erhaltung des Lebens hat Gott mich vor euch hergesandt» (Verse 5-7).

In Vers 13 forderte Joseph seine Brüder auf, seinem und ihrem Vater von all seiner Herrlichkeit in Ägypten zu erzählen und ihn dann herabzubringen. Er wollte nun seinen alten Vater bei sich haben und für ihn sorgen.

Auch am Hof des Pharaos, wo Joseph hoch angesehen war, wurde man aktiv (Verse 17-20). Der Pharao und die Ägypter stellen hier prophetisch die Nationen dar, die zu Beginn des Tausendjährigen Reichs die Rückkehr der Israeliten nach Jerusalem unterstützen werden. Die angebotenen Wagen illustrieren die verschiedenen Transportmittel, die den Israeliten dann zur Verfügung gestellt werden (Jesaja 66,20).

Donnerstag 30. November

Der Pharao erklärte: «Das Beste des Landes Ägypten soll euer sein.» In dieser Aussage sehen wir, wie in der Zukunft die ganze Bevölkerung der Erde die Vorrangstellung des Volkes Israel anerkennen wird. Dann wird Gott Israel über alle Völker erheben und zur höchsten Nation machen (5. Mose 28,1)

Mit Nahrungsmitteln und Geschenken reich beladen kehrten die elf Männer zu ihrem Vater Jakob zurück. Doch dieser konnte im ersten Moment die Nachricht, die sie mitbrachten, gar nicht fassen: «Joseph lebt noch, und er ist Herrscher über das ganze Land Ägypten.» Wir können diese Reaktion gut verstehen. Seit dem Tag, an dem er aufgrund des blutigen Gewandes meinte, Joseph sei gestorben, waren immerhin 22 Jahre vergangen. Als er aber alle Worte Josephs hörte und die Wagen sah, die sein Sohn gesandt hatte, wurde er überzeugt. Nun wollte er nach Ägypten aufbrechen, um seinen Sohn Joseph noch einmal zu sehen.

Der alte Mann, der mit seiner Sippe aufbrach, um nach Ägypten zu ziehen, machte sich mit Gott auf den Weg. Er ging nicht im Eigenwillen. Darum wird er hier mit seinem neuen Namen – Israel – genannt. An der Grenze des verheissenen Landes legte er nochmals einen Halt ein. Er wollte sicher wissen, ob dies der richtige Weg sei. Gott antwortete ihm. Er versprach ihm, dass Er ihn begleiten und seine Nachkommen später in das Land Kanaan zurückführen werde. So zog Jakob mit Gott nach Ägypten.

Freitag
1. Dezember

In den Versen 8-27 wird die Familie Jakobs namentlich aufgeführt: seine Söhne und Enkel. Es waren weniger als hundert Personen, die diese Reise machten. Einige Jahrhunderte später zählte das Volk Israel vermutlich über zwei Millionen Menschen (600'000 Gemusterte; 2. Mose 12,37; 4. Mose 1,46), die von Ägypten ins verheissene Land zurückkehrten.

Schliesslich traf Jakob mit seinem lange tot geglaubten Sohn Joseph zusammen. Welch ein Wiedersehen! Nun hatte Jakob keine Wünsche mehr. Dann teilte Joseph dem Pharao die Ankunft seiner Familie mit. Dieser hochgestellte Mann in Ägypten bekannte sich zu den Seinen, die Schafhirten waren und Viehzucht betrieben – ein Beruf, der in Ägypten nichts galt. Damit weist Joseph auf den Herrn Jesus hin, der sich nicht schämt, uns Brüder zu nennen (Hebräer 2,11). In der Zukunft wird Er sich auch zu Israel bekennen und es öffentlich wieder als sein Volk anerkennen (Jesaja 51,16).

Nun stellte Joseph seine Familie dem Pharao vor. Er nahm fünf Männer aus seiner Verwandtschaft und brachte sie als Vertreter seiner Familie vor den ägyptischen König. Auf die Frage nach ihrer Berufstätigkeit antworteten sie freimütig: «Deine Knechte sind Schafhirten.» Dann legten sie ihm ihre Notsituation vor und baten den Pharao: «Lass doch deine Knechte im Land Gosen wohnen.» Ihrer Bitte wurde *um Josephs willen* entsprochen. Sieht es bei uns nicht ganz ähnlich aus? Unsere Stellung vor Gott ist einzig und allein im Herrn Jesus gesichert. Wir sind «begnadigt in dem Geliebten» (Epheser 1,6).

Auch seinen alten Vater Jakob brachte Joseph vor den Pharao. Dieser fragte den Patriarchen nach seinem Alter. Jakob war 130 Jahre alt, aber in seinem Leben hatte er viele verlorene Jahre zu beklagen. Es waren schwere Jahre gewesen mit wenig Frucht für Gott. Ehrlich bekannte er, dass er sein Leben nicht mit dem seiner Vorfahren vergleichen konnte.

Doch jetzt als alter gläubiger Mann lebte er in Gemeinschaft mit seinem Gott. Dadurch war er in der Lage, den Pharao zu segnen (Verse 7.10). Weil er der Träger der göttlichen Verheissungen war und an der Hand Gottes ging, besass Jakob eine besondere Würde. So konnte dieser einfache Nomade und Viehhirt den vermutlich grössten Monarchen jener Zeit segnen. Der Grundsatz, den wir in Hebräer 7,7 finden, kommt hier deutlich vor uns: «Ohne allen Widerspruch aber wird das Geringere (= der Pharao) von dem Besseren (= Jakob) gesegnet.»

Diese Verse sind auf den ersten Blick nicht so leicht verständlich. Es entsteht die Frage: Warum musste sich das ganze Volk der Ägypter dem Pharao verkaufen, um überleben zu können? War das recht?

Sobald wir an die prophetische Seite dieses Abschnitts denken, klärt sich die Sache. Der Geist Gottes will hier ein Bild von der Herrschaft des Herrn Jesus im Tausendjährigen Reich zeigen. Wie Joseph über alles herrschte und alles bestimmte, so wird Christus in seinem Reich unumschränkt regieren.

Sonntag 3. Dezember

Joseph versorgte alle Menschen mit Brot. In der Zukunft wird es unter der Herrschaft von Jesus Christus auf der Erde keine Hungersnot geben – weder materiell noch geistlich. Alle Menschen werden genug zu essen haben. Gleichzeitig werden sie den lebendigen und wahren Gott kennen, «denn die Erde wird voll Erkenntnis des Herrn sein, wie die Wasser den Meeresgrund bedecken» (Jesaja 11,9). Was für eine herrliche Zeit wird das sein!

Schliesslich gehörte alles dem Pharao: das Geld, das Vieh, das Land und die Menschen. Auch diese Tatsache weist auf die Zukunft hin. Sie wird im Blick auf das Tausendjährige Reich durch folgende Bibelstellen bestätigt:

- «Mein ist das Silber und mein das Gold, spricht der Herr der Heerscharen» (Haggai 2,8).
- «Mein ist alles Getier des Waldes, das Vieh auf tausend Bergen» (Psalm 50,10).
- «Des Herrn ist die Erde und ihre Fülle, der Erdkreis und die darauf wohnen» (Psalm 24,1).

Jakob lebte noch 17 Jahre in Ägypten. Bereits in dieser Zeit begannen sich seine Nachkommen sehr zu mehren (vergleiche Kapitel 46,3). Doch nun nahte für ihn das Ende seines Lebens auf der Erde. Da rief er Joseph zu sich, um ihm Anweisung für das Begräbnis zu geben. Auf dem Weg nach Ägypten, als Jakob in Beerseba Halt gemacht hatte, hatte Gott ihm unter anderem zugesagt: «*Ich* will mit dir nach Ägypten hinabziehen, und *ich* will dich auch gewiss heraufführen» (Kapitel 46,4). An den zweiten Teil dieses Versprechens dachte Jakob jetzt. Joseph musste seinem Vater schwören, dass er ihn nach seinem Tod nicht in Ägypten, sondern im Land Kanaan begraben würde – in der Höhle des Feldes Machpela, wo auch seine Vorfahren beerdigt waren.

Wie schön ist der Schluss von Vers 31! Jakob, der Überlister, betete am Ende seines Lebens an und rühmte die Gnade Gottes, die ihn nie aufgegeben, sondern ans Ziel gebracht hatte.

In den letzten Tagen seines Lebens traf Jakob noch eine wichtige Entscheidung. Er «adoptierte» gewissermassen die beiden Söhne Josephs als seine eigenen. Die Folge war, dass es nicht einen Stamm Joseph, sondern einen Stamm Ephraim und einen Stamm Manasse gab. Auf diese Weise wurde Joseph der Haupterbe, der das doppelte Teil bekam. Jakob gab ihm den Platz des Erstgeborenen (5. Mose 21,17).

Wieder weist uns Joseph auf den Herrn Jesus hin. Gott hat Ihn zum Erben aller Dinge gemacht (Hebräer 1,2). Er wird der Haupterbe von Himmel und Erde sein.

Weil Ruben gesündigt hatte, wurde ihm das Erstgeburtsrecht mit dem doppelten Erbteil entzogen und den Söhnen Josephs gegeben (Kapitel 49,4; 1. Chronika 5,1). In Ephraim und Manasse bekam Joseph dieses doppelte Teil. Das weist auf Christus als den Haupterben hin. Manasse und Ephraim sind zudem ein Bild von den *beiden* Seiten seines Erbes:

Dienstag 5. Dezember

- *Ephraim,* der Jüngere, spricht von den Glaubenden, die ein himmlisches Erbteil besitzen. Es sind einmal alle, die im Glauben gestorben sind und zum Leben auferstehen werden. Aber auch die lebenden Gläubigen, die bei der Entrückung verwandelt werden, gehören zu ihnen. Gemeinsam werden sie mit Christus am *himmlischen* Segen des Tausendjährigen Reichs teilhaben.
- *Manasse,* der Ältere, weist auf die Glaubenden hin, die ein *irdisches* Erbteil haben. Das betrifft alle, die nach der Drangsalszeit als lebende Menschen auf der Erde ins Reich eingehen und den Segen Gottes unter der Regierung von Christus geniessen werden.

Beim Segnen der beiden Söhne Josephs kreuzte Jakob seine Hände. Joseph protestierte dagegen, aber Jakob wusste es besser. Er handelte nach Gottes Ratschluss. Von Manasse sagte er: «Auch *er* wird gross sein», aber er fügte hinzu: «doch wird sein jüngerer Bruder grösser sein als er» (Vers 19). Das erfüllte sich später. Ephraim wurde zum Repräsentanten des ganzen Zehn-Stämme-Reichs. Doch wichtiger ist die prophetische Seite: Das Vorrecht derer, die *im Himmel* am Friedensreich teilhaben werden, ist grösser als der Segen derer, die dann *auf der Erde* leben werden.

In diesem Kapitel richtet der alte Patriarch seine letzten Worte an seine Söhne. In Vers 28 wird diese Rede der Segen Jakobs genannt. Doch seine Mitteilung ist eigentlich eine Prophetie, eine Vorausschau auf die Geschichte des Volkes Israel (Vers 1).

In *Ruben* sehen wir die Anfangszeit des Volkes. Israel war Gottes Erstgeborener (2. Mose 4,22). Und die Sünde Rubens? Sie weist auf die Verdorbenheit der Menschen in Israel hin. Kaum waren sie aus Ägypten befreit, da murrten sie schon. Und am Sinai machten sie das goldene Kalb (2. Mose 32,7).

MITTWOCH
6. DEZEMBER

In seinen Worten über *Simeon* und *Levi* dachte Jakob an ihre Gewalttat, die sie in Sichem verübt hatten (1. Mose 34). Hier wird prophetisch der Zustand des Volkes zur Zeit der Richter und Könige vorgestellt.

Über *Juda* wird am meisten ausgesagt, weil aus ihm der Messias kommen sollte. Der 10. Vers erfüllte sich zunächst in David. Doch seine volle Bedeutung bezieht sich auf Christus. Beim ersten Kommen legte der Herr Jesus durch seinen Opfertod die Grundlage für Ruhe und Frieden. Bei seinem zweiten Kommen in Herrlichkeit werden Ihm die Völker gehorchen.

Die beiden Söhne *Sebulon* und *Issaschar* sprechen von der Zeit, da Israel unter den Völkern zerstreut ist – eine Folge der Verwerfung ihres Messias!

Mit *Dan* wird die zukünftige Drangsalszeit beschrieben. Dann wird in Israel der Antichrist als hinterlistiger Regent regieren. – Weil Jakob sah, wie schrecklich diese Zeit sein würde, unterbrach er seine Worte und betete zu Gott (Vers 18).

Gad ist hier ein Bild des treuen Überrests aus Israel, der in der Drangsalszeit von allen Seiten bedrängt wird. Doch schliesslich wird der Herr Jesus in Macht und Herrlichkeit erscheinen und die Glaubenden befreien.

Die Aussagen über *Aser* zeigen uns, wie Christus in der Zukunft dem Volk Israel Segen und Ruhe bringen wird.

Die Worte über *Naphtali* reden von der Freude, die die befreiten Israeliten dann geniessen werden.

Der Segen Jakobs über *Joseph* weist vor allem auf Christus hin. Der Ausdruck «Sohn eines Fruchtbaums am Quell» spricht vom Leben des Herrn Jesus, das Frucht zur Ehre und Freude Gottes brachte. Der Segen aus seinem Erlösungswerk überstieg die «Mauer» des Volkes Israel, denn Er ist der Heiland der Welt. «Sein Bogen blieb fest», so dass Er am Kreuz einen endgültigen Sieg über Satan, die Sünde und die Welt errang. In Vers 24b werden zwei Titel unseres Herrn erwähnt: Er ist der Hirte und der Stein Israels. Auch in den Versen 25 und 26 finden wir Hinweise auf Christus. Der Abgesonderte unter seinen Brüdern lässt uns an Hebräer 7,26 denken.

DONNERSTAG
7. DEZEMBER

In *Benjamin* sehen wir die Macht von Jesus Christus im zukünftigen Gericht.

Was Jakob in Kapitel 47,29.30 bereits mit Joseph besprochen hatte, forderte er jetzt auch von allen seinen Söhnen: Sie sollten ihn im Erbbegräbnis seiner Väter, in der Höhle von Machpela bei Hebron, begraben. Das war sein letzter Wunsch. Dann nahm Gott ihn zu sich.

Diese Verse machen noch einmal deutlich, was für eine hohe Stellung Joseph im Land Ägypten einnahm. Der Körper Jakobs wurde so behandelt, als ob er eine hochgestellte Persönlichkeit im Reich des Pharaos gewesen wäre. Wie gross war die Trauer, die für ihn veranstaltet wurde!

Freitag
8. Dezember

Dann bat Joseph den Pharao um die Bewilligung, den Schwur gegenüber seinem Vater einzulösen. Der Pharao antwortete positiv: «Zieh hinauf und begrabe deinen Vater, so wie er dich hat schwören lassen.» So wurde der Körper Jakobs mit einem sehr grossen Trauerzug von Ägypten nach Kanaan überführt und in der Höhle des Feldes Machpela begraben.

Was war der tiefe Grund für diese Anordnungen Jakobs gegenüber seinen Söhnen? Die Gläubigen im Alten Testament wussten noch wenig über das Jenseits. Aber sie glaubten an die Auferstehung. Jakob wollte bei seinen Vätern begraben sein, denn er erwartete wie sie die Auferstehung und die himmlische Stadt (Hebräer 11,13-16). Wenn der Herr Jesus zur Entrückung aller Gläubigen wiederkommen wird, werden auch die Glaubenden des Alten Testaments zum Leben auferstehen (Johannes 5,28.29; 1. Thessalonicher 4,16).

Dass Jakob in Kanaan begraben sein wollte, zeigt auch, dass er an die Verheissung Gottes für seine Nachkommen glaubte. Auch wenn sie für eine Zeit in Ägypten wohnten und dort ein grosses Volk wurden, war doch Kanaan das Land, das ihnen verheissen war. Gott würde es ihnen zu seiner Zeit zum Besitztum geben.

Nach dem Tod ihres Vaters kamen die Brüder Josephs nochmals zu ihm und baten ihn: «Ach, vergib doch die Übertretung deiner Brüder und ihre Sünde!» Sie hatten noch keinen inneren Frieden. Mit Tränen antwortete Joseph ihnen: «Fürchtet euch nicht!» – So wird es einmal dem gläubigen Überrest Israels in der Zukunft ergehen. Sie werden erst dann das Bewusstsein der vollen Vergebung ihres Messias haben, wenn Er sie in den Segen des Reichs einführen und ihnen damit erklären wird, dass ihre Schuld gesühnt ist (Jesaja 40,2).

SAMSTAG
9. DEZEMBER

Wir Christen dürfen im Glauben auf ein vollbrachtes Erlösungswerk zurückblicken und wissen: Alle unsere Sünden sind gesühnt. Wir haben neues, ewiges Leben empfangen. Wir haben Frieden mit Gott und sind seine geliebten Kinder. Mit dieser Heilsgewissheit im Herzen wollen wir das Danken nie vergessen!

Auch Joseph wusste, dass die Endbestimmung der Nachkommen Jakobs nicht Ägypten, sondern Kanaan war. Deshalb ordnete er an, dass die Israeliten, wenn sie als Volk das Land Ägypten viele Jahre später verlassen würden, seine Gebeine mitnehmen sollten. Den Zeitpunkt allerdings wusste Joseph nicht. Aber er war felsenfest davon überzeugt, dass Gott diese Verheissung einlösen und sein Volk nach Kanaan bringen würde.

Als es schliesslich so weit war und Israel aus Ägypten zog, nahm Mose die Gebeine Josephs mit sich (2. Mose 13,19). Unter Josua wurden sie in Sichem auf dem Feld begraben, das Jakob einst gekauft hatte (Josua 24,32).

1. Johannes-Brief

- Im ersten Brief werden keine Empfänger genannt. Er trägt einen allgemeinen Charakter und richtet sich an alle Kinder Gottes.
- Dieser Brief soll ihnen im Blick auf ihre Errettung Sicherheit und Ruhe geben. Sie besitzen durch den Glauben an den Sohn Gottes ewiges Leben (Kapitel 5,13).
- Zugleich macht der Apostel die Glaubenden auf Verführer aufmerksam (Kapitel 2,26). Er stellt ihnen die Merkmale der Kinder Gottes vor, damit sie feststellen können, ob die Menschen um sie her wirklich Leben aus Gott besitzen.
- Johannes schreibt über drei göttliche Wesenheiten: Gott ist *Licht,* Gott ist *Liebe,* Gott gibt ewiges *Leben* (Kapitel 1,5; 4,8; 5,11).

2. Johannes-Brief

- Der zweite Brief richtet sich an eine gläubige Frau und ihre Kinder.
- Der Apostel warnt sie vor Irrlehrern, die leugnen, dass Jesus Christus Gott und Mensch in einer Person ist.
- Johannes legt in diesem Brief den Schwerpunkt so: Die Liebe soll in *Wahrheit* wirksam werden.

3. Johannes-Brief

- Gajus ist der Empfänger des dritten Briefs.
- Johannes ermutigt ihn, an allen Kindern Gottes echte Bruderliebe zu üben.
- Hier ist die Betonung anders: Die Wahrheit soll in *Liebe* festgehalten werden.

SONNTAG
10. DEZEMBER

Der Anfang, von dem der Apostel Johannes zu Beginn seines Briefs spricht, ist der Anfang des Christentums. Die christliche Wahrheit hat sich jedoch in einer Person gezeigt: in Jesus Christus, dem Mensch gewordenen Sohn Gottes (Joh 1,14). Johannes und die anderen Apostel kannten Ihn, denn sie haben etwa drei Jahre in seiner unmittelbaren Nähe verbracht. Sie haben Ihn gesehen und einen persönlichen Kontakt zu Ihm gepflegt. In seiner Person offenbarte sich vor ihren Augen und Ohren das ewige, göttliche Leben.

Obwohl alle Apostel Augenzeugen waren, benutzte Gott vor allem Johannes, um uns das ewige Leben zu bezeugen, das sich im Herrn Jesus offenbart hat. Durch sein Evangelium – das ein göttlich inspirierter Bericht ist – teilt uns Johannes das mit, was er gesehen und gehört hat. Christus ist das ewige Leben, das bei dem Vater war. Das bedeutet: Der Sohn ist Gott wie der Vater und hat das gleiche Leben wie Er. Doch der Sohn Gottes ist Mensch geworden. Als solcher hat Er das ewige Leben hier offenbart oder verkörpert.

Wem gilt das Zeugnis und die Verkündigung von Johannes? Den Kindern Gottes, die durch den Glauben an den Herrn Jesus dieses ewige Leben empfangen haben. Dadurch sind sie befähigt, mit Gott, dem Vater, und mit seinem Sohn Jesus Christus Gemeinschaft zu haben. Das bedeutet, die Interessen, Gedanken und Empfindungen des Vaters und des Sohnes mit Ihnen zu teilen. Wie gross und herrlich ist es, mit Personen der Gottheit Gemeinschaft pflegen zu dürfen! Welche Freude erleben wir dabei!

Es ist ein überaus grosses Privileg, mit Gott Gemeinschaft zu haben. Aber jedes Vorrecht bringt auch eine Verantwortung mit sich. Diese wird nun in den Versen 5-10 angesprochen.

MONTAG
11. DEZEMBER

Wir haben Gemeinschaft mit einem Gott, der in seiner Natur Licht ist. Er ist heilig – zu rein von Augen, um Böses auch nur zu sehen (Habakuk 1,13). Mit dieser Tatsache vor Augen folgt in den Versen 6-10 dreimal der Ausdruck «wenn wir sagen». Damit wird unser Bekenntnis geprüft.

Wenn wir behaupten, Gemeinschaft mit Gott zu haben, und gleichzeitig ein Leben im Widerspruch zu seiner Heiligkeit führen, so lügen wir. Nein, unser Verhalten muss dem Licht Gottes entsprechen, damit wir mit Ihm leben können. Was sollen wir tun, wenn wir im Licht Gottes unser Versagen erkennen? Dann gilt es, Ihm unsere Sünden zu bekennen. Gleichzeitig dürfen wir uns auf das Sühnungsblut unseres Heilands stützen und wissen: Er hat alles gut gemacht.

Es wäre ganz verkehrt zu meinen, ein Mensch sei nach seiner Bekehrung sündlos und könne nicht mehr sündigen (Verse 8.10). Wer sich zu solchen Behauptungen versteigt, ignoriert die biblischen Aussagen und macht Gott zum Lügner. Tatsache ist, dass die Sünde als Wurzel noch im Gläubigen ist. Doch er ist von ihrer Sklaverei befreit. Er muss nicht mehr sündigen. Wenn es trotzdem passiert – und wir alle straucheln oft (Jakobus 3,2) –, kann die Sache durch ein aufrichtiges Bekenntnis in Ordnung kommen: Der himmlische Vater vergibt uns und reinigt uns von aller Ungerechtigkeit.

Wir haben gesehen, dass der Gläubige nach seiner Bekehrung nicht sündlos ist. Dennoch möchte Gott nicht, dass seine Kinder sündigen. Deshalb liegt es dem Apostel in den ersten zwei Versen dieses Kapitels sehr am Herzen, uns vor einem leichtfertigen Umgang mit der Sünde zu warnen.

DIENSTAG
12. DEZEMBER

Was ist aber, wenn wir trotzdem in eine Sünde fallen? Dann müssen wir nicht verzweifeln, weil der Herr Jesus als Sachwalter für uns tätig wird. Er führt uns dahin, dass wir die vorgefallene Sünde im Licht Gottes erkennen und sie dem Vater bekennen. Dann zeigt Er uns, dass Er diese Sünde damals am Kreuz gesühnt hat. Wie wunderbar, dass auf diesem Weg die gestörte Gemeinschaft mit Gott wieder in Ordnung kommt!

In den Versen 3-6 finden wir das erste Kennzeichen des ewigen Lebens in einem Glaubenden. Es ist der *Gehorsam* gegenüber den Geboten und dem Wort Gottes.

- Die «Gebote» sprechen mehr von den einzelnen Anweisungen und von der göttlichen Autorität.
- Das «Wort» hingegen bezeichnet den Ausdruck der Gedanken Gottes als Ganzes.

Bei beiden Ausdrücken geht es jedoch um die Wahrheit Gottes, wie wir sie im Neuen Testament finden.

Als der Herr Jesus auf der Erde lebte, wollte Er nur den Willen Gottes tun, koste es, was es wolle. Das war sein Lebensinhalt. So gehorchte Er Gott bis in den Tod am Kreuz. Weil wir das gleiche Leben wie Er besitzen, werden wir nun aufgefordert, so zu «wandeln, wie *er* gewandelt ist». Wir sollen seinen Gehorsam nachahmen. Welch eine Verantwortung!

Ein weiteres Kennzeichen des neuen Lebens ist die *Liebe* zu den Brüdern, d.h. die Liebe zu den anderen Kindern Gottes. Das kommt in diesen Versen vor uns. Das alte Gebot ist das, was der Herr Jesus während seines Lebens hier geredet hat. Wir denken z.B. an Johannes 13,34.

MITTWOCH
13. DEZEMBER

In Vers 8 spricht Johannes von einem neuen Gebot. Damit weist er auf eine neue Situation hin. Als der Herr Jesus hier lebte, offenbarte Er in seinem Verhalten die Merkmale des ewigen Lebens: Gehorsam und Liebe. Jetzt besitzen wir Glaubende das gleiche Leben wie Er. Darum soll in unserem Verhalten das sichtbar werden, was man bei Ihm sah: Gehorsam und Liebe sollen auch unser praktisches Leben prägen. Wenn das der Fall ist, zeigen sich bei uns die gleichen Eigenschaften des göttlichen Lebens wie bei Jesus Christus.

In dem wichtigen Vers 10 wird die Bruderliebe mit dem göttlichen Licht verbunden. Wenn wir in Gemeinschaft mit Gott leben, der Licht ist, werden wir auch die anderen Kinder Gottes lieben. Der Ausdruck «kein Ärgernis ist in ihm» bedeutet zum einen, dass wir nicht stolpern, solange wir im Licht Gottes bleiben. Zum anderen aber heisst es auch, dass wir unserem Bruder nicht zum Anstoss werden, weil wir ihn lieben. Verhalten wir uns so, dass sich unsere Mitgläubigen nicht über uns ärgern müssen?

Die Verse 9 und 11 machen klar, dass da, wo statt Bruderliebe Hass gegen die Gläubigen offenbar wird, kein neues Leben vorhanden ist. So jemand beweist, dass er ein Ungläubiger ist.

Jetzt wendet sich der Apostel an die ganze Familie, an alle Kinder Gottes. In dieser Familie gibt es Unterschiede im geistlichen Wachstum. Nicht alle sind in ihrem Glauben gleich weit. Aber eins haben sie alle gemeinsam: Sie wissen bestimmt, dass ihre Sünden vergeben sind.

DONNERSTAG 14. DEZEMBER

Diese Sicherheit gründet sich auf das vollbrachte Erlösungswerk des Heilands, denn es heisst: «um seines Namens willen.»

Die Wachstumsstufen in der Familie Gottes werden mit den Bezeichnungen «Väter», «Jünglinge» und «Kinder» (kleine Kinder) voneinander unterschieden.

Mit «Väter» werden die geistlich reifen Christen bezeichnet. Sie haben den Herrn Jesus erkannt und in Ihm alles gefunden, was sie für ein glückliches Leben brauchen. Der Apostel Paulus war solch ein Vater. Christus bedeutete ihm alles, und für Ihn lebte er (Philipper 1,21; 2. Timotheus 1,12).

Die «Jünglinge» zeichnen sich durch geistliche Kraft aus. Was ist die Quelle ihrer Kraft? Es ist die Bibel, das Wort Gottes. Nur wenn wir oft und regelmässig die Bibel lesen und studieren, bleibt das Wort in uns. Durch die Beschäftigung mit dem Wort Gottes bekommen wir Kraft für unser Glaubensleben. Dann besitzen wir auch eine Angriffswaffe, um den Feind zu überwinden: das Schwert des Geistes, das Gottes Wort ist (Epheser 6,17). Doch die Jünglinge stehen in Gefahr, sich von der Welt beeinflussen zu lassen. Deshalb werden sie ernst gewarnt, weder die Welt noch was sie bietet zu lieben. Warum? Weil die Liebe zur Welt die Liebe des Vaters im Herzen verdrängt.

Die dritte Personengruppe in der Familie Gottes sind die «Kinder», die im Glauben noch jung sind. Von ihnen wird in Vers 14 gesagt, dass sie den Vater erkannt haben. Sobald ein Mensch zum Glauben an den Herrn Jesus kommt, darf er wissen: Ich habe einen Vater im Himmel, der mich liebt und für mich sorgt. Weil die kleinen Kinder im Glauben noch nicht gefestigt sind, droht ihnen die Gefahr der Verführung (Vers 26). Deshalb hat der Apostel ihnen am meisten zu sagen (Verse 18-27).

FREITAG
15. DEZEMBER

Da bereits am Ende des ersten Jahrhunderts die Person und die Autorität des Herrn Jesus angegriffen wurden, begann die letzte Stunde schon damals. Heute leben wir am Ende der Gnadenzeit, in den «letzten Tagen» (2. Timotheus 3,1). Was Johannes in diesen Versen beschreibt, zeigt sich heute in einem fortgeschrittenen Stadium.

Der Antichrist als Person wird erst *nach* unserer Entrückung auftreten. Aber die antichristlichen Ideen – die Angriffe auf den Herrn Jesus, auf seine ewige Gottessohnschaft und auf seine Autorität als verherrlichter Mensch – sind heute schon weitverbreitet (Vers 22). Diese falschen Lehren bedeuten für Jungbekehrte eine grosse Gefahr. Die Verführer kommen zwar aus der Mitte der Christen (Vers 19), aber sie sind ungläubig und vermischen Wahrheit mit Irrtum. Die Kinder im Glauben sind jedoch nicht ohne Hilfe. Sie besitzen den Heiligen Geist (= die Salbung), der ihnen hilft, aus den vielen verführerischen Stimmen die Stimme des guten Hirten zu erkennen (Vers 20; Johannes 10,4.5).

Dass der Heilige Geist in ihnen wohnt, ist für die kleinen Kinder im Glauben eine grosse Bewahrung. Aber sie besitzen noch ein Schutzmittel vor der Verführung: «Was ihr von Anfang an gehört habt.» Es ist Christus, wie Er als Mensch in dieser Welt die volle Offenbarung der Wahrheit Gottes war. Diese Wahrheit ist heute im geschriebenen Wort Gottes niedergelegt. Alles, was Menschen dieser Offenbarung Gottes hinzufügen wollen, ist Irrtum. Wie wichtig ist es also, dass Christen, die noch jung im Glauben sind, die Bibel regelmässig lesen. Auch wenn sie noch nicht alles verstehen, werden sie dadurch vor Verführung bewahrt.

SAMSTAG 16. DEZEMBER

Der 27. Vers könnte zu dem falschen Schluss führen, dass der Gläubige keine Belehrung nötig hätte. Andere Stellen im Neuen Testament zeigen aber, dass der Herr Jesus Gaben gegeben hat «zur Vollendung der Heiligen, für das Werk des Dienstes, für die Auferbauung des Leibes des Christus» (Epheser 4,11.12). Hier geht es darum, dass der Heilige Geist uns hilft, die Lüge von der Wahrheit zu unterscheiden.

Nach der Einschaltung über die Wachstumsstufen in der Familie Gottes wendet sich der Apostel ab Vers 28 wieder an alle Kinder Gottes. Er fordert sie und damit auch uns auf, in Christus zu bleiben. Wir sollen beim Herrn Jesus verharren und Ihn nicht aufgeben.

Im letzten Vers des Kapitels erwähnt er ein drittes Kennzeichen des neuen Lebens: die praktische *Gerechtigkeit.* Unser tägliches Leben soll in Übereinstimmung mit dem heiligen und gerechten Gott sein.

Worauf will der Apostel mit seinem Ausruf «Seht!» unsere Blicke lenken? Auf die einzigartige und wunderbare Liebe unseres Gottes und Vaters, die Er uns geschenkt und in der Er uns zu seinen Kindern gemacht hat. Ja, wir sind tatsächlich Kinder Gottes. Jetzt und in alle Ewigkeit stehen wir in dieser Kindesbeziehung zum Vater. Davon verstehen die Ungläubigen (die Welt) nichts, weil sie den Herrn Jesus ablehnen (Johannes 8,19).

Sonntag 17. Dezember

Heute sieht die Welt unsere herrliche Stellung als Kinder Gottes noch nicht, weil wir noch im schwachen Körper sind, der zur Erde gehört. Der Augenblick wird aber bald kommen, da unser Körper umgestaltet wird «zur Gleichförmigkeit mit seinem Leib der Herrlichkeit» (Philipper 3,21). Dann werden wir auch dem Körper nach zu unserem Herrn und Heiland passen und Ihn sehen, wie Er ist. Was für eine wunderbare Hoffnung haben wir doch! Je realer sie in uns lebt, desto mehr werden wir uns vor jeder Verunreinigung durch die Sünde hüten.

Ein Kind Gottes zeichnet sich dadurch aus, dass es die Gerechtigkeit tut (Kapitel 2,29). Jemand aber, der kein Leben aus Gott hat, tut die Sünde. Er tut die Gesetzlosigkeit, weil er sich gegen Gott auflehnt, der die höchste Autorität ist.

Vers 5 erinnert an den Herrn Jesus, der Mensch geworden ist, um unsere Sünden an seinem Leib auf dem Holz zu tragen. Durch seinen Sühnungstod am Kreuz hat Er, der Sündlose, unsere Sünden weggenommen. Vers 6 beschreibt mit kurzen Worten die zwei Familien der Menschen: die Kinder Gottes und die Ungläubigen.

In Kapitel 2,26 ging es um die Verführung der Jungbekehrten. Jetzt warnt Johannes alle Kinder Gottes. Die antichristlichen Verführer nehmen es mit der Sünde nicht ernst. Sie meinen, gerecht zu sein, ohne gerecht zu leben. Sie denken, sie würden über der Sünde stehen.

MONTAG
18. DEZEMBER

Nun stellt der Apostel den Gegensatz klar heraus. «Wer die Sünde tut», d. h. wer in dem Zustand des Sündigens lebt, «ist aus dem Teufel». Welch ein Kontrast zu dem, der die Gerechtigkeit tut! Wenn sich das neue Leben in ihm entfaltet, fragt der Glaubende nach dem Willen Gottes und möchte ihn auch tun, wie Christus ihn getan hat.

In Vers 5 heisst es, dass der Herr Jesus Mensch geworden ist, um durch sein Werk am Kreuz unsere Sünden wegzunehmen. In Vers 8 geht es darum, dass Christus durch seinen Tod die Macht Satans völlig gebrochen und die Gläubigen davon befreit hat (Hebräer 2,15).

Vers 9 beschreibt die neue Natur im Gläubigen (= sein Same). Sie kann nicht sündigen. Wenn ein Christ sündigt, kommt dies immer aus seiner alten Natur, die er noch in sich hat, solange er hier lebt.

Der Apostel macht in diesen Versen deutlich, was die Kennzeichen der Kinder Gottes sind: praktische Gerechtigkeit und Bruderliebe. Dadurch unterscheiden sie sich deutlich von den Kindern des Teufels.

Ab Vers 11 liegt die Betonung auf der Liebe als einem Merkmal der Kinder Gottes. Das Gegenteil von Liebe ist Hass. Schon Kain offenbarte zu Beginn der Menschheitsgeschichte einen tödlichen Hass. Damit bewies er, dass er aus dem Bösen war.

Kain ist kein böser Einzelfall. Wir müssen vielmehr darauf gefasst sein, dass die Ungläubigen die Kinder Gottes hassen. Warum? Weil die Welt schon unseren Herrn gehasst hat (Johannes 15,18).

Bei unserer Bekehrung sind wir vom geistlichen Tod ins Leben hinübergegangen. Wir besitzen jetzt schon das ewige Leben, auch wenn es sich erst in der Herrlichkeit voll entfalten wird. Eine Regung dieses neuen Lebens ist die Liebe zu denen, die wie wir zur Familie Gottes gehören (= die Brüder).

DIENSTAG 19. DEZEMBER

Und wenn jemand die Brüder nicht liebt? Dann muss man ein grosses Fragezeichen hinter seine Bekehrung machen. Dann beweist er, dass seine «Umkehr» nicht echt ist. Aber ist der 15. Vers nicht zu krass? Nein, denn er zeigt uns, dass Gott unser Inneres, unsere Motive beurteilt. Der Hass muss nicht zu einem Mord führen. Aber Gott deckt hier den Ursprung einer solchen Tat auf (Matthäus 5,28).

Die Liebe zu unseren Mitgläubigen ist nicht einfach eine Sache von Worten, sondern auch von Taten. Der grösste Beweis seiner Liebe zu uns hat der Herr Jesus gegeben, als Er am Kreuz für uns starb. In Römer 16,4 lesen wir von Christen, die in ihrer Liebe zu anderen bereit waren, ihr Leben für sie einzusetzen. Vielleicht müssen wir diesen Beweis unserer Liebe zu Kindern Gottes nicht erbringen. Aber wie steht es mit der Verwirklichung von Vers 17? Wie freigebig setzen wir unseren Besitz für solche ein, die Mangel leiden? Haben wir unser Herz nicht schon vor der Not anderer Christen verschlossen?

MITTWOCH
20. DEZEMBER

Damit niemand meint, das Gebot der Bruderliebe gelte nur für begüterte Christen, wendet sich der Apostel an alle Kinder Gottes. Wir sollen unsere Liebe nicht mit Worten, sondern mit Taten zeigen. Statt mit der Zunge sollen wir in Wahrheit lieben. Wir denken dabei an Römer 12,9.10: «Die Liebe sei ungeheuchelt ... In der Bruderliebe seid herzlich zueinander.»

Grundsätzlich sind wir «aus der Wahrheit», d. h. wir sind Kinder Gottes. Wir haben unsere Wurzel in Gott, der in seinem Wesen die Wahrheit ist. Aber wie sieht es in der Praxis aus? Gehen wir unseren Weg immer in Gemeinschaft mit Gott? Es ist gut, in diesem Punkt auf unser Herz oder Gewissen zu achten. Wenn es uns verurteilt, müssen wir das, was unsere Gemeinschaft mit Gott trübt, im Selbstgericht verurteilen und wegtun. Wenn uns das Gewissen nicht anklagt, haben wir Freimütigkeit zu Gott. Dann können wir mit vollem Vertrauen zu Ihm beten und Ihm unsere Bitten vorlegen.

Gott möchte, dass wir als seine Kinder im Glaubensvertrauen zum Herrn Jesus und in gegenseitiger Liebe hier leben. Beides zusammen ist ein Gebot, das Er uns gegeben hat. Vers 24 spricht von einem wechselseitigen Bleiben oder Wohnen: wir in Gott – Gott in uns. Wir merken aber sofort, dass unser Wohnen in Gott von unserem Gehorsam abhängt. Wenn wir nicht gehorchen, verunehren wir den Herrn und entfernen uns von Ihm. Das Bleiben Gottes in uns geschieht durch den Heiligen Geist. Er ist in uns die Kraft, durch die sich das ewige Leben in uns entfaltet.

In jedem gläubigen Menschen wohnt der Heilige Geist (Kapitel 3,24). Aber nicht alles, was Menschen in der Christenheit äussern, kommt aus dem Heiligen Geist. Weil viele falsche Propheten in die Welt ausgegangen sind – es ist die Welt der unbekehrten Menschen, unter denen wir leben –, müssen wir die Geister prüfen. Wie können wir den Geist der Wahrheit vom Geist des Irrtums unterscheiden? Der Apostel nennt hier zwei untrügliche Prüfsteine:

DONNERSTAG 21. DEZEMBER

a) die Person des Herrn Jesus, der im Fleisch gekommen ist (Verse 2-4), und
b) die inspirierten Schriften der Apostel und Propheten des Neuen Testaments (Verse 5.6).

Beim ersten Prüfstein geht es um den Sohn Gottes, der in der Fülle der Zeit Mensch geworden ist. Der Ausdruck «im Fleisch gekommen» weist darauf hin, dass Er schon vor seiner Menschwerdung existierte. Er ist der ewige Sohn Gottes, der keinen Anfang hat (Johannes 1,1.14). Er kam als Mensch auf die Erde, blieb jedoch Gott. Der Geist des Antichrists leugnet die Herrlichkeit des Herrn Jesus als wahrer Gott und wahrer Mensch in einer Person. Es ist ein böser Geist, der von Satan kommt.

Als Kinder Gottes haben wir durch den Heiligen Geist, der in uns wohnt, die Kraft und Fähigkeit, die falschen Propheten zu erkennen und zu verwerfen. Als Prüfstein dient uns die apostolische Lehre, denn das «wir» und «uns» im ersten Teil von Vers 6 bezieht sich auf die Apostel und Propheten des Neuen Testaments. Wer ihre Worte nicht als verbindliche göttliche Autorität anerkennt, verkündigt Irrtum.

Mit Vers 7 kommt der inspirierte Schreiber auf das grosse Thema der Liebe Gottes zurück. Er beginnt mit der Anrede «Geliebte». Ja, wir sind von Gott geliebt. Aber als Geliebte gehören wir auch zur Familie Gottes und sind Teilhaber der göttlichen Natur. Deshalb folgt die Ermahnung: «Lasst uns einander lieben.» Doch wir sollen nicht einfach lieben, sondern einander *göttliche* Liebe erweisen. Diese Liebe, die ihren Ursprung in Gott hat und unser Herz erwärmt, befähigt uns, die anderen auch so zu lieben.

FREITAG
22. DEZEMBER

«Gott ist Liebe.» Das ist seine Natur. Doch Er hat seine Liebe zweifach in seinem eingeborenen Sohn Jesus Christus offenbart: als *Leben* und als *Sühnung.*

Um seine Liebe in Bezug auf uns wirksam werden zu lassen, hat Gott seinen einzigen, geliebten Sohn in die Welt gesandt. Diese Sendung umfasste das Leben und den Tod des Sohnes Gottes. Auf einem anderen Weg, als dass Er hier litt und starb, konnten wir als geistlich Tote kein Leben bekommen. Doch nun gilt: «Wer den Sohn hat (d. h. wer an Ihn glaubt), hat das Leben.»

Die Sendung des Sohnes Gottes brachte uns, die wir einst schuldig waren, auch Sühnung für unsere Sünden. Durch seinen Opfertod am Kreuz hat der Herr Jesus das Problem unserer Sünden auf göttlich wunderbare Weise gelöst. Gott konnte in seiner Heiligkeit die Sünden nicht einfach übersehen. Er verlangte Sühnung. Seinen gerechten Anforderungen musste entsprochen werden. Deshalb traf der Zorn Gottes über die Sünden den Reinen: Jesus Christus litt in den drei Stunden der Finsternis, damit Gott uns begnadigen konnte.

Wenn Gott uns so geliebt hat, dass Er seinen einzigen, geliebten Sohn zu unserer Rettung auf die Erde gesandt hat, dann haben wir die Verpflichtung, einander zu lieben. Dabei sollen wir unsere Liebe zu den Brüdern nicht von ihrem Verhalten abhängig machen, sondern sie so lieben, wie Gott uns geliebt hat.

SAMSTAG 23. DEZEMBER

Niemand kann Gott in seiner Absolutheit sehen. Aber wenn wir als Gläubige einander lieben, wird etwas vom Wesen Gottes sichtbar. Wenn wir uns so verhalten, wie die Bibel es uns zeigt, bekommen Menschen, die uns beobachten, eine Vorstellung von Gott.

Vers 13 erinnert an Kapitel 3,24. Dort wird gesagt, dass Gott durch den Heiligen Geist in uns bleibt. Auch in unserem Vers geht es um den Heiligen Geist in uns. Aber jetzt wird betont, dass Er die Quelle unserer Gemeinschaft mit Gott ist.

In den Versen 14 und 15 geht es um Zeugnis und Bekenntnis. Es sind die Apostel, die den Herrn Jesus gesehen haben. Sie können Ihn als Heiland der Welt bezeugen. Im Gegensatz zu Vers 14, der von den Aposteln spricht, geht es in Vers 15 um jeden, der an den Herrn Jesus glaubt. Er soll freimütig bekennen, dass der Herr Jesus, der hier als demütiger Mensch gelebt hat und am Kreuz gestorben ist, der ewige Sohn Gottes ist. Damit beweist er, dass Gott in ihm wohnt und er in Gott.

In Vers 16 wird die wichtige Aussage von Vers 8 wiederholt: Gott ist Liebe. Möchten wir uns unabhängig von unserer Lebenssituation jeden Tag den Strahlen der göttlichen Liebe aussetzen. Das wird uns ruhig und glücklich machen.

In den Versen 7-10 sahen wir die Liebe Gottes *zu uns* in der Vergangenheit. Sie offenbarte sich, als wir noch Sünder waren, im Tod des Herrn Jesus. Die Verse 11-16 beschreiben uns die gegenwärtige Wirksamkeit dieser Liebe *in uns* durch den Heiligen Geist. Er ist die Kraft, in der wir heute in dieser Liebe bleiben und sie geniessen können.

SONNTAG
24. DEZEMBER

Ab Vers 17 geht es um die Liebe Gottes *mit uns,* damit wir am Tag des Gerichts voll Freimütigkeit und ohne Angst sein können. Warum brauchen wir uns an diesem zukünftigen Tag nicht zu fürchten? Weil Glaubende nicht mehr gerichtet werden (Johannes 5,24). Das Gericht, das wir verdient haben, ist am Kreuz über unseren Heiland gekommen. Durch den Glauben an Ihn haben wir göttliches Leben empfangen. Darum stehen wir stellungsmässig auf der Seite des Richters. Und der Richterstuhl des Christus? Da müssen wir noch offenbar werden. Manche Christen fürchten sich davor. Aber sie vergessen, dass wir dann als verherrlichte Menschen vor Ihm stehen werden. Der Blick auf Gottes Liebe, in der wir jetzt ruhen können, nimmt uns die Furcht weg. So bemüht sich Gott, die Furcht aus unseren Herzen zu reissen und stattdessen Vertrauen zu pflanzen.

In den Versen 19-21 geht es nochmals um *unsere* Liebe. Wir dürfen als Glaubende eine Antwort auf Gottes wunderbare Liebe geben, indem wir Ihn *und* die Brüder lieben. Für das Zweite benötigen wir täglich die Hilfe des Herrn. Wer sagt, er liebe Gott, aber in seinem Leben keine Liebe zu den Kindern Gottes zeigt, erweist sich als ein christlicher Bekenner ohne Leben aus Gott.

Der Anfang des fünften Kapitels ist die direkte Fortsetzung des Schlussverses von Kapitel 4. Der erste Vers gibt eine klare Antwort auf die Frage: Wer ist mein Bruder, den ich lieben soll? Ausserdem begegnen diese Worte auch einer Gefahr, in der wir alle stehen: dass wir nur die Glaubenden lieben, mit denen wir gut auskommen. Wir müssen lernen, die Brüder zu lieben, weil sie aus Gott geboren sind.

MONTAG
25. DEZEMBER

In Vers 2 haben wir einen Gegentest zu Vers 1. Jetzt liegt der Nachdruck auf der Liebe zu Gott. Die Liebe zu den Kindern Gottes muss von der Liebe und dem Gehorsam gegenüber Gott begleitet und geleitet werden.

Wenn wir Vers 3 im Zusammenhang mit Vers 2 lesen, merken wir sofort, dass es bei der hier erwähnten Liebe Gottes um unsere Liebe zu Gott geht. Wenn wir dem Herrn Jesus gehorchen und seine Gebote tun, beweisen wir unsere Liebe zu Ihm (Johannes 14,15.21). Weil dies kein knechtischer Gehorsam ist, sondern aus Liebe geschieht, sind Gottes Gebote nicht schwer.

Wir leben noch in der Welt. Darum sind die Verse 4 und 5 wichtig für uns. Sie zeigen uns, wie und in welcher Kraft wir die Welt überwinden können. Mit dem Ausdruck «alles, was aus Gott geboren ist» wird auf das ewige Leben hingewiesen. Diese göttliche Natur überwindet die Welt, weil sie von ihren Verführungen nicht beeinflusst werden kann. In der Kraft unseres tätigen Glaubens, der sich nach dem ausstreckt, was Ewigkeitswert hat, überwinden wir die Welt. Aber die eigentliche Kraftquelle liegt in unserem Herrn. An Ihn wollen wir denken und uns viel mit Ihm beschäftigen!

DIENSTAG
26. DEZEMBER

Der Sohn Gottes ist als Mensch zu uns auf die Erde gekommen. Doch sein Ziel war nicht, hier zu leben, sondern für sündige Menschen zu sterben. Von diesem Opfertod spricht das Wasser und das Blut (Joh 19,33-35). Durch den Glauben an Ihn, der für uns gestorben ist, empfangen wir ewiges Leben.

Wenn in Vers 6 das Wasser, das Blut und der Heilige Geist erwähnt werden, so erinnern sie an die Ergebnisse des Todes von Jesus Christus:

- Beim «Wasser» haben wir den Gedanken der Reinigung vor uns. Als sündige Menschen passten wir überhaupt nicht in die Gegenwart des heiligen Gottes. Wir mussten ganz gereinigt werden. Das geschah durch die Neugeburt aus Wasser und Geist, als wir an den Erlöser glaubten.
- Das «Blut» spricht von der Sühnung, die der heilige und gerechte Gott forderte. Dieser Forderung hat der Herr Jesus durch seinen Tod in jeder Hinsicht entsprochen, so dass Gott jetzt jedem Glaubenden alle Sünden vergeben kann.
- Die Gabe des Heiligen Geistes ist das dritte Ergebnis des Todes des Herrn. An Pfingsten kam der Geist auf die Erde, um in jedem Glaubenden und in der Gesamtheit der Erlösten zu wohnen.

Gott spricht deutlich vom Kommen seines Sohnes in die Welt, aber auch von dessen Tod mit seinen Ergebnissen. Jeder, der diese Botschaft glaubt, empfängt ewiges Leben – und dieses Leben ist im Sohn. Wie tragisch, wenn Menschen dieses Zeugnis Gottes über seinen Sohn verwerfen! Sie machen Ihn zum Lügner und gehen verloren.

Das Johannes-Evangelium ist geschrieben worden, damit die Leser an den Herrn Jesus, den Sohn Gottes, glauben und durch diesen Glauben Leben haben in seinem Namen (Johannes 20,31). Diesen ersten Brief hat Johannes geschrieben, um den vorhandenen Glauben in den Lesern zu befestigen: «damit ihr wisst, dass ihr ewiges Leben habt» (Vers 13).

MITTWOCH 27. DEZEMBER

Die Verse 14 und 15 reden von der Freimütigkeit oder Kühnheit, in der wir Glaubende zu Gott beten dürfen. Je mehr unser Leben in praktischer Gemeinschaft mit Ihm verläuft, desto mehr werden auch unsere Bitten seinem Willen entsprechen, so dass Er uns erhören kann.

Was sollen wir tun, wenn wir sehen, dass ein Mitgläubiger sündigt? Wir können für ihn beten! Nun kann es aber sein, dass die Sünde des Bruders in Gottes Augen derart ernst ist, dass Er ihn in seinen Regierungswegen durch den Tod wegnehmen will. In einem solchen Fall sollen wir nicht mehr für ihn beten. Bei Ananias und Sapphira und auch bei gewissen Gläubigen in Korinth wäre eine Fürbitte fehl am Platz gewesen (Apostelgeschichte 5,1-11; 1. Korinther 11,29.30).

Am Ende des Briefs heisst es dreimal: «Wir wissen ...» Das erste Wissen bezieht sich auf das neue, von Gott empfangene Leben. Diese neue Natur sündigt nicht. Das zweite Wissen bezieht sich auf die Quelle des ewigen Lebens, das wir bekommen haben: «Wir sind aus Gott.» Unser geistliches Leben findet seinen Ursprung in Gott. Das dritte Wissen lenkt unsere Gedanken auf den Sohn Gottes, an den wir glauben und den wir lieben.

Johannes spricht hier nicht mit apostolischer Autorität, sondern als ein alter erfahrener Glaubensbruder. Er schreibt an eine gläubige Frau mit ihren Kindern. Dieser Brief wurde wie der erste Johannes-Brief am Ende des ersten Jahrhunderts geschrieben, als es unter den Christen bereits Menschen gab, die die Wahrheit über den Herrn Jesus Christus angriffen. Sie leugneten, dass Er wahrer Gott und echter, sündloser Mensch in einer Person ist.

DONNERSTAG 28. DEZEMBER

In den ersten drei Versen fällt auf, wie häufig das Wort «Wahrheit» vorkommt. Die göttliche Wahrheit, wie wir sie über Jesus Christus vor allem im Neuen Testament finden, ist der einzige Schutz gegen die Irrtümer in der Christenheit. So betont Johannes in Vers 3 diese Wahrheit, wenn er Gnade, Barmherzigkeit und Frieden wünscht, «von Gott, dem Vater, und von dem Herrn Jesus Christus, dem Sohn des Vaters, in Wahrheit und Liebe».

Um vor Irrtümern bewahrt zu bleiben und die Verführer mit geistlicher Energie abzuweisen, genügt es nicht, die Wahrheit zu kennen. Wir müssen auch in der Wahrheit wandeln, d. h. nach Gottes Wort leben.

Bei dem Gebot, das wir vom Vater empfangen haben, können wir sicher an 1. Johannes 3,23 denken: «dass wir an den Namen seines Sohnes Jesus Christus glauben und einander lieben.» Dieses Gebot ist nicht neu. Es enthält einerseits die Wahrheit über die göttlichen Personen – den Vater und den Sohn. Anderseits spricht es von unserer Verantwortung. Als solche, die die neue Natur besitzen, sollen wir Bruderliebe aneinander üben.

Die Verführer, vor denen Johannes die auserwählte Frau und ihre Kinder warnt, greifen die Wahrheit über die Person des Herrn Jesus an. Vor allem leugnen sie, dass Er der ewige Sohn Gottes ist. In Vers 8 wird die persönliche Verantwortung jedes Einzelnen angesprochen. Mit der Lehre des Christus ist die Wahrheit über Gott, den Vater, und Gott, den Sohn, gemeint, wie sie uns in Jesus Christus offenbart worden ist.

FREITAG 29. DEZEMBER

Die hier erwähnten Verführer gehen einerseits weiter als die Lehre des Neuen Testaments. Sie geben vor, neue Erkenntnisse zu besitzen. Aber sie irren sich, denn es gibt keine Offenbarung Gottes, die über das hinausgeht, was in der Bibel steht. Anderseits lehnen sie die Wahrheit über den Herrn Jesus ab. Sie leugnen, dass Er wahrer Mensch und ewiger Gott in einer Person ist. Wenn uns solche Leute begegnen, gibt es nur eins, um von ihrem Einfluss bewahrt zu bleiben: Wir müssen sie kategorisch abweisen und jeden Kontakt mit ihnen meiden. «Denn wer ihn grüsst, nimmt teil an seinen bösen Werken.» So ernst ist das!

Was Johannes in diesem Brief schrieb, duldete keinen Aufschub. Das Wichtigste und Dringendste teilte er den Briefempfängern deshalb schriftlich mit. Alles Weitere – er hatte dieser Familie noch vieles zu sagen – wollte er auf mündlichem Weg übermitteln. Diese Gemeinschaft sollte zur gegenseitigen Freude ausschlagen. Die völlige Freude, die der Apostel hier anspricht, erwähnte er bereits in seinem ersten Brief (Kapitel 1,4), als er von unserer Gemeinschaft mit dem Vater und dem Sohn schrieb.

Der Empfänger des dritten Johannes-Briefs war der geliebte Gajus. Diesem gläubigen Mann ging es geistlich gut. Nun wünschte der Apostel, dass es ihm auch körperlich wohl gehe und er gesund sei. Über diesen Bruder

SAMSTAG
30. DEZEMBER

konnte sich Johannes sehr freuen, denn er hörte, dass Gajus an der Wahrheit festhielt und auch darin lebte. Es war sozusagen eine Belohnung für den Dienst des Apostels, wenn er von solchen hörte, die er geistlich betreute, dass sie in der Wahrheit wandelten. Welche Ermunterung für ihn, dass sie das verwirklichten, was sie im Glauben festhielten.

Das eigentliche Thema dieses Briefs sind nicht die Verführer wie im zweiten Brief, sondern echte Diener Gottes. Es waren fremde Brüder, die Gajus nicht kannte, die aber in der örtlichen Versammlung erschienen, wo Gajus lebte. Nun ermunterte Johannes seinen Bruder, den Dienst an diesen fremden Knechten des Herrn treu fortzuführen. Vermutlich war Gajus ein begüterter Mann, der in der Lage war, reisende Prediger, die für den Namen des Herrn Jesus ausgegangen waren, zu unterstützen und zu geleiten. Das war nötig, da diese Diener des Herrn nichts von solchen nehmen wollten, denen sie die Botschaft vom Herrn Jesus brachten. Das Evangelium sollte für die Menschen kostenfrei sein.

Wie schön ist der Ausdruck «damit wir Mitarbeiter der Wahrheit werden»! Das gilt heute noch. Sowohl die Verkündiger des Wortes Gottes als auch jene, die sie finanziell unterstützen, als auch jene, die reisende Brüder beherbergen, sind Mitarbeiter im gleichen Werk des Herrn.

Bereits in der ersten Zeit des Christentums gab es Menschen, die sich erhoben und über die anderen stellten. Diotrephes wollte in der örtlichen Versammlung eine Vorrangstellung einnehmen. Er duldete keinen neben sich und lehnte auch den Apostel ab. So war Johannes gezwungen, diesem Mann in apostolischer Autorität zu begegnen (Vers 10). Ganz schlimm war das Verhalten von Diotrephes gegenüber den Brüdern, die besuchsweise vorbeikamen. Er nahm sie nicht an und ging gegen jene vor, die diese Arbeiter des Herrn aufnehmen wollten. Er stiess sie aus der Versammlung, um allein herrschen zu können.

SONNTAG
31. DEZEMBER

Angesichts dieses herrschenden Bruders hatte Gajus wohl Ermunterung nötig. So bestärkte Johannes ihn, auf dem eingeschlagenen Weg fortzufahren, das Gute zu tun und sich nicht zum Bösen verleiten zu lassen.

Demetrius war ein bekannter Bruder. Von ihm wird dreierlei gesagt:

1) Er hatte ein gutes Zeugnis von allen anderen Gläubigen. Er war kein selbstbewusster Mann, der eine Vorrangstellung anstrebte. Er war auch kein Schwätzer, der andere schlecht machte.
2) Ein weiteres Zeugnis gab ihm die Wahrheit, die er nicht nur kannte, sondern auch zur Richtschnur seines Lebens machte.
3) Schliesslich verhielt er sich in Übereinstimmung mit dem Beispiel und der Lehre der Apostel.

Johannes schloss den Brief mit der Erwartung, den geliebten Gajus bald zu sehen, um dann vieles mündlich mit ihm zu besprechen.

Bestellung «tägliches Manna 2018»

Wenn Sie das «tägliche Manna» auch im Jahr 2018 lesen möchten, können Sie es hier bestellen:

www.taeglichesmanna.ch

Tipp: Alle 36 Jahrgänge «tägliches Manna» sind noch erhältlich. Besuchen Sie unseren Online-Shop *www.beroea.ch.*

Wir wünschen Ihnen für das Jahr 2018 Gottes Segen und viel Freude beim Lesen der Bibel.

Beröa-Verlag
Postfach
CH-8038 Zürich
info@beroea.ch